차이나는 클라스

불통^{不通}의 시대, 교양을 넘어 생존을 위한 질문을 던져라

차이나는 클라스

고전 · 인류 · 사회 편

JTBC 〈차이나는 클라스〉 제작팀 지음

중앙books

소박한 공간에서
진심으로 주고받는 '진실'이
꾸준히 불타오르길

'차클'···. 〈차이나는 클라스-질문 있습니다〉를 줄여서 우리는 보통 그렇게 부른다. 그런데 나는 가끔씩 '차클'이라 할 때마다 '차콜'이 떠오르곤 한다. 영어 단어로 숯, 목탄을 말한다. 대개는 고기 굽는 데 쓰는 숯을 그리 부르던데, 그 장점은 역시 화력이 만만치 않으면서도 은근히 길게 간다는 것이다. 여럿이 모여 꽤 긴 시간 고기를 다 굽고 먹고··· 설거지할 때가 됐는데도 여전히 뜨거운 불기운이 남아 있는 '차콜'.

비슷한 발음의 단어를 가지고 말장난하듯 하는 걸 결코 좋아하지 않지만, 이번만큼은 예외로 하고 좀 더 풀어보자면···. '차클'은 사실 처음 시작했을 때 반신반의의 대상이었다. 비슷한 강의 프로그램이 그동안 꽤 많이 명멸해간 데다가, 우리 식 표현으로 '독한' 내용이 아니면 시청자들 반응도 시원치 않기 때문이었다. 그러니 제목으로 아무리 '차이가 난다'고 주장한들 시청자들에게 정말로 어필할 수 있을까가 미지수였던 것이다. 실제로 첫 회 유시민 작가의 출연으로 기세를 올린 후 한동안 자리를 잡나 했다가도 다시 좀 수그러들고 다시 또 일어나는 부침의 시기가 있었던 것으로 기억한다. 교양 강의 프로그램의 특성상 그 존폐 여부에 대해 안에서든 바깥에서든 커다란 관심을 가질 것도 아니었으므로, 아마 그때 문을 닫기로 했다면 정말 닫았을지도 모를 일이었다. 그러나 '차클'은 점차 저력을 발휘하기 시작하더니 어느 사이 JTBC의 대표적인 교양 프로그램이 되었다. 재작년 말쯤부터인가 얘기가 들려오기 시작했는데 〈차이나는 클라스-질문 있습니다〉가 학생들의 논술 교재로 인기가 있다는 것이었다. 그럴듯했다. 교양에서 실용의 영역으로 넘어간 순간 텔레비전 프로그램은 또 다른 생명력을 갖는 셈이다. 작년 여름 출연진 중의 한 사람은 단기간 해외 체류를 해야 할 일이 있었으나 '차클'을 위해 포기했다. 또 다른 출연자 역시 다른 방송사의 프로그램을 마다하고 이 클래스에 남는 애정을 보여줬다. 이 모든 것들이 이젠 〈차이나는 클라스-질문 있습니다〉의 존재감을 반영한다. 다른 방송사에서 선보이는 화려하고 웅장한 강연 프로그램은 사실 하나도 부럽지 않다. 이토록 소박하면서도 성의가 오롯이 담긴 강연 프로그램이 또 어디 있겠는가. 그 소박한 공간 속에서 진심으로 주고받는 지식들은 여타의 화려함이 담아낼 수 없는 것이다. 그리고 우리 제작진들을 독자 여러분께 자랑하고 싶다. 그들은 확실히 강연 프로그램의 새 장을 개척했다. 특히 책임자인 신예리 보도제작국장의 헌신을 알려드리고 싶다. 강연자 섭외부터 제작 과정에까지 그의 손길이 안 미친 곳이 없다.

다시 '차콜' 얘기로…(수미상관에 집착하는 것은 나의 버릇이다^^). '차클'에 들어가는 '차콜'은 생각해보니 계속 탈 수밖에 없다. 늘 새로운 지식들이 새로운 차콜이 되어 공급되므로…. 아, 좀 썰렁했어도 이해해주시길….

2019년 1월
손석희 JTBC 대표이사 사장

질문과 대답이
자유롭게 오고 가는 시대를 꿈꾸며

JTBC 〈차이나는 클라스-질문 있습니다〉가 세상에 태어난 건 탄핵 심판 끝에 사상 최초로 대통령이 파면되던 바로 그즈음이다. 유례없이 비극적인 상황을 지켜보면서 "어쩌다 나라가 이 지경까지 됐을까."라는 물음을 우리 모두가 품게 됐던 무렵, 이 프로그램의 아이디어가 문득 머릿속에 떠오른 거다. 언젠가부터 학교 교실에서 질문이 사라지고, 질문이 사라진 교실이 질문을 꺼리는 사회를 만들고, 질문을 꺼리는 사회가 결국 불통의 정치까지 초래했다고 느꼈기 때문이다.

〈차이나는 클라스-질문 있습니다〉가 일방통행식 강연이 아닌 쌍방향 토론식 수업의 형식을 채택한 건 그래서다. TV 화면 속에서나마 질문과 대답이 자유롭게 오가는 모습을 보여줌으로써 소통이 꽉 막힌 우리 교실과 사회에 넌지시 변화의 메시지를 던지고 싶었다. 제작진의 부푼 기대와 달리 막상 초반엔 강연자 섭외 과정에서 애를 먹기도 했다. 내내 입 다물고 앉아 있는 학생들만 접해본 입장에선 시도 때도 없이 질문이 치고 들어오는 낯선 수업 방식이 부담스럽다며 고사하는 경우가 적지 않았다. 하지만 프로그램의 취지를 진심을 다해 설명해드리자 "지금 이 시점에 우리 사회에 꼭 필요한 프로그램"이라며 호응해주신 분들이 더 많았다. 이 자리를 빌려 마음을 활짝 열고 새로운 방식의 강연에 열정을 쏟아주신 모든 강연자들께 깊은 감사의 마음을 전한다.

〈차이나는 클라스-질문 있습니다〉는 형식뿐 아니라 내용 면에서도 도전적인 질문을 던지고자 했다. 누구나 궁금해하지만 어디서도 속 시원한 답변을 듣지 못했던 주제들을 우선적으로 다루기로 한 거다. 1·2회를 장식한 '민주주의란 무엇인가'를 비롯해 연이어진 '국가란 무엇인가' '정의란 무엇인가' 등의 주제는 그해 겨울 광장을 꽉 채웠던 시민 모두가 간절히 묻고 싶었던 질문이었다고 믿는다. 단 하나의 정답이 존재하는 질문들이 아닌 만큼 우리 프로그램의 취지에 걸맞게 강연자와 패널들이 서로의 의견을 툭 터놓고 얘기하며 시청자들께 나름의 생각거리를 던지는 방식으로 풀어가려 애썼다.

이렇듯 기존 강연 프로그램과는 여러모로 차이가 나는 〈차이나는 클라스-질문 있습니다〉에 많은 분들이 공감해주신 덕분에 벌써 2년째 방송을 이어가고 있다. 시청률의 작은 등락에도 울고 웃는 방송업계의 생리를 고려할 때 이만큼 장수(?)하게 된 건 오로지 응원해주신 시청자들 덕분이라고 믿고 있다. 방송 1주년을 기념해 펴냈던 첫 번째 책에 이어 100회 특집을 앞두고 두 번째 책을 선보이는 것도 이렇듯 고마운 분들과 좀 더 교감하기 위해서다. 그간 60분이라는 방송 편성시간의 한계 때문에 아깝게 편집됐던 내용까지 모두 되살려서 전체 강연을 오롯이 전해드리고 싶었다. 이 책을 통해 훌륭한 강연자들, 그리고 재기 넘치는 패널들 간의 질문과 대답을 보다 생생하게 만나실 수 있길 바란다.

이번에 발간되는 2권엔 총 아홉 분의 강연을 담아냈다.

1장 '고전' 편에선 인문학 분야 대표적 베스트셀러 제조기인 고미숙 선생이 연암 박지원의 《열하일기》와 허준의 《동의보감》에 담긴 선조들의 지혜를, 김상근 연세대 교수가 동서고금의 리더들이 필독서로 꼽는 마키아벨리의 《군주론》 속 리더십의 요체를 우리 시대의 감성과 언어로 풀어준다.

2장 '인류' 편에선 폴 김 스탠퍼드대 교수가 IT 기기를 활용한 교육 혁명 및 세계 시민 교육의 필요성을 설파했고, 이정모 서울시립과학관장이 인류 소멸의 위기에 대해, 천문학자 이명현 선생이 우주의 장구한 역사에 대해 각기 알기 쉽게 설명했다.

3장 '사회' 편에선 이진우 포항공대 교수가 서양 철학계의 대표적 '셀럽'인 소크라테스와 니체를 통해 철학을 공부해야 하는 이유를 설득력 있게 제시하고, 전상진 서강대 교수가 우리 사회에 팽배한 세대 갈등론의 실체를, 박미랑 한남대 교수가 범죄의 민낯을 생생히 드러냈다. 덧붙여 이나영 중앙대 교수는 최근 한국을 강타한 페미니즘 열풍의 역사적 기원을 소상히 알려준다.

부디 이 책을 통해 방송에서 느꼈던 공감과 감동을 두 배로 얻어 가신다면 더 바랄 나위가 없겠다. 〈차이나는 클라스-질문 있습니다〉의 제작진을 대표해 앞으로도 처음의 마음가짐을 잊지 않고 최선을 다해서 매회 프로그램을 만들어나가겠다는 약속을 드린다. 우리 교실에서, 일터에서, 그리고 정치의 현장에서 격의 없는 소통이 이뤄지는 세

차이나는
클라스

상을 꿈꾸며 있는 힘껏 외쳐본다.

"질문 있습니다!"

2019년 1월
신예리 JTBC 보도제작국장

차례

1장 고전

차이나는
클라스

고미숙

연암과 구암에게
길을 묻다

김상근

마키아벨리는
킹메이커인가

2장 인류

차이나는
클라스

폴 김

질문이
생각을 바꾼다

이정모

여섯 번째 대멸종은
진행 중

이명현

너와 나는
별에서 온 그대

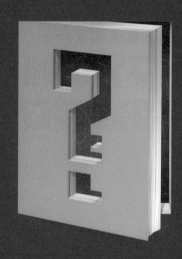

차이나는
클라스

1장

고전

연암과 구암에게 길을 묻다

고미숙

강원도 정선의 작은 광산촌에서 자라 국내 유일의 고전 평론가로 이름을 알렸다.
인간의 본질을 꿰뚫는 데 고전만 한 것은 없다고 말하며,
현대인이 겪는 다양한 문제의 해답을 고전에서 찾는 인문학계 베스트셀러 제조기.

고전이란 무엇인가

인생과 세계에 대한 탐구가 있고 그게 사람들에게 강한 울림을 주는 것이 고전입니다. 시공간을 가로질러 어떤 나라의 어떤 사람이 보더라도 '인생은 이런 것이구나' 하고 느낄 수 있는 작품이라면 그것이 바로 고전이죠.

차클   고전 평론가는 어떤 직업인지 듣고 싶습니다.

고   고전 평론가라는 말은 사실 제가 만들었습니다. 고전의 지혜를 현대인의 삶에 연결해주는 전령사가 되고 싶었어요. 굉장히 의미 있고 흥미로운 직업이라 생각했죠. 그런데 15년 동안 아무도 이 직업에 동참한 분이 없어서 결국 아직도 저밖에 없어요. 교수가 되고 싶은 마음도 있었는데 이런저런 이유로 포기하고, 결국 고전 평론가로서 홀로 길 위에 서게 됐죠.

차클   남들이 가지 않은 길을 가신다니, 때로는 고독하지 않으세요?

고   사실 처음에는 인생의 어떤 비전을 찾기 위해 고전 평론가의 길로 들어섰지만, 재미있게 살기 위해 선택한 일이기도 해요. 정년이 없는 직업이죠. 2008년 이후에 직업이 없는 사람들이 늘어나면서 청년 백수,

중년 백수, 정년 백수 같은 말이 유행하기도 했었죠. 그때부터 마침 인문학 붐이 불기 시작했고요. 덕분에 요즘은 제 강의를 들으려는 분들이 중학생부터 기업 CEO까지 굉장히 다양해졌어요.

차클 그렇다면 고전이란 무엇인가요?

고 고전이란, 인생과 세계에 대한 탐구예요. 무엇을 탐구하기 위해서는 길을 떠나야 하죠. 그래서 고전에 등장하는 거의 모든 주인공들은 어떤 식으로든 길을 떠납니다.

차클 여행을 말씀하시는 건가요? 어떤 여행일까요?

고 쉽게 말하면 고전은 인생의 길을 찾는 것이죠. 누구나 스스로 길을 떠나야 합니다. 길 위에서 진리를 찾아야 하는 것이죠. 그래서인지 동서양 고전 중에는 여행기가 참 많아요.

차클 《걸리버 여행기》《율리시즈》 같은 작품을 여행의 고전으로 이해하면 될까요?

고 맞아요. 인생과 세계에 대한 탐구가 있고 그게 사람들에게 강한 울림을 주면 고전이에요. 최근에 나온 것이든 옛날에 나온 것이든 상관없어요. 시공간을 가로질러 어떤 나라의 어떤 사람이 보더라도 '아, 인생은 이런 것이구나'라고 느낄 수 있다면 그것이 바로 고전이죠.

차클 어릴 때 큰 감명을 받은 만화책도 고전이 될 수 있을까요?

고 물론이죠. 그러나 시공을 가로지를 수 있는가는 앞으로 지켜봐야죠. 만약 새로운 것에 밀려난다면 그건 고전이라고 보기 어려워요. 논어·노자·불경·성경 같은 작품 속 진리는 아무리 시간이 흘러도 전혀 빛이 바래지 않죠. 당대에 가장 강렬한 이슈, 가장 절박한 인간의 문제를 제기한 작품은 늘 시공간에 구애를 받지 않는 고전이라고 할 수 있습니다.

차이나는 클라스

차클	고전의 생명력에 대해 좀 더 말씀해주세요.
고	쉽게 말하면 어떤 책이 산전수전을 겪는다고 생각해보세요. 분서갱유 때처럼 불태워지기도 하고, 그 책을 읽는 사람이 이단으로 몰리기도 하는 거죠. 때론 죽기도 하고. 그런데 결코 사라지지는 않는 거예요.
차클	대표적인 사례론 어떤 책이 있을까요?
고	논어가 그런 케이스죠. 중국에서 논어는 문화혁명 때 다 사라졌어요. 그런데 현재 중국에서는 공자 아카데미를 3000여 개나 만들어서 운영한다고 해요. 그런 것이 시공을 초월한 한 예라고 볼 수 있죠. 시공간의 도전에 응답할 수 있는 힘이 있다면 그런 책이 바로 고전이에요. 만약에 어떤 만화책이 한 사람의 인생을 바꿀 만큼 강렬한 것이었다면 그것도 개인의 고전이 될 수 있죠. 다만 그 고전이 누구에게나 보편화될 수 있는지는 또 다른 문제라 볼 수 있는 것이고요.

진정한 여행의
의미란 무엇인가

끝이 없는 벌판이 펼쳐지는 거예요. 압록강에 사는 새와 물고기도 다 살던 곳으로 돌아가는데 연암은 갈 길이 먼 거죠. 하지만 정말로 가고 싶었던 중원 땅이기 때문에 그리고 생애에 단 한 번뿐인 기회라 설령 죽는다고 해도 그 길을 멈추지 않죠.

고　여러분은 《열하일기》를 읽어본 적 있나요?

차클　주로 교과서에서 읽은 기억이 나네요.

고　그럼 열하에 가본 적은 있나요?

차클　중국인 것은 알겠는데, 확실히 어디인지는 잘 모르겠습니다.

고　제가 안타까워하는 것이 바로 이런 것입니다. 《걸리버 여행기》《돈키호테》《서유기》《허클베리핀의 모험》《그리스인 조르바》 같은 작품들은 모두 명작으로 인정을 받고 세계적인 여행기로서 많은 사람들의 입에 오르내리죠. 《서유기》만 해도 영화도 나오고, 만화영화로도 나오고, 예능 프로그램으로도 만들어져 인기가 많아요. 그런데 조선 최고의 명작인 《열하일기》는 왜 대중에게 널리 유통이 안 되는 걸까요?

차클　교과서에 나오는 책이라 오히려 외면받는 것 아닐까요?

고	그것도 하나의 이유가 될 수 있죠. 사실 교과서에 나오면 아무래도 그런 운명에 처하기 쉬워요. 이전에 영화 〈왕의 남자〉가 대히트를 쳤을 때도 이준익 감독이 다음 작품으로 《열하일기》를 찍겠다는 내용의 인터뷰를 한 적이 있었어요. 그런데 이후에 여행기라 제작비가 너무 많이 들어서 힘들겠다는 이야기도 하시더라고요. 개인적인 바람으로는 《열하일기》가 꼭 세상 사람들에게 알려지는 날이 왔으면 좋겠어요.
차클	그렇게 애정을 가지시는 《열하일기》는 어떤 책인가요?
고	《열하일기》는 여행기입니다. 고전과 여행이 어떻게 연결되는지를 잘 보여주는 작품이에요. 여행기 안에 문명 탐사와 중국의 풍속사, 여행 중에 일어날 수 있는 온갖 에피소드, 그리고 철학적인 이야기까지 담겨 있죠. 궁극적으로 자기 구원의 구도적 여행기예요. 이런 여행기는 세계 어디에서도 찾을 수 없어요.
차클	엄청 두꺼운 책인 건 아닌가요?
고	번역본은 2권으로 되어 있고, 3권으로 번역된 것도 있어요.
차클	여행기라고 하셨는데 실컷 즐기다 오는 요즘 같은 여행은 아니었겠지요?
고	《열하일기》를 보면 연암은 1780년에 압록강을 건너 여행의 목적지를 연경(현재의 베이징)으로 정했어요. 조선에서 약 2,000리 정도 되는 거리인데, 당시에는 과연 다시 돌아올 수 있을지 알 수 없을 만큼 머나먼 여정이었어요. 폭우와 폭염이 마구 교차하는 대장정이었죠. 지금도 중국의 홍수가 어마어마하지만, 그때는 더 심했어요. 말을 타고 강을 건너가는 것은 상상조차 할 수 없을 만큼요.
차클	즐거움보다 불안과 걱정이 앞서는 여행이었겠네요?
고	그렇죠. 6개월 동안 고향과 고국의 소식을 들을 수가 없었어요. 당시 연암의 심경이 잘 드러나는 시를 한번 보죠.

| **압록강을 돌아보며** |

손바닥만 한 외로운 성에

빗발 어지럽고

갈대억새 망망한데 변방의 해는 어둑어둑.

먼 길 나선 말울음 쌍나팔 소리에 이어지고

고향 산은 점점 희미해져 만겹 구름에 싸였구나.

의주의 군리들은 모래섬에서 돌아가고

압록강의 새와 물고기도 물가에서 이별하네.

고국에서 보낸 편지 이제부터 끊어지니

가없는 저 벌판으로 어찌 고개 돌려 들어서리.

차클	굉장히 단호하고 비장한 느낌이네요.
고	자기 앞에 끝없는 벌판이 펼쳐지는 거예요. 압록강에 사는 새와 물고기도 다 자기가 살던 곳으로 돌아가는데 연암만은 갈 길이 먼 거죠.
차클	정말 우리가 생각하는 즐거운 여행과는 느낌이 다르네요.
고	하지만 정말로 가고 싶었던 중원 땅이기 때문에, 그리고 생애 단 한 번뿐인 기회라 설령 죽는다고 해도 그 길을 멈출 수 없는 거죠.

차이나는
클라스

세 번째 질문

연암은 우리에게
무엇을 말하고 있나

세상의 천재들은 모두 뭔가를 이루려고 해요. 그것이 권력이든, 특별한 힘이든 세
상에 뜻을 펼치려고 하죠. 그 과정에서 강력한 견제나 추방을 당하기도 하고요.
그런데 성공의 문턱에서 이런 것들을 거부하는 위인은 제가 알기로 연암이 거의
유일한 것 같아요. 왕에게 맞서면 옥살이를 하거나 벌을 받아야 되는데 연암은 요
리조리 잘 빠져나가요. 저는 이런 점이 바로 연암이 가지고 있는 유머와 역설의
능력이라고 봐요.

고   연암의 초상화를 보면 어떤 생각이 드나요?

차클   풍채가 있고 기골이 장대한 스타일이네요. 카리스마도 있어 보이고요.

고	연암의 외모를 보면 약간의 유머가 있어요. 카리스마와 유머가 공존하죠. 제가 연암에 대해 연구를 많이 했는데 기질적으로 양기가 넘쳐서 태양인 기질이 많다고들 해요.
차클	눈빛만 봐도 그런 느낌이 드네요.
고	눈이 살아 있죠. 그리고 목소리가 굉장히 호탕했다고 해요. 연암의 목소리를 듣고 동네 귀신이 도망갔다는 일화도 있어요. 너무 놀라서. 귀신은 음기가 강하니 연암의 양기가 귀신을 몰아낸 거죠.
차클	그런데 연암이 연경으로 여행을 떠난 특별한 계기가 있나요?
고	마흔네 살이라는 나이에 이런 대장정에 나서게 된 이유. 그 이야기를 하려면 연암의 생애를 한번 훑어봐야 합니다. 조선시대에는 개인의 신분이 많은 것에 영향을 줍니다. 연암은 노론, 권력가문, 명문가 출신이에요. 영조시대는 영조를 끝까지 지지했던 노론이 집권당이 될 수밖에 없었어요. 또 조선시대는 문장력이 통치의 아주 중요한 근거였어요. 그러니 명문가 출신에 천재적인 문장가 자질을 갖고 태어날 경우 과거 시험만 보면 바로 출셋길이 열리는 거죠.
차클	연암이 바로 그런 경우였겠네요?
고	연암도 과거의 1차 시험인 소과를 봤어요. 그런데 영조가 연암의 시험지를 도승지에게 읽어보라고 하더니 너무 아름다운 글이라고 칭찬을 했어요. 그때부터 연암은 기성 정치인들의 섭외 1순위가 됐고, 시험을 보라는 압박에 시달리기 시작했죠. 그때부터 인생의 변곡점, 속칭 '삑사리'가 나기 시작한 겁니다. 그때부터 연암은 정치권력이 딱 싫어졌어요. 그래서 대과 시험을 거부하게 됩니다.
차클	잘 이해가 안 가요. 여기저기서 러브콜을 받는 상황인데 권력이 싫어져 과거를 거부했다니.

차이나는
클라스

고	그렇죠. 아무튼 시험을 끝까지 안 치렀어요. 그러니 중앙 정계에서 부르고 싶어도 부를 수가 없는 거예요. 제가 연암을 알게 된 후 가장 특이했던 점이 바로 이 부분이에요. 세상의 천재들은 모두 뭔가를 이루려고 하죠. 그것이 권력이든, 특별한 힘이든 세상에 뜻을 펼치려고 합니다. 그 과정에서 강력한 견제나 추방을 당하기도 하고요. 그런데 성공의 문턱까지 이른 청년기에, 스스로 이런 것들을 거부하는 위인은 제가 알기로 연암이 거의 유일한 것 같아요.
차클	오히려 여유 있는 집안 환경 탓에 배가 불렀던 건 아닐까요?
고	연암이 시험을 거부한 이유에 대해 많은 학자들이 오래 연구를 했어요. 당시의 과거 시험장은 굉장히 정신이 없는 곳이었어요. 창경궁에서 시험을 한 번 치르면 대략 10만 명 정도의 사람들이 들어찼다고 해요. 왜냐하면 시험을 치는 사람만 오는 것이 아니라 그 사람을 모시고 온 하인, 마두배, 시중을 드는 사람, 심지어 대리시험을 쳐주는 사람까지 같이 들어오거든요. 시험장의 문이 열리자마자 사람들이 막 쏟아져 들어오겠죠. 시험을 보는 사람이 너무 많으니까 시험관들도 시험지를 다 못 읽어요. 그래서 가장 위에 있는 몇 개만 보는 것이죠. 그러다 보니까 자기 시험지를 위에 놓으려고 자리다툼을 하는 일도 왕왕 생기고 결국엔 넘어져서 밟고 밟히는 일까지 생겼다고 해요. 그렇게 형님, 아우님 하면서 아우성을 치는 시험장 모습을 연암이 리얼하게 묘사한 대목이 있어요. 거기 끌려가서 죽을 뻔했다고, 살아 돌아온 것만을 축하하면서 나는 이렇게 끙끙 앓아누워 있다고. 연암은 시험을 보러 가서도 일부러 시험지에 이름을 쓰지 않거나, 소나무나 돌 같은 그림을 그려놓곤 했다고 해요.
차클	권력을 가질 수 있는 기회를 일부러 피한 거네요?

고	자신이 결단을 내린 거죠. 나는 권력의 중심에 가지 않겠다. 그때부터 그런 원심력을 가지고 권력으로부터 계속 도주하는 궤적을 그리게 되지요. 나중에는 정조가 연암을 위한 특별 시험까지 만들어서 꼭 보라고 했는데도 거부합니다.
차클	왕의 명령을 거역한 건가요?
고	사실 이런 식으로 왕에게 맞서면 옥살이를 하거나 벌을 받아야 되는데 연암은 그런 식으로 정면충돌을 하는 게 아니라 요리조리 잘 빠져나가요. 뱀띠라 그런 게 아닐까 생각해요(웃음). 저는 이런 점이 바로 연암이 가지고 있는 유머와 역설의 능력이라고 봐요.

차이나는
클라스

마음의 병은
어떻게 극복하는가

글을 쓰려면 사람을 만나야 되거든요. 사람을 만나서 그 사람 인생을 관찰하다 보면 자신의 괴로움이 굉장히 객관화되면서 해소가 되기도 하죠. 특히 마음의 병에는 스토리가 가장 중요해요. 누군가의 스토리를 듣고 말하는 것. 이것이 몸에 굉장한 순환을 일으켜요.

차클   연암의 초상화를 보면 눈빛이 굉장히 살아 있다는 느낌이 드는데 실제
        로는 어떤 사람이었나요?

고   생활 면에선 청빈했지만 기본적으로 자유분방했지요. 그런데 외모와
        는 어울리지 않게 청년기에 우울증을 앓았어요.

차클   조선시대에도 우울증이 있었나요?

고   사실 그 시대에는 우울증이 생기기 어려워요. 늘 밖에 나가서 일을 하
        잖아요. 집 안에 있는 사람이 별로 없었죠. 반면 현대인은 몸이 너무
        편하기 때문에 마음의 병에 걸리기 쉽지요.

차클   연암은 구체적으로 어떤 병을 앓았나요?

고   그는 거식증과 불면증을 앓았어요. 스스로 기록을 해놨죠. 보통 사람
        은 아프면 명의를 찾아 나서거나 약을 찾아 헤매는데 연암은 특이하게

거리로 나섰어요. 명문가의 자제가 거리로 나가서 정말 마이너리그와 접촉을 했어요. 거름을 치우는 70대 노인, 이야기 중독자인 또 다른 노인, 그리고 도사가 되겠다고 정처 없이 떠도는 바람의 사나이. 이런 사람들을 찾아다니면서 많은 이들의 인생극장을 관찰한 거죠. 이런 경험으로 글을 쓴 것이 바로 연암의 첫 번째 작품집인 《방경각외전》이에요. 역시 교과서에도 나오는 작품이죠.

차클　그 책으로 유명해졌나요?

고　이름이 알려졌죠. 그때부터 과거 시험이 자기 체질이 아니라는 확신이 들었던 것 같아요. 그렇게 자신의 우울증을 치료했어요. 그런데 이 같은 연암의 우울증 치료법은 현대인에게 정말 강력한 메시지를 줍니다.

차클　어떤 가르침을 전하고 있는 건가요?

고　일단 글을 쓰려면 사람을 만나야 되거든요. 사람을 만나서 그 사람 인생을 관찰하다 보면 자신의 괴로움이 굉장히 객관화되면서 해소가 되기도 하죠. 모든 병의 치유에, 특히 마음의 병에는 스토리가 가장 중요해요. 누군가의 스토리를 듣고 말하는 것. 이것이 몸에 굉장한 순환을

차이나는
클라스

일으켜요. 그 책에 나오는 〈민옹전〉이라는 재미있는 이야기를 들려줄 게요.

　민옹이 누구인가요?

　민옹은 연암이 만난 이야기꾼으로 이야기를 모으고, 이야기하는 재미로 사는 사람이었어요. 마누라에게 굉장히 구박을 받아도 70대가 될 때까지 그렇게 지내왔죠. 그런 분이 어느 날 연암의 초대를 받았어요. 연암이 민옹에게 도저히 뭘 먹을 수가 없다고 하니 민옹이 "어, 그럼 집도 가난한데 살림살이가 풍족해지겠네?"라고 대답을 했다고 해요. 또 "제가 도통 잠을 못 잡니다."라고 하니 이번에는 "그럼 목숨을 두 배로 사는 거 아니야? 그럼 당신은 수와 복을 다 누리고 있는데 뭐가 걱정이야."라고 답하더랍니다. 그렇게 타자의 시선으로 자신의 상황을 바꿔버리니 연암의 마음이 한결 편해졌어요. 이내 밥을 먹기로 하고 방으로 밥상을 들였는데 여전히 연암은 밥을 먹을 수가 없어서 멍하게 있었어요. 그러자 민옹은 자기한테는 왜 권하지 않느냐며 역정을 내더니 너무 맛있게 먹었다고 해요. 그 모습을 보고 있자니 연암의 입

에 침이 고이더랍니다.

차클 맞아요. 누가 먹는 걸 보면 먹고 싶어지죠.

고 그리고 배틀을 시작해요.

차클 어떤 배틀이오?

고 고전을 다 암기하는 배틀을 하자고 민옹이 제안을 했어요. 아무 책이나 꺼내서 말이죠. 그런데 연암이 이제 막 외우려고 하는데 갑자기 민옹이 책을 딱 덮더니 "나 다 외웠어. 먼저 잘게." 하고는 누워버리는 거예요. 연암은 계속 책을 외우려고 끙끙댔어요. 그런데 부지불식간에 잠이 몰려오더라는 거죠. 이게 바로 고전을 읽으면 불면증이 치료된다는 이야기예요.

차클 아, 정말 재미있네요.

고 기적의 처방이죠. 정말이에요. 억지로 뭘 외우려고 하니 졸음이 오는 거예요. 우리가 시험공부 할 때 불면증이 생기는 경우는 거의 없잖아요. 그때는 잠을 적게 자고 싶어도 잠이 오는 거죠. 연암은 그렇게 잠이 들고, 아침에 일어나 민옹에게 어떻게 그렇게 빨리 외울 수가 있냐고 물었어요.

차클 민옹이 정말 책을 다 외웠던 건가요?

고 민옹은 "난 처음부터 외울 생각이 없었어."라고 대답해요. 연암이 한 방 먹은 거죠. 《방경각외전》을 읽으면 우리가 마치 사극을 볼 때처럼 전형적인 캐릭터인 못돼먹은 왕, 탐관오리, 반항하는 민초 같은 캐릭터가 없어요. 연암의 스토리에는 늘 살아 움직이는 인정물태가 있죠. 아마 이때부터 연암은 사람들과 접촉을 하고, 이야기를 나누고, 또 글을 쓰는 삶의 패턴을 갖게 된 것 같아요. 이것이 바로 연암이 가지고 있는 아주 독특한 '우정의 윤리학'입니다.

**차이나는
클라스**

진정한 우정은
어떻게 만들어지는가

나를 진리로 이끌어주는 친구를 만들 수 있어야 그 사람이 바로 스승이자 친구가 되는 겁니다. 그래서 동양사상에는 스승이자 친구를 의미하는 '사우(師友)'라는 말이 있어요. 친구에게 내가 기꺼이 배울 만한 가르침이 있는가, 혹은 스승인데 내가 정말 그에게 친구처럼 깊은 속내까지 다 털어놓을 수 있는가. 이런 관계가 인간이 태어나서 죽을 때까지 맺을 수 있는 최고의 관계라고 볼 수 있죠.

고   연암 같은 20대 청년 백수가 책을 읽고 글을 쓰는 것 외에 또 무엇을 할 수 있었을까요?

차클   술을 마시거나 친구들을 만나거나 하지 않을까요?

고   또 다른 건요?

차클   여행을 할 수도 있겠죠.

고   맞아요. 우정과 여행이 청년기에는 가장 중요한 수련의 덕목이에요. 그래서 일단 이불을 짊어지고 주유천하를 하는 거죠. 팔도강산 유람을 하는 거예요. 연암은 그렇게 돌아다니다가 개성 근처에서 연암협이라는 곳을 발견했어요. 그곳이 너무 마음에 들어서 자신의 호를 그때부터 연암이라고 불렀죠. 제비바위라는 뜻이에요. 옛날 분들은 이렇게 지명이 마음에 들면 그걸로 이름을 삼곤 했어요.

차클 우정은 어떻게 얻었는지도 말씀해주세요.

고   여행과 공부. 이 두 가지 말고도 친구가 꼭 필요하겠죠. 혼자 책을 읽
    고 혼자 글을 읽는다. 이건 너무 쓸쓸한 거고 여행도 혼자 다니는 건
    너무 쓸쓸하잖아요. 같이 나눌 사람이 있어야죠. 그래서 연암은 우울
    증이 왔을 때에도 나이와 신분에 관계없이 사람들을 친구로 삼았어요.
    청년 백수가 된 후에는 친구에 살고 친구에 죽는 삶이 펼쳐지게 됩니
    다. 이런 점을 철학적으로 담론화한 것이 우정의 윤리학이에요. 연암
    의 친구 중에 홍대용·박제가라고 들어봤나요?

차클 북학파 학자들 아닌가요?

고   맞아요. 홍대용은 최고의 과학자였죠. 박제가는 나이가 굉장히 어렸
    고, 홍대용은 일곱 살 위였어요. 하지만 진짜 절친이었어요. 그러니까
    나이가 10년, 20년 이상 차이가 나도 뜻이 통하면 절절한 우정을 나
    눴어요.

차클 조선시대에 그런 우정이 가능했나요?

고   물론이죠. 나쁜 관습은 죄다 조선시대에서 비롯된 걸로 얘기들 하는데

차이나는
클라스

그건 좀 부적절해요. 물론 위계질서를 중시하는 사회이긴 하지만 연암은 나이나 신분과 관계없이 우정을 나누었어요. 그 우정의 네트워크가 이른바 백탑청연이죠. 백탑은 파고다 공원 안에 있던 탑인데, 친구들이 대부분 그 근처에 다 모여 살아서 붙여진 이름이에요.

차클 연암과 친구들은 모여서 무엇을 했나요?

고 매일 지성의 향연을 펼치는 거예요. 천문·지리·역사는 물론이고 서예·음악까지 아주 폭이 넓었어요.

차클 마치 요즘의 홍대 같네요. 젊은이들이 모여서 버스킹하고, 기타도 치는.

고 요즘엔 음악 하는 사람은 음악 하는 사람들끼리, 그리고 인문학자들은 그들끼리만 모여 있는데 조선시대에 비하면 너무 각개 약진하는 중이죠. 조선시대에는 문과·이과·예과를 다 같이 공부했어요. 우리처럼 전공 한 가지를 파는 것이 아니라 다양하게 공부를 하는 거죠. 문화도 알아야 하고, 문명도 알아야 하고, 국가 정치나 경제도 알아야 하는 거죠. 그래서 사대부들의 공부는 평생 끝이 나지 않는 겁니다. 그 지성의 향연 속에서 우정을 나누는 거죠. 연암의 친구 이덕무가 쓴 글을 한번 살펴볼까요.

나는 마땅히 10년간 뽕나무를 심고 1년간 누에를 쳐서 손수 오색실로 물을 들이리라. 열흘에 한 빛깔씩 물들인다면 50일 만에 다섯 가지 빛깔을 이루게 될 것이다. 이를 따뜻한 봄볕에 쬐어 말린 뒤 아내를 시켜 백번 단련한 금침을 가지고서 내 친구의 얼굴을 수놓게 하여 귀한 비단으로 장식하고 고옥으로 축을 만들어 까마득히 높은 산과 양양히 흘러가는 강물. 그 사이에다 이를 펼쳐놓고 서로 마주 보며 말없이 있다가 날이 뉘엿해지면 품에 안고서 돌아오리라.

고	어떤 느낌이 드나요?
차클	자신의 아내보다 친구를 더 소중히 여기는 느낌이네요. 이성에 대한 사랑보다 친구에 대한 사랑이 이렇게 깊을 수 있을까요?
고	친구에 대한 그리움, 친구와의 관계가 정서적으로 얼마나 밀접할 수 있는지를 보여주는 거죠. 뭐랄까, 굉장히 낭만적이고 시적인 문장이죠. 연암 그룹에서 이런 글이 나왔다는 것은 그룹 전체가 이런 감정을 공유했다는 의미기도 해요. 연암은 친구 복도 많았고, 친구에 대한 감정도 남달랐죠. 친구를 위해 쓴 묘비명을 읽어봐도 슬프다는 말은 한마디도 없지만 가슴에 사무치는 무언가가 있어요. 그런데 우정에는 가장 중요한 것이 있어야 해요. 그게 뭘까요? 바로 지성이에요.
차클	우정에 지성이 필요하다니 무슨 뜻인가요?
고	우정과 지성이 결합되면 새로운 윤리가 탄생해요. 그냥 우정인데 이해관계로 얽히게 되면 끝이 좋을 수가 없죠. 나중에는 '먹튀'를 당하거나 배반을 할 수도 있고요.
차클	그렇다면 지성이 없는 우정은 진정한 우정이 아닌가요?
고	네, 우정이 아니라고 생각해요. 그건 그냥 단순한 '내 편' 만들기에 불과하거든요. 나를 진리로 이끌어주는 친구를 만들 수 있어야 그 사람이 바로 스승이자 친구가 되는 겁니다. 그래서 동양사상에는 스승이자 친구를 의미하는 '사우(師友)'라는 말이 있어요. 친구에게 내가 기꺼이 배울 만한 가르침이 있는가, 혹은 스승인데 내가 정말 그에게 친구처럼 깊은 속내까지 다 털어놓을 수 있는가. 이런 관계가 인간이 태어나서 죽을 때까지 맺을 수 있는 최고의 관계라고 볼 수 있죠. '관계윤리'의 정점이에요.
차클	연암의 우정은 '지성'을 위한 것이라고 보면 되나요?

연암은 그저 고독을 해소하기 위해 친구를 사귄 것이 아니에요. 그냥 같이 밥 먹고, 시간을 함께 보내는 것으로는 부족하고 '나를 알아주는 친구' '나의 편지에 더 강렬한 편지로 화답해줄 수 있는 친구' 같은 지성의 벗이 필요했던 거죠. 그런 덕분에 연암 그룹이 사실은 백수들의 공동체임에도 불구하고 그 시대의 주류적 이념인 '북벌'을 넘어서서 '북학'이라는 이념으로 나아가게 된 거예요. 새로운 지성사를 열게 된 거죠.

연암은 중국에서
무엇을 보았나

연암이 보기에 조선이라는 땅은 아무래도 좀 작고 편협하고, 그래서 사람들의 인식도 너무 고루하다고 생각했어요. 그런데 처음으로 중원에 들어섰는데 전혀 다른 시공이 펼쳐져 있었던 것이죠. 그 충격과 경이로움을 표현할 방법이 통곡이었던 것이죠. 하나의 역설이에요.

차클   연암이 중국에 관심을 갖게 된 이유가 무엇인가요?

고   연암의 친구들은 연경, 그러니까 지금의 베이징으로 자주 왕래를 했어요. 홍대용·박제가·이덕무 같은 친구들이 연암에게 생생하게 이야기를 전해주었죠. 연암도 그들의 이야기를 계속 들으면서 아무래도 청나라의 발전상을 보고 싶어 했겠죠. 그러다가 마흔넷이 되었을 때, 자신의 사유가 무르익었을 때 중국으로 갈 기회가 생겼어요.

차클   당시에 누구나 중국을 마음껏 왕래할 수 있었나요?

고   관직이 없으면 국경을 넘는 일은 거의 불가능했죠. 그런데 당시에 놀라운 일이 벌어졌어요. 집안 덕으로 건륭 황제의 70세 생일인 만수절에 참석하게 된 겁니다. 중국 황제 중에서 가장 위대하다고 손꼽히는 강희제의 손자이자, 옹정제의 아들인 건륭제의 만수절 행사에 축하사

절단으로 뽑히게 된 것이죠. 지금으로 치면 월드컵·올림픽·엑스포와 같은 세계적인 행사를 모두 합친 것보다 큰 행사였어요. 그럴 수밖에 없죠. 당시엔 중국이 전 세계 제국의 중심이었으니까요. 엄청난 조공을 가지고 가느라 수레만 해도 만 대에 달할 정도의 규모였다고 해요.

차클 　연암은 사절단에서 어떤 역할을 했나요?

고 　당시 사절단의 대표가 연암의 삼종형이었어요. 연암이 늘 북학을 외치고 중국에 다녀온 친구들의 이야기를 들으면서 중국을 그리워하는 것을 그 형도 알고 있었죠. 그래서 대표의 개인비서 역할을 하나 주어서 참여할 수 있게 해주었습니다. 그렇게 만수절 축하 행사단에 합류를 하게 된 것입니다.

차클 　중국으로 가는 과정은 어땠나요?

고 　《열하일기》 원본을 보면 연암이 중국으로 가는 대장정의 모습을 볼 수 있어요. 압록강에서 연경까지 한 달 정도 걸렸습니다. 그리고 연경에서 열하까지는 나흘에 걸쳐서 갔어요. 무박 나흘에 걸쳐서요.

차클	엄청 험난한 여정이었네요?
고	네, 그랬습니다. 압록강을 떠나자마자 제일 먼저 요동 벌판을 만났어요. 그런데 이 요동 벌판이라는 곳은 열흘을 가도 산 하나가 보이지 않는 평원인 거예요. 조선에선 그렇게 광활한 공간을 본 적이 없었죠. 엄청난 충격이었을 겁니다. 그래서 연암이 요동 평야를 보고 한마디 하는데, 과연 뭐라고 했을까요?
차클	다시 돌아가고 싶다고, 잘못 왔다고 생각했을까요?
고	"아, 훌륭한 울음터로다, 한바탕 통곡하기 좋은 곳이로구나."라고 하

차이나는 클라스

면서 감탄을 했어요.

차클   어떤 의미로 그런 말을 한 것인가요?

고   이게 연암체의 핵심인 역설이에요. 연암이 보기에 조선이라는 땅은 아
        무래도 좀 작고 편협하고, 그래서 사람들의 인식도 너무 고루하다고
        생각했어요. 그런데 처음으로 중원에 들어섰더니 전혀 다른 시공이 펼
        쳐져 있었던 것이죠. 그 충격과 경이로움을 표현할 방법이 통곡이었던
        것이죠. 하나의 역설이에요. 온 사방이 탁 트여 있는 곳에서 울음을 떠
        올리는 것.

차클   너무 좋아서 우는 울음 같은 것인가요?

고   그냥 좋다, 라고 하기에는 조금 부족하고, 어떤 감정이든 지극함에 이
        른 상태를 의미하는 것이죠. 통곡하기 좋은 곳이구나, 했을 때 옆에 있
        던 지인이 어리둥절해하니까 연암이 다시 이렇게 질문을 합니다. "갓
        난아기가 왜 우는지 아는가?" 여러분은 어떻게 답하겠어요? 왜 갓난
        아이가 세상에 태어나서 껄껄껄 웃지 않고 울기부터 할까요?

차클   처음 아기를 받아보면 너무 감동적이라고 하더라고요. 그래서 부모도
        울게 된다고 해요. 너무 감동적이기 때문 아닐까요?

고   그럴 수 있겠네요. 생명의 탄생을 왜 울음으로 표현하는지에 대해서는
        여러 가지 속설이 있었다고 해요. 앞으로 살아갈 날을 생각하니 너무
        서글퍼서 그렇다는 식으로. 하지만 연암은 아주 새로운 스토리를 창안
        해냅니다. 갓난아기 입장에선 캄캄하고 갑갑한 배 속에 있다가 하루
        아침에 탁 트인 곳으로 나온 거잖아요. 그런 공간을 만나게 되면 손도
        펴보게 되고, 발도 펴보게 되겠죠. 몸과 마음이 얼마나 시원하겠어요.
        그런데 그런 느낌을 표현하는데 웃음으로는 안 된다는 거예요. 한마디
        로 웃음은 그냥 위에서 흩어지는 거예요. 하지만 가슴 밑바닥에서부터

올라오는 감정은 정말 온몸으로 우는 울음이라는 것이죠. 이게 연암이 즐겨 구사하는 역설의 미학입니다.

차클   연암의 역설을 엿볼 수 있는 다른 예들도 있나요?

고   고단한 여행길 속에서 연암의 관찰력과 유머는 더욱 빛나게 됩니다. 앞서 말한 대로 사절단의 첫 번째 목적지는 연경이었어요. 압록강에서 연경까지 2,000리 정도 되는데, 그 사이에 폭우가 엄청나게 쏟아졌다고 해요. 지금도 중국에서 발생하는 홍수의 규모가 어마어마하잖아요. 폭우와 폭염이 막 교차되는 데다 연암은 풍채도 좋을뿐더러 더위를 엄청 타는 체질이라 상당히 고단했을 거 아니에요? 그런데 연암은 물 만난 고기처럼 너무 경쾌했어요. 또 범람하는 강을 하루에도 몇 번씩 건너다 보면 균형을 잃고 기우뚱할 때가 있지 않겠어요? 강물 속에서 휘청거리다 떨어지기라도 하면 익사할 수 있잖아요. 그 순간 연암은 옆에 있는 말꼬리를 잡고 간신히 버티곤 했는데, 그러고는 이렇게 말하죠. "오~ 내가 이렇게 날랠 줄이야!" 이 대목은 읽을 때마다 웃음이 빵 터집니다. 절체절명의 순간에도 유머를 구사한 것이죠.

차클   극한의 상황에서도 유머를 잃지 않으시는 분이었군요?

고   정말 유머의 달인이에요. 연암이 자기를 소소(笑笑) 선생으로 불러달라고 한 편지도 있어요. 소소 선생이란 쉽게 말해서 '미스터 스마일'이란 뜻이죠. 그만큼 개그 본능이 끊이질 않았어요. 그중 결정적인 장면이 산해관에 들어갔을 때였어요. 연암이 한 점포에 들어갔는데 거기서 기가 막힌 문장을 발견하게 돼요. 연암은 주인장에게 자신이 등불을 들고 다시 와서 베껴가도 되겠냐고 물었죠. 그렇게 베낀 글이 바로 '호질'입니다.

차클   '호질'이라니 그게 무슨 말인가요?

'호질'은 범의 꾸중이라는 뜻인데, 북곽선생으로 대표되는 유학자들을 아주 통렬하게 풍자한 말이에요. 연암이 그걸 베끼고 있는 모습을 주인장이 보고서 도대체 그 글을 왜 그렇게 열심히 베끼느냐고 물었죠. 그러자 연암은 고국에 돌아가면 자기 친구들에게 이 이야기를 해줘서 입안에 든 밥알이 다 튀어나오고, 갓끈이 썩은 새끼줄처럼 끊어질 정도로 웃게 해주고 싶다고 해요. 이렇게 남을 웃기려고, 친구들을 웃기려고 노력을 하는 사람이 또 있을까요? 그런데 이 작품 자체는 굉장히 미스터리에 싸여 있어요. 연암이 직접 쓴 건 아닌지, 아니면 연암이 대체 어디까지 윤색했는지 아직도 밝혀진 바가 없어요.

차클   연경에서는 어떤 것들을 보게 되었나요?

고   처음에는 연경까지만 가는 줄 알았어요. 지금의 베이징인 연경에는 유람을 할 곳이 엄청나게 많거든요. 가장 대표적인 곳이 우리의 인사동에 해당하는 유리창이라는 곳이에요. 동아시아 문물의 집성지였죠. 그

때는 27만 칸의 서점과 골동품 가게들이 있었다고 해요. 한자 문화권의 모든 여행객들과 사절단, 수행원들이 와서 왕성하게 교류를 하던 곳입니다.

차클 그런 연경에서 연암을 사로잡은 것은 무엇이었나요?

고 연암은 특이하게 동물에도 관심이 아주 많았어요. 낙타나 코끼리 같은 것들을 너무 좋아했죠. 연경에 도착하자마자 짐을 풀더니 황제 전용 동물원인 상방이라는 곳에 가서 코끼리 떼를 봤다고 해요.

차클 그건 그렇고 황제나 권력가들은 왜 특이하고 무서운 동물들을 좋아할까요?

고 맹수들을 거느리고 있으면 자신의 힘을 과시할 수 있으니까요. 그리고 이국적인 동물들을 많이 소유하고 있으면 자신의 제국이 아주 멀리까지 힘을 미친다는 걸 과시할 수 있죠.

차이나는
클라스

연암은 열하에서
어떤 깨달음을 얻었나

연암의 눈에 들어온 것은 깨진 기와 조각들을 알뜰살뜰히 모아서 정성껏 꾸며 놓은 정원이었어요. 깨진 기와 조각을 하나도 버리지 않고 연결해서 물결무늬도 만들고, 둥근 고리 모양도 만든 것을 보았어요. 평범한 서민이 버려진 쓰레기들을 모아서 자기 삶을 꾸민다는 것은 바꿔 말하면, 이 시대가 태평천하라는 것을 의미해요.

차클   조선사절단은 왜 연경을 떠나 열하까지 가게 되었나요?

고   연암은 연경에서 하고 싶은 것이 엄청나게 많았을 겁니다. 그런데 연경에 도착했을 때 극적인 변곡점이 일어나게 돼요. 하루는 연암이 객관에서 쉬고 있는데, 황제가 보낸 호위무사들이 느닷없이 들이닥쳤어요. 그러면서 조선사신단을 당장 열하로 불러들이라는 황제의 명을 전합니다. 만수절 행사 전에 도착하도록 일정까지 정해서 일방적으로 전하고는 되돌아가버렸죠.

차클   황제의 명령이니 순순히 따를 수밖에 없었겠어요?

고   그 순간 난리가 난 거죠. 이제 겨우 고난의 행군을 마치고 연경에 도착해서 쉬고 있는데 말이죠. 말들도 성치 않았어요. 하인들도 모두 다 지쳐 있었죠. 그런데 또 열하에 가야 한다고 하니 모두 당황할 수밖에요. 하지만, 연암은 이미 사태 파악을 했어요. 그런데, 자기 옆에서 자고 있던 일행들이 시끌벅적한 소리에 깨어나서 무슨 일이냐고 묻자 그 난리통에서 개그 본능이 꿈틀거렸어요. "황제가 자금성을 비운 사이에 몽고 기병 10만 명이 쳐들어왔다는군." 이런 식으로 농담을 한 거죠. 그러자 일행들의 반응이 어땠겠어요? 서로 끌어안고 이제 자신들은 죽었다면서 또 난리를 친 거죠.

차클   궁중에 있었으면 진짜 큰 사고를 쳤을 분이네요.

고   한쪽에서는 몽고 기병이 쳐들어왔다고 울고, 한쪽에서는 당장 떠나지 않으면 목이 달아난다고 난리를 치고 있는데, 연암 혼자 그 풍경을 보면서 즐기고 있었겠죠. 본인은 공식 수행원이 아니라 가지 않아도 무방한 처지였으니까요. 하지만 연암에게 있어 열하행은 엄청난 기회였죠. 그때까지 조선인이 열하에 간 적은 한 번도 없었거든요. 그래서 처음엔 좀 망설이다가 마음을 바꿔 먹고 열하 여행단에 합류합니다. 이것이 이 여행의 결정적인 변곡점이었어요.

차이나는 클라스

차클	그런 이유로 《열하일기》가 탄생하게 된 것이군요?
고	네, 느닷없이 열하로 가게 됐기 때문에 연행록(연경을 다녀온 기록)이 아니라 《열하일기》가 된 것이에요. 그런데 문제는 일정이 너무 빡빡해서 무박 나흘로 가야 했다는 거예요. 황제의 만수절 축하 행사가 시작되기 전에 도착해야 했기 때문이죠. 무박 나흘이라니 정말 엄청난 강행군이죠. 일행들이 모두 말 위에서 잠꼬대를 하면서 대화를 할 정도였어요.
차클	그런 와중에도 《열하일기》를 쓰셨다는 거예요?
고	연경에서 열하까지 가는 700리 여정 중에 《열하일기》 속 명문장들이 다 탄생했어요. 여정의 마지막에는 하룻밤에 강을 아홉 번 건너는 코스까지 등장합니다. 이제 그 강만 건너면 열하로 들어가게 되는 겁니다. 하지만 이제는 배고프고 잠을 못 잔 정도가 아니라 자칫하면 죽을 수도 있는 상황에 직면한 거예요. 그런 절박한 순간에 "나는 이제야 도를 알았도다."(〈일야구도하기〉)와 같은 문장들이 탄생했어요.

마음이 텅 비어 고요한 사람은
귀와 눈이 마음에 누가 되지 않고,
눈과 귀만 믿는 자는
보고 듣는 것이 자세하면 자세할수록
더더욱 병통이 된다는 것임.

_〈일야구도하기〉

고　　　　귀와 눈을 믿으면 마음이 동요해서 물소리를 듣게 되고, 파도를 보게 되어 거기에 휩쓸려버린다는 것을 깨달은 거예요. 귀와 눈이 누가 된다. 즉, 보고 듣는 것이 나에게 엄청난 장애가 된다는 걸 깨달은 겁니다. 한 번 떨어지면 그대로 강물인 상황에서 마음과 사유의 대회전이 일어난 것이죠.

그땐 물을 땅이라 생각하고, 물을 옷이라 생각하고,
물을 내 몸이라 생각하고, 물을 내 마음이라 생각하리라.
그렇게 한 번 떨어질 각오를 하자,
마침내 귀에는 강물 소리가 들리지 않았다.
무릇 아홉 번이나 강을 건넜지만,
아무 근심 없이 자리에서 앉았다 누웠다.
그야말로 자유자재한 경지였다.

_〈일야구도하기〉

고	자기 구원과 구도의 여정을 보여주는 장면이에요. 죽음에 직면했을 때 삶에 대한 집착을 거두고 마음을 온전히 비워버린 것이죠. 그 순간 물과 나 사이의 경계가 사라지는 걸 체험한 거예요. 이게 바로 "나는 이제야 도를 알았도다."라는 말의 의미입니다.
차클	어떻게 극한의 상황에서 그런 생각을 할 수 있을까요?
고	이것이 지성과 글쓰기의 힘인 거죠. 그것이 그 순간 그 사람을 자유롭게 해준 거예요. 그런 과정을 거쳐 열하에 도착해 보니 열하는 그야말로 열광의 도가니였어요. 잠깐 눈을 붙인 다음, 엿새 동안 물 만난 고기처럼 펄펄 살아 움직였죠. 세상의 온갖 귀하고 기이한 것들을 그때 다 체험했다고 할 수 있어요.
차클	연암이 열하에서 경험한 것들을 자세히 알려주세요.
고	1780년 건륭제의 만수절은 청나라 제국의 절정이자 최전성기의 시기였어요. 연암은 바로 그 시점에 열하에 들어간 것입니다. 그곳에서 티

베트 법왕 판첸 라마 6세도 만나게 됩니다. 그리고 눈앞에서 코끼리가 지나가는 것도 보게 돼요. 상방에서도 보긴 했지만, 열하의 거리에서 두 마리 코끼리가 귀를 펄럭이며 지나가는 것을 보고 다시 한 번 큰 감동과 경이로움에 휩싸이죠.

차클 코끼리에 대한 연암의 묘사가 궁금합니다.

고 귀가 펄럭이는 모습이 풍우 같았다고 해요. 허리케인이오.

귀는 구름을 드리운 듯하고 눈은 초승달 같으며 두 개의 어금니 크기는 두 아름이나 되고 키는 한 장 남짓이나 되었다. 코는 어금니보다 길어서 자벌레처럼 구부렸다 폈다 하며 굼벵이처럼 구부러지기도 한다. 코끝은 누에의 끝부분처럼 생겼는데 거기에 족집게처럼 물건을 끼워서 돌돌 말아 입에 집어넣는다.

_〈상기〉

차이나는 클라스

고	이렇게 관찰력이 어마어마했어요. 그리고 건축물을 보면 전체 구조와 시스템을 한눈에 간파해서 글로 모두 재구성할 정도였죠. 한마디로 문명을 탐사한 거예요. 그리고 청 문명의 장관은 바로 기와 조각과 똥 부스러기에 있다고 해요.
차클	기와와 똥 부스러기가 문명을 대변한다고요?
고	이 테제가 《열하일기》의 대표적인 문장이자 하이라이트입니다. 세계 제국의 중심인 청나라 문명의 정수가 깨진 기와 조각과 버려진 똥 부스러기에 있다니, 이게 무슨 뜻일까요?
차클	사회의 진정한 저력은 거대하고 화려한 외양이 아니라 사소하고 일상적인 데에 있다는 내용 아닐까요?
고	연암의 목적은 문명 탐사를 하는 것이었죠. 중국 청나라 문명이 얼마나 고도로 발전했는지를 보려고 했을 겁니다. 그런데 화려한 스펙터클 속에는 사람들의 삶이 담겨 있지 않아요. 연암의 눈에 들어온 것은 깨진 기와 조각들을 알뜰살뜰히 모아서 정성껏 꾸며 놓은 정원이었어요. 깨진 기와 조각을 하나도 버리지 않고 연결해서 물결무늬도 만들고, 둥근 고리 모양도 만든 것을 본 거죠.
차클	그럼 똥 부스러기는 어떤 의미인가요?
고	당시의 교통수단은 말이었죠. 그런데 이동을 하다 보면 말이 계속 길거리에 똥을 쌀 거 아니에요? 그러면 사람들이 삼태기를 들고 따라다니면서 계속 말똥을 받았다고 해요. 그 말똥을 모아서 돈대나 축대를 쌓는 데 사용했던 거죠. 아주 실용적인 건축물을 지은 겁니다.
차클	말똥으로 건축을 하는 것이 문명과 어떤 연관이 있나요?
고	완벽한 리사이클링 현장인 거죠. 평범한 서민이 버려진 쓰레기들을 모아서 자기 삶을 꾸민다는 것은 바꿔 말하면, 이 시대가 태평천하라는

것을 의미해요. 바로 연암은 이것을 꿰뚫어 본 거예요. 황제들이 만리장성처럼 거대한 건축물을 짓느라 몰아치면 제국은 번성해도 백성들의 삶이 피폐해지겠죠. 수탈당하는 거잖아요. 그런데 청나라의 백성들은 자기 삶에 만족하고 있다는 증거를 발견한 거예요. 그래서 연암은 순간, 질투심이 폭발해서 조선으로 돌아가려는 생각까지도 했어요. 만주족 오랑캐가 이렇게 통치를 잘하리라곤 생각하지 못했던 겁니다. 그러다가 평생 질투라곤 해보지 않은 자신을 돌이켜보며 다시 마음을 추스르는 장면도 나옵니다.

차클   열하에서는 연암의 다른 행보는 기록되지 않았나요?

고   《열하일기》는 잠행과 접선의 여정이라고도 할 수 있어요. 원래 사절단은 통금시간 이후에는 숙소 밖으로 나가면 안 돼요. 그게 규칙이었어요. 그런데 연암은 야음을 틈타서 계속 접선을 시도합니다. 다른 친구는 같이 가려고 하지 않았어요. 모두들 청나라가 '되놈'의 나라라고 쳐다보기도 싫다고 했거든요.

차클   연암은 거기서 주로 어떤 사람들을 만났나요?

고   심양에선 장사꾼들과 접선하고 밤새 필담을 해요. 필담이란 요즘으로 치면 채팅과 비슷해요. 아마 속도가 채팅 못지않게 빨랐을 거예요. 한족 선비들을 만나서 가느다란 붓으로 대화를 주고받는데, 그들은 한족이니까 검열을 받잖아요. 그래서 대화하다가 명나라를 상징하는 단어가 나오면 촛불에 확 태우거나 먹어버리기도 했어요. 이렇게 긴장감이 넘치게 서로 상대방의 마음을 열고 이야기를 나누는 온갖 에피소드들 중에서 가장 압권은 판첸 라마 대소동이에요. 만수절에 티베트 법왕도 모셔왔다고 했잖아요. 그가 사실 황제의 스승이었어요. 황족들도 감히 접견하기가 어려운 지존이었죠. 근데 황제가 조선사신단에게 접견할

차이나는 클라스

기회를 준 거예요.

차클 　왜 그렇게 조선사신단에게 특별대우를 해주었나요?

고 　제가 생각하기에는 병자호란 이후 청이 조선을 통치하는 방식이었어요. 조선은 예의를 엄청 중시하니까 극진하게 예우를 해주는 게 더 효과적으로 다루는 방법이라고 생각했겠죠. 하지만 조선사신단은 황제가 베푼 그 엄청난 은총을 받아들일 수가 없었어요.

차클 　청을 얕잡아보고 있으니 그러지 않았을까요?

고 　조선은 성리학의 나라이기 때문에 불교를 이단으로 취급했어요. 게다가 중국 불교도 아니고 오랑캐 중의 오랑캐인 티베트의 법왕 앞에 가서 머리를 숙인다는 것은 상상조차 하기 어려운 일이었죠. 돌아가면 정치적으로 큰 문젯거리가 될 소지가 많았어요. 그래서 사신단에서 절대 불가하다고 뻗대니까 청나라 관리들 입장에선 너무 황당한 거예요. 황제도 머리를 조아리는 황제의 스승인데 왜 너희들이 머리를 조아릴 수 없다고 하냐는 거죠.

차클 　충분히 무례하다고 느낄 수 있었겠네요.

고 　이때 조선인들은 정말 좋게 말하면 다이내믹했고, 나쁘게 말하면 간이 부었다고 할 수 있어요. 청나라 예부 관리는 이 명령을 수행하지 못하면 자기 목이 달아나요. 그래서 수락 여부와 관계없이 조선사신단을 거의 반강제로 끌고 갔어요. 자 그런데 이때 연암이 무엇을 했을까요?

차클 　지금까지의 느낌으로 봤을 때 엉뚱한 생각을 했을 것 같네요.

고 　이건 보통 문제가 아니었죠. 외교적 사안이잖아요. 하지만 연암은 황제가 뭐 이런 일로 전쟁을 일으키진 않겠고, 최소한 사신단을 강남으로 유배를 보내는 정도로 일이 마무리될 거라 생각했어요. 그럼 이참에 못 이기는 척하고 강남으로 유람을 가게 될 거라 생각하면서 혼자

'강남놀이'에 빠져 있었죠.

차클   전체적으로 상황을 관망하는 눈이 있었던 것 같네요.

고   연암은 자신이 가지고 있던 돈을 다 턴 다음 하인을 불러서 술을 사오라고 해요. "이제 강남땅으로 가야 하니 너랑은 작별이다." 이런 농담까지 구사하면서요. 그야말로 '호모 루덴스'였죠. 아무리 심각한 상황에서도 장난기가 발동했으니까요.

차클   그래서 결국 티베트 법왕을 접견하게 되었나요?

고   사신단이 끌려가니까 따라갔는데 사신단이 판첸 라마 앞에서 무례하게 털썩 주저앉고, 하인들까지 황제를 향해 막 욕지거리를 하는 장면이 연출됩니다. 그런데 판첸 라마는 또 눈치 없이 사신단에게 무사히 잘 돌아가라는 의미로 황금불상을 선물한 겁니다. 사신단은 선물을 거절할 새도 없이 후다닥 접견의식이 끝나자 쫓기듯 나왔어요. 선물을 갖고 조선으로 돌아가면 또 정치적으로 큰 문제가 될 게 뻔했거든요. 역관들한테 선물을 주려고 해도, 그들도 그 더러운 것을 가질 수 없다고 하는 겁니다.

차클   가진 게 자존심밖에 없었나 봐요.

고   엄청나죠. 그래서 압록강에 던져버리자, 땅에 묻어버리자 등등의 아이디어가 막 나오는 중에 황제의 스파이가 그 장면을 낱낱이 다 목격을 한 거예요. 그 보고를 받은 황제가 엄청 불쾌했겠죠. 그래도 자기 생일 파티에 초대한 손님들이니 뭐 큰 벌을 줄 수는 없고 딱 한마디를 했대요. "그 나라는 예를 아는데 사신단은 예가 없구먼." 그 말이 떨어지자마자 엿새 만에 온갖 푸대접을 받으면서 후다닥 짐을 싸서 돌아가게 됩니다. 그러나 이때는 무박 나흘이 아니기 때문에 아주 여유가 있었죠. 이제 연암이 어떤 여행을 했는지 감이 좀 잡히시나요?

연암은 우리에게
어떤 가르침을 주는가

현대철학적 용어로 옮기면 노마디즘이라고 해요. 유목주의라는 뜻이죠. 노마디즘은 어떤 규정된 가치에 매이지 않는 거예요. 마주치는 모든 걸 다 활용할 수 있어야 합니다. 길 위에선 인생에 대한 길을 물어야 돼요. 그 길을 물을 때 내가 고정된 통념에 사로잡혀 있으면 새로운 경계로 나아가질 못해요. 반복의 늪에 빠져버려요.

차클   연암은 좀처럼 종잡을 수 없는 사람인 것 같아요.

고   네, 맞아요. 〈야출고북구기〉나 〈일야구도하기〉를 읽을 때는 거룩한 사람처럼 느껴지다가도 판첸 라마 대소동을 보면 너무 장난이 심한 거아닌가라는 생각도 들죠. 이용후생을 이야기할 때는 정말 예리하게 문명 탐사를 하는 통찰력과 다채로운 문체를 엿볼 수 있고요. 중원의 풍광을 묘사할 때는 최고의 수사학자가 됩니다. 이것이 바로 연암이 갖고 있는 사상적 스펙트럼이에요. 대상에 따라 자기를 계속 바꿀 수 있는 유연성이 있죠. 예술가들도 하나의 스타일을 띠거나 기껏해야 한두 개를 변주하는 정도 아니겠어요? 그런데 클래식부터 트로트에 랩까지 다 한다면 정말 대단한 것이죠. 조용필의 음악세계를 떠올리면 될 거같네요.

차클	중국을 다녀오고서 연암에게 별일은 없었나요?
고	《열하일기》가 나오고 약 10여 년 뒤에 문체반정이라는 사건을 겪어요. 문체반정이 무엇일까요? 반정이라고 하면 뭐가 떠오르세요?
차클	인조반정, 중종반정의 그 반정 말씀하시는 건가요?
고	그렇죠. 연산군을 무너뜨리고 난세를 바로잡은 걸 중종반정, 광해군을 무너뜨린 게 인조반정. 모두 다 정치적 쿠데타죠. 쿠데타인데 성공했기 때문에 반정이라고 불리는 것이고요.
차클	반정의 문자적 의미는 무엇인가요?
고	올바른 데로 돌아간다는 것을 의미해요. 그런데 문체반정은 문체를 올바른 데로 돌린다는 뜻이잖아요. 이런 건 전 세계적으로도 보기 드물어요. 아무리 내용이 저항적이고 반역적이라 하더라도 그냥 데려다가 고문을 하거나 유배를 보내면 되지 않겠어요? 그런데 문체는 스타일이잖아요. 문체, 즉 스타일을 가지고 왕이 직접 나선 거예요.
차클	그 왕이 누구인가요?
고	정조였어요. 정조가 잘못된 문체를 쓰는 사람들을 뽑아내서 벌을 주고 반성문을 하루에 열 편씩 쓰게 했습니다. 그리고 이 모든 것의 배후에 연암의 《열하일기》가 있다면서 배후로 콕 찍어버렸어요.
차클	당시에 허용되는 문체의 기준이라는 것이 있었나요?
고	당시에는 중국의 고대 문체인 고문을 써야 한다고 정해져 있었어요. 이미 완성되었다는 것이죠. 그리고 그 문체를 계속 연습하고 재생산해야 된다고 생각했어요. 고대에 나온 음악이 있다면 계속 그걸로 음악을 해야 하는 것과 비슷한 차원입니다.
차클	문체에서도 기득권을 유지하려 했던 걸까요?
고	그보다는 문체를 지켜야 권력이 유지됐어요. 사대부들이 평생 고문을

연습하다 보면 자연히 길들여지니까요. 그런데 당시에 연암의 반대편에는 다산이 있었어요. 그러니까 한마디로 이 시대는 영조·정조의 시대기도 하고 연암과 다산의 시대기도 해요. 다산 정약용을 모르는 한국인은 없죠?

차클   당시의 표준에 맞는 문체가 다산 정약용의 문체였던 건가요?

고   네, 다산은 전통적인 규범에 맞게 아주 장중하게 썼죠. 반면 연암의 문체는 굉장히 창조적이고 개성이 넘쳤어요. 법고창신(法古創新)이라고 설명하죠. 저는 연암체를 설명할 때 떠오르는 장면이 하나 있어요.

1992년에 서태지와 아이들이 '난 알아요'라는 노래를 공개했을 때 굉장히 충격적이었거든요. 그 노래가 왜 우리에게 충격을 주었는지 기억하시나요?

차클 그전까지만 해도 그런 노래가 전혀 없었어요. 그런데 서태지 이후로 멜로디와 랩과 댄스까지 모두 바뀌어버렸어요.

고 네, 그래요. 그 이전으로 돌아갈 수가 없게 완전히 바뀌었죠. 그게 바로 감수성을 해체하고 변형하는 거예요. 그때부터 사람들이 느끼고 감정을 표현하는 방식이 엄청나게 달라졌어요. 정조가 문체반정의 막바지에 《열하일기》를 이 모든 사태의 배후라고 말했는데, 사실 정조도 연암의 문체에 은근 반하지 않았을까 싶어요. 그렇기 때문에 그 위험성을 더 깊이 감지했던 것이고요.

차클 만약 정조가 연암의 글을 좋아했다면 왜 문체반정을 일으켰을까요?

고 정조도 연암처럼 훌륭한 문장을 쓸 수 있는 인재를 옆에 두고 싶었겠죠. 왕의 입장에서 연암 같은 인물이 얼마나 탐났겠어요. 그래서 정조는 《열하일기》 때문에 문풍이 망가졌다고 채찍을 휘두르면서 동시에 당근을 던져줬죠. 반성문을 잘 쓰면 중하게 등용하겠다는 속내를 내비친 거죠.

차클 연암은 정조의 제안을 받아들였나요?

고 고민할 것도 없었어요. 연암은 그저 자신이 게으르고 문서 관리를 잘못해서 《열하일기》가 퍼져나갔다는 식으로 의뭉스럽게 싹 빠져나갔어요. 반성문도 쓰지 않았죠. 하지만, 거듭 죄송하고 죄송하다는 식으로 납작 엎드렸기 때문에 왕도 더 다그치기가 난감했죠.

차클 그럼 결국 연암은 정조의 청을 거절하는 것으로 끝나요?

고 훗날 연암이 궁중에 들어간 일이 있었어요. 정조가 연암에게 글감을 주고 고문체로 써보게 했어요. 그 글이 연암의 글 중에서 가장 재미가 없습니다. 정조도 그만큼 집요했고, 연암도 미꾸라지처럼 빠져나갔던 둘 사이의 관계를 보여주는 대표적인 일화죠. 하지만 권력 안에 포획되지 않았기 때문에 연암이 18세기 지성사를 그만큼 끌어올린 것이라고 봐요.

차클   우리 시대에 연암을 다시 읽어야 하는 이유는 무엇인가요?

고   고전 평론가는 고전의 지혜를 지금 여기의 현실로 옮긴다고 했잖아요. 18세기의 훌륭한 고전을 21세기로 왜 가져와야 하느냐. 연암이 《열하일기》에서 보여준 자유의 표현, 유목적 네트워크가 바로 이용후생의 궁극적 목적인 인간의 자유와 맞닿아 있기 때문이에요.

차클   조금 더 구체적으로 말씀을 해주신다면요.

고   그걸 현대철학적 용어로 옮기면 노마디즘이라고 해요. 유목주의라는 뜻이죠. 노마디즘은 어떤 규정된 가치에 매이지 않는 거예요. 마주치는 모든 걸 다 활용할 수 있어야 합니다. 길 위에선 인생에 대한 길을 물어야 돼요. 그 길을 물을 때 내가 고정된 통념에 사로잡혀 있으면 새로운 경계로 나아가질 못해요. 반복의 늪에 빠져버려요. 시공의 조건에 따라서 나를 끊임없이 변형할 수 있는 그런 유동하는 존재, 그게 노마드입니다. 21세기는 그런 노마드의 세상이라고 할 수 있어요. 이분법적으로 나누어져 있던 것들이 다 해체, 융합되는 시대니까요. 그런 점에서 《열하일기》가 21세기의 새로운 길을 여는 데 있어 훌륭한 메신저 겸 내비게이션이 될 수 있다고 생각합니다.

허준의 《동의보감》은
왜 널리 알려지지 않았나

우리 시대가 갖고 있는 지식 배열의 한계를 깨볼 필요가 있어요. 우리는 다 따로 따로 연구를 해요. 하지만 이런 것은 20세기 이후에 형성된 서구식 사유방식입니다. 그 이전에는 동양이든 서양이든 모두 삶을 생명의 차원에서, 그리고 전 우주의 차원에서 하나로 연결해서 사유했어요.

고	《열하일기》에 이어서 이번에는 허준과 《동의보감》에 대해 이야기해보도록 하죠.
차클	《동의보감》은 의서 아닌가요?
고	이번 주제는 '《동의보감》에 몸과 마음을 묻다'예요. 의서라면 치료가 주제여야 할 텐데, 치료가 아니라 몸과 마음이잖아요? 몸과 마음은 생명의 핵심이죠. 또 생명은 우주와 분리될 수 없어요. 결국 《동의보감》은 몸과 우주에 대한 이야기라고 보면 됩니다.
차클	의서가 아닌 고전으로서 《동의보감》을 풀어보자는 얘기신 거죠?
고	맞아요. 우리 시대가 갖고 있는 지식 배열의 한계를 깨볼 필요가 있어요. 우리는 다 따로따로 연구를 해요. 하지만 이런 것은 20세기 이후에 형성된 서구식 사유방식입니다. 그 이전에는 동양이든 서양이든 모

두 삶을 생명의 차원에서, 그리고 전 우주의 차원에서 하나로 연결해서 사유했어요.

차클 《동의보감》을 보면 처방 같은 것도 나오잖아요. 한의사들이 보는 전문서적 같은 느낌인데 과연 고전으로 읽을 수 있을까요?

고 저도 그런 줄 알고 40대까지 읽을 생각도 하지 않았어요. 그냥 소설 《동의보감》이나 드라마 〈허준〉 같은 것만 보고 말았죠.

차클 혹시 한의학 공부도 하셨어요?

고 아뇨. 전혀 생각조차 해본 적이 없어요. 누구나 40대가 되면 인생에서 한 번 큰 변곡점이 생겨요. 평소에는 몸이 괜찮았는데 갑자기 아파진다거나 관계 또는 활동에서 굉장히 큰 장애를 겪으면서 큰 괴로움이 생기거나. 저도 그런 걸 한 번 겪은 거죠. 중요한 건 40대가 되면 마음을 쓰는 데 있어서 어떤 일정한 회로 같은 것이 생겨요. 마음이 흘러가는 대로 병이 생기게 된다는 것을 알게 되죠.

차클 몸과 마음이 이어져 있다는 말씀인가요?

고 비슷해요. 그래서 그때부터 몸에 대한 탐구를 해봐야겠다고 생각했어요. 병원과 의사에게만 맡길 게 아니라 내 몸을 돌보는 법을 나도 알아둬야겠다고 생각한 거예요.

차클 그 해법을 《동의보감》에서 찾으셨다는 말씀이시지요?

고 우리는 《동의보감》을 자랑스럽게 생각하잖아요. 그런데 왜 우리는 그토록 자랑스러워하는 《동의보감》에 담긴 지혜와 비전을 배우려 하지 않을까요? 그런 의문을 품게 되면서 그 안에 있는 삶의 지혜와 비전을 현대인들에게 좀 알려주고 싶다고 생각했습니다. 그때부터 책을 쓰기 시작한 거예요.

차클 《동의보감》에 담긴 비전은 한마디로 무엇인가요?

고	한마디로 양생이에요. 현대 의학의 프레임은 위생입니다. 지금 우리는 위생을 중심으로 하는 의학을 하고 있는 거예요.
차클	양생과 위생은 어떻게 다른가요?
고	위생은 쉽게 말해서 병을 막는 의학이라고 할 수 있죠. 주로 수술과 약으로 병을 찾아내서 몸에서 쫓아내는 것이에요. 살균이나 세균 박멸 같은 것들이 다 병을 막는 것이겠죠. 그런데 살균도 그렇고 병을 퇴치한다는 개념이 전쟁모델과도 굉장히 닮았어요. 항암제도 마찬가지죠. 그와 대비되는 의학적 비전이 양생이에요. 양생은 기를 양(養) 자에 살생(生) 자를 쓰는데, 이는 타고난 생명력을 북돋는다는 걸 의미합니다.
차클	과거에는 보양을 중시하지 않았나요?
고	사람들은 누구나 타고난 생명 에너지를 갖고 있어요. 각자가 가진 에너지는 다 달라요. 어떤 사람은 기가 세고, 어떤 사람은 몸의 질량감이 아주 풍부하고, 어떤 사람은 마르고 근육이 없으면서도 굉장히 파워풀하기도 하고. 이렇게 모두 다 다르잖아요. 타고난 자기의 기질을 자연스럽게 펼쳐서 요절할 사람을 장수하게 하고, 장수할 사람을 신선이 되게 한다는 식의 원대한 비전을 갖고 있는 게 양생이에요.
차클	《동의보감》이 양생을 목표로 삼은 특별한 이유가 있나요?
고	먼저 《동의보감》을 쓴 허준이라는 사람의 배경을 살펴봐야 합니다. 허준은 우리가 드라마나 소설로 많이 보긴 했지만, 실제 기록은 별로 없어요. 당시 의사들에 대한 기록도 많지 않아요.
차클	지금의 의사들과는 다른 대접을 받았나요?
고	무엇보다 허준은 서자 출신이었죠. 그런 핸디캡을 갖고 있었어도 내의원에 들어갈 때까지 큰 어려움을 겪진 않았어요. 워낙 어렸을 때부터 의학과 학문에 조예가 깊었으니까. 그래서 승승장구를 했죠. 더구나

당시에 두창, 지금으로 말하면 천연두가 유행할 때 왕자들도 두창 때문에 고생을 많이 했어요. 광해군도 두 번이나 두창에 걸려서 사경을 헤맸는데 허준의 도움을 받아 살 수 있었죠.

차클 《동의보감》을 쓰게 된 계기는 뭔가요?

고 허준은 이전까지 쓰지 않던 의학적 처방을 굉장히 공격적으로 활용해서 여러 사람들을 살렸습니다. 당시 임금이 선조였고, 임진왜란이 일어난 시기였습니다. 임진왜란이 소강상태에 있던 1596년에 선조가 《동의보감》 프로젝트를 발주했어요.

차클 허준 혼자서 쓴 건가요?

고 선조는 허준을 포함해서 당대 최고의 양생술 수련가와 명의들을 10명쯤 모아서 새로운 의서를 편찬하라는 명령을 내렸습니다. 그런데 그다음 해에 정유재란이 일어나는 바람에 프로젝트 팀이 해체가 됐죠.

차클 그럼 어떻게 《동의보감》을 완성하게 되었나요?

고	이후 선조가 허준만 따로 불러서 혼자서라도 완성해보라고 명을 내립니다. 하지만 너무 방대한 작업이었죠. 동아시아 의학사를 비롯해 그동안 나온 의술과 의서들을 집대성해야 했으니까요. 중국에서도 못했고 일본에서도 못했어요. 그런 작업을 조선에서, 그것도 전란 중에 하게 된 거예요. 굉장히 드라마틱한 장면이죠.
차클	선조가 어떤 생각으로 작업을 지시했을까요?
고	선조가 제시한 비전은 아주 명료했어요. 세 가지를 당부했습니다. 첫째로 중국의 의서를 잘 모아서 일목요연하게 정리를 하라고 했습니다. 선조 본인이 보기에 중국 의서는 굉장히 잡다하고 번잡해서 보기에 불편하기 짝이 없었어요. 병이며 약재며 너무 섞여 있어서 의사들 외에는 참조하기가 어려웠던 거죠. 둘째로 선조가 병을 많이 앓다 보니, 병이 난 다음에 고치면 너무 늦다는 것을 알고 있었던 거죠. 그래서 병에 걸리기 전에 섭생을 하는 법을 정리하라고 지시했어요. 이게 바로 양생의 기본 포인트입니다. 마지막으로 세 번째 이유가 아주 중요해요. 우리나라의 궁벽한 곳에는 의사도 부족하고 의서도 부족했어요. 그래서 중국 의서를 볼 수밖에 없는데, 아까도 말했듯이 중국의 약초들로 설명이 되어 있으니 백성들이 활용하기 쉽도록 우리나라 약초명을 병기하라고 지시를 합니다.
차클	작업을 하는 데 시간이 얼마나 걸렸나요?
고	총 14년이 걸렸습니다. 선조가 살아 있을 땐 워낙 바빠서 진행이 상당히 더뎠죠. 그런데 그사이 선조가 승하하고 정파투쟁이 격화되는 과정에서 허준도 그 소용돌이에 휘말려 69세의 나이로 북방으로 유배를 가게 돼요. 1년 8개월의 유배기간이 완벽한 안식년이 된 거죠. 독방의 유배지에서 나머지 후반부를 완성합니다.

차이나는 클라스

차클	허준을 다룬 드라마나 작품들에서 허준의 생애나 업적이 잘 묘사되었다고 생각하시나요?
고	저뿐만 아니라 한의사들도 좀 불만이 많아요. 드라마를 보면 허준이 내의원에 입성할 때 드라마틱한 우여곡절을 겪고 성공한 케이스로 묘사가 되죠. 하지만 어렸을 때부터 학문에 조예가 깊어서 사대부들과 계속 교류를 했어요. 그들이 인재를 알아본 덕에 추천을 받아 내의원에 들어갔습니다.
차클	드라마에서 보면 스승을 해부하는 장면도 나오는데 사실인가요?
고	이것은 완벽한 거짓이에요. 일단 유의태는 실존 인물이 아니에요. 의학사를 보면 유이태라는 분이 있긴 한데 허준과 동시대 사람이 아니라 훨씬 나중에 등장하는 인물입니다. 그리고 시체를 해부해서 반위, 즉 위암을 치료하는 장면은 매우 감동적인 장면이긴 하지만, 한의학을 하시는 분들에겐 불편했을 장면이에요. 왜냐하면, 해부를 해서 직접 본

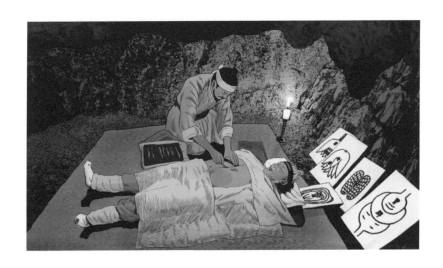

다고 해서 치료를 할 수 있는 건 아니니까요.

차클　생각보다 많은 것들이 잘못 알려져 있군요?

고　이런 오해와 편견들이 너무 많아서 정작 《동의보감》의 지혜와 비전에 대해서는 무관심해진 게 아닌가 싶어요.

차클　《동의보감》이 지닌 역사적 가치는 어느 정도인가요?

고　14년에 걸친 방대한 작업으로 탄생한 《동의보감》은 번역본으로 2500페이지, 목차만 해도 100페이지, 참고문헌이 수백 권에 이릅니다. 동아시아 의학사를 완전히 총 집대성했다고 볼 수 있죠. 세계 최고의 기록문화유산이라고 할 만합니다.

차클　《동의보감》이 우리 실정에 맞게 쉽게 쓰였다고 했는데 실제로도 쉽게 읽을 수 있나요?

고　방대한 집대성이긴 하지만, 목차를 보면 너무 아름답고 간결해요. 기본적으로 내경편, 외형편, 잡병편으로 나뉘어 있어요. 인체 내부와 정신 질환을 다룬 내경편, 인체 외부의 외과적 질환을 다룬 외형편, 그리고 천지운기, 즉 기후가 인간의 몸에 일으키는 다양한 병을 다룬 잡병편. 그리고 치료법과 약재를 다룬 침구, 탕액편까지. 이렇게 일목요연하게 구성되어 있으니까 한눈에 쏙 들어오죠.

차클　일반인들이 활용하기에도 편했을까요?

고　선조가 섭생을 중심으로 접근하라고 지시를 했기 때문에 질병이 아니라 생명이 먼저 등장합니다. 생명과 우주의 핵심은 순환이에요. 순환이 이루어지지 않을 때 병이 생긴다고 보면 됩니다. 그러니까 의학적 임상에 대해서 무지한 이들도 생명과 우주의 순환이라는 패러다임에 대해서는 얼마든지 접근 가능한 거예요. 저도 거기에 완전히 매료돼서 세계관이나 저 자신을 보는 인식까지도 완전히 바뀌게 됐어요.

62　차이나는
클라스

몸과 마음은
어떻게 조화를 이루는가

《동의보감》에서 인문학자로서 감동을 받은 점은 병과 몸과 우주의 관계를 볼 수 있게 만들어주었다는 것이에요. 천지자연이 내 몸에 있다는 말로 정의할 수 있습니다. 내 몸에서도 생각 따로, 말 따로, 행동 따로 하게 되는 일이 일상에서 다반사로 일어나잖아요. 그렇게 따로따로 관리를 하는 것만 알았는데, 그 모든 것들이 하나로 연결되어 있다는 사실을 깨닫게 되었죠.

차클 《동의보감》을 일반인들도 쉽게 읽을 수 있는 이유가 또 있나요?

고 제아무리 좋은 내용을 담고 있어도 재미가 있어야겠죠. 지성의 향연은 둘째 치고 이야기가 있어야 합니다. 《동의보감》에는 그런 이야기가 있었어요. 예를 들어 귀하게 살다가 갑자기 망한 사람들이 있을 거 아니에요? 당파 싸움으로 인해서 갑자기 최고 귀족이나 영의정이었던 사람이 노비로 전락하고 만다든지 하는 일들이 종종 있었겠죠. 또 가난한 사람들이 갑자기 부역을 나가야 하든지요. 이럴 때 겪는 병이 바로 울화병이에요. 그런데 같은 울화병이라고 해도 서로 병을 얻게 되는 경로가 모두 다르잖아요. 《동의보감》에서는 이런 스토리들을 세밀하게 다루고 있어요. 또한 당시에 사람들이 앓았던 병을 통해서 그 시대의 풍속을 짐작할 수도 있죠.

차클   상황별로 맞춤형 치료법을 적용했다는 얘기인가요?

고   오늘날에는 상상조차 할 수 없는 일들이 많이 등장해요. 기근 때 곡식을 먹지 않고 흉년을 넘기는 법도 나온답니다. 굶주림을 이기기 위해서 입 안에서 침을 만들어 삼키는 것을 1000번 정도 하면 배고픔이 저절로 사라지게 된다는 내용도 있고요. 또 피난 갈 때 소아의 울음을 멎게 하는 법도 다루었어요. 아기가 울면 적군에게 들켜버릴 수 있잖아요. 단순한 의서가 아니라 민중적 고난과 연결된 의술인 셈이죠.

차클   의서보다는 일상에 꼭 필요한 삶의 기술 같은 느낌이 드네요. 마음의 병을 다루는 내용들도 있나요?

고   우울증에 걸린 여인의 병을 낫게 해주는 내용도 참 흥미로워요. 약으로도 치료하기 어려운 마음의 병에 걸린 부인에게 내린 처방이 정말 재미있어요. 두 명의 기녀 얼굴에 붉은 분을 발라 광대처럼 분장을 시켜서 부인에게 보여주었더니 웃음을 되찾았다고 해요. 또 음식을 거부하는 부인의 앞에 잘 먹는 여자 둘을 데려다놓고 음식을 한껏 먹게 했더니 식욕을 되찾았다고 하는 내용도 있고요.

정말 다양한 치료법을 다루고 있군요.

고 그래서 저는 당시의 의사라는 역할이 일종의 예능 PD 같다는 생각을 하게 됩니다. 어떤 상황을 설명해두고 상대방에게 필요한 기운 쪽으로 감정을 흐르게 만드는 역할을 하고 있으니까요. 여기서 핵심은 삶과 치료가 따로따로 분리되어 있지 않다는 거예요. 사람들이 정말로 무엇 때문에 괴롭고 어디에서 아픔을 느끼는가를 들여다봤다는 것이죠.

차클 《동의보감》에서 가장 인상적인 대목은 무엇인가요?

고 제가 인문학자로서 감동을 받은 것은 병과 몸과 우주의 관계를 볼 수 있게 만들어주었다는 것이에요. 천지자연이 내 몸에 있다는 말로 정의할 수 있습니다. 내 몸에서도 생각 따로, 말 따로, 행동 따로 하게 되는 일이 일상에서 다반사로 일어나잖아요. 그렇게 따로따로 관리를 하는 것만 알았는데, 그 모든 것들이 하나로 연결되어 있다는 사실을 깨닫게 되었죠. 그 연결고리를 멋지게 보여주는 것이 바로 《동의보감》 첫 페이지에 등장하는 문장이에요.

하늘에는 해와 달이 있듯이 사람에게는 두 눈이 있고,
하늘에는 밤과 낮이 있듯이 사람은 잠이 들고 깨어난다.
하늘에는 우레와 번개가 있듯이 사람에게는 희로가 있고,
하늘에는 비와 이슬이 있듯이 사람에게는 눈물과 콧물이 있다.
하늘에는 음양이 있듯이 사람에게는 한열이 있고,
땅에 샘물이 있듯이 사람에게는 혈맥이 있고,
땅에서 풀과 나무가 자라나듯 사람에게는 모발이 생겨나고,
땅 속에 금석이 묻혀 있듯이 사람에게는 치아가 있다.
이 모든 것은 사대와 오상을 바탕으로

잠시 형을 빚어 놓은 것이다.

_《동의보감》 내경편

고   이것을 인류학에서는 대칭성이라고 해요. 우리 몸과 우주의 현상을 매
           칭시키는 것이죠. 이것을 잘 음미해보면 내가 정말 우주적인 존재구나
           라는 것을 느끼게 돼요. 12개월이 있어서 열두 경맥이 있고, 24절기
           가 있어서 24개의 마디가 있고, 365일이 있어서 365개의 골절이 있
           다고 하죠. 이렇듯 매칭되지 않는 곳이 하나도 없어요. 우리의 신체 조
           건이 우주적인 것임을 깨닫게 되죠.

차클   신체의 구조까지 세세히 밝히고 있나 보죠?

고   《동의보감》 내경편에 등장하는 신형장부도를 보면 살아 있는 사람이
           라는 게 얼마나 중요한지를 느끼게 되죠. 호흡을 하기 때문에 입을 벌
           리고 있고, 눈이 배꼽 쪽을 보고 있는 거예요. 일종의 단전호흡을 하고

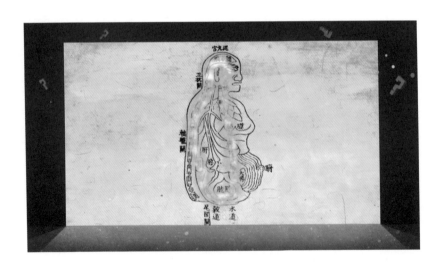

있는 사람의 측면도에 해당하죠. 호흡이 깊고 원활해야 기혈 순환이 잘 이루어진다는 것을 나타내는 그림입니다.

차클   호흡이 그만큼 중요한 건가요?

고   기의 흐름이 균형을 잡으면 건강한 것이고, 균형이 깨지면 어딘가가 뭉쳐지면서 병이 된다는 원리죠. 순환이 핵심이라는 거예요. 바로 동양의학의 기본사상인 음양오행이라는 이론입니다. 음양오행은 시간적 리듬이 중요해요.

차클   음양오행은 또 무엇인가요?

고   음과 양을 좀 더 세밀하게 분화하면 오행이 됩니다. 목화토금수가 그 것이죠. 봄·여름·가을·겨울이에요. 봄은 목, 여름은 화, 가을은 금, 겨울은 수, 그리고 그 가운데서 계절이 바뀔 때 중재자 역할을 토가 하죠. 우리 몸 안에도 목화토금수 오행이 있어요. 바로 오장육부예요. 또 음양오행의 원리를 몸에 적용하면 의학, 공간에 적용하면 풍수지리,

얼굴에 적용하면 관상, 사람의 운명에 적용하면 사주명리가 되죠.

차클   그럼 사주를 본다는 것도 음양오행을 따지는 건가요?

고   우리 모두 태어난 연월일시가 다 다르잖아요. 각자 안에 있는 오행의 배치가 다 달라져요. 봄의 기운을 가진 사람, 여름의 기운을 가진 사람, 가을의 기운을 가진 사람, 겨울의 기운을 가진 사람 등등. 친절한 인상을 가진 사람인데 사귀어보면 엄청 무뚝뚝한 사람이거나, 말과 행동이 일치할 것 같은데 사귀어보면 위선자인 사람들이 있을 수 있잖아요. 이런 게 바로 기운의 불균형을 의미해요. 이유를 알 수 없는데 왠지 불편한 관계가 형성되는 것이 그런 경우라고 볼 수 있어요.

차클   그래서 사주팔자를 보고 사람들의 관계를 파악하는 사람들이 있는 거 겠죠?

고   좋은 예가 서유기예요. 삼장 법사를 따르는 세 명의 요괴 즉 손오공, 사오정, 저팔계가 있잖아요. 이 중에서 삼장 법사가 누구를 가장 예뻐 했을까요?

차클   손오공은 별로 안 좋아했던 것 같고, 저팔계나 사오정을 좋아했나요?

고   뜻밖에도 저팔계예요. 가장 맹활약을 한 것은 손오공이죠. 72가지 변신술, 근두운, 여의봉까지 갖추고 있잖아요? 그런데 손오공과 삼장 법사가 가장 갈등이 심해요. 반면 저팔계는 36가지 변신술이 있는데도 별로 쓰질 못해요. 대신 애교와 질투가 넘치는 캐릭터였죠. 그게 삼장 법사 눈에는 다 예쁘게 보였던 거죠.

차클   삼장 법사와 손오공의 기운이 서로 달라서 그랬다는 말씀인가요?

고   손오공과 삼장 법사는 둘 다 금의 기운을 갖고 있어요. 그런데 손오공은 또 불의 기운도 너무 많은 거예요. 그래서 손오공은 기본적으로 분노 조절이 잘 안 됩니다. 일종의 분노조절 장애에 해당돼요. 그래서 요괴들이 나타나면 무조건 다 죽여버리죠. 오랜 수행으로 그런 기운을 다스린 삼장 법사의 눈에는 당연히 손오공의 과격한 행동들이 거슬릴 수밖에 없죠.

차클　서로 같은 기운을 갖고 있다고 꼭 관계가 좋은 것이 아니군요?

고　　불과 금은 상극이라서 기본적으로 서로 밀어내죠. 그런데 또 재미있는 것은 상극은 서로 밀어내지만, 강렬하게 끌리기도 해요. 그래서 애증이 심하게 교차되기 때문에 둘이 부딪히면 계속 충돌이 일어나는 거예요.

차클　그럼 저팔계와 삼장 법사는 어떤 기운을 갖고 있었나요?

고　　저팔계는 신장방광이 발달한 수의 기운이었죠. 그런데 금과 수의 기운은 서로 상생이에요. 그러니까 저팔계가 아무리 꼼수를 부리고 게으름을 피워도 그렇게 거슬리지가 않았던 거죠. 이처럼 모든 관계는 기운과 기운의 마주침이에요. 그런데 사람과 사람이 밀고 당기는 게 어떤 기운 때문인지 잘 모르잖아요. 모르기 때문에 갈등이 심한 거예요.

차클　편애를 하는 것은 잘못 아닌가요?

고　　물론이죠. 하지만 삼장 법사 같은 수행자한테도 그런 식의 어울림과 끌림은 있다는 거죠. 그렇기 때문에 누구나 기운의 치우침을 극복하려는 노력, 조율하려는 노력을 해야 하는 것이죠.

차클　그럼 상극은 무조건 나쁘고 상생은 무조건 좋은 건가요?

고　　상극과 상생은 동시에 있어야 해요. 봄·여름·여름·여름이라고 생각해봐요. 또 물이 아무리 좋다고 해도 나무를 키울 때 물을 계속 준다고 생각해봐요. 그럼 어떻게 되겠어요. 나무가 썩겠죠. 그래서 오히려 꽃샘추위나 봄바람처럼 극이 필요한 거예요.

현대인에게
부족한 것은 무엇인가

내 몸의 생리적 흐름이 어떤지를 알고, 내 마음이 지금 어떻게 흘러가고 있는지 심리의 리듬을 알고 나면 어떻게 살아야겠다는 방향이 설정되죠. 덧붙이면 자신이 겪고 있는 불균형을 알고 나면 균형과 조율의 의지가 생기겠죠. 그때 비로소 나 자신이 윤리적 존재가 돼요. 이런 것을 자기 배려의 윤리라고 합니다. 자기를 배려하는 힘.

차클   의학에서도 음양오행을 다루나요?

고   동양의학의 기본 전제가 음양오행입니다. 여기에 비추어서 현대인의 몸과 질병을 생각해보면 정말 재밌어요. 《동의보감》 내경편을 보면 제

정(精) - 생명의 기초를 이루는 물질적 토대

기(氣) - 정이라는 질료를 움직이는 에너지

신(神) - 정기에 방향을 부여하는 무형의 작용

일 먼저 질병이 아니라 생명이 나온다고 했잖아요? 여기서 생명의 토대에 해당하는 개념이 등장하는데 정(精)·기(氣)·신(神)이 바로 그것입니다.

차클 생명의 토대라니 조금 이해하기가 어렵네요. 조금 자세히 설명해주세요.

고 정은 생명의 기초를 이루는 질료, 물질적인 토대예요. 이것을 주관하는 건 신장이고요. 생명과 생식의 기본인 호르몬이 신장에서 나오죠. 생명을 지키는 것과 생식의 기본. 다시 말해서 남성의 정액과 여성의 생리혈이 모두 정의 기본 바탕인 거예요.

차클 다른 기본 단위에 대해서도 알려주세요.

고 몸 전체에 질료를 전달해주는 것을 에너지라고 하죠. 그게 바로 기예요. 우리가 진이 빠진다는 말을 하죠. 그리고 기가 빠진다고도 해요. 그 느낌이 서로 다르죠? 몸이 바짝 마르는 것 같은 느낌을 주고, 혀도 마르는 것 같고, 이럴 때에는 정이 부족한 겁니다. 사지를 움직이기 어렵다고 할 때는 기가 빠진 거예요. 이 기는 폐가 주관을 합니다. 왜냐하면 호흡이 기본 단위여서 그래요.

차클 정·기·신이 양생과도 관계가 있나요?

고 동양의학에서는 우리가 태어나서 죽을 때까지의 호흡의 숫자가 정해져 있다고 봐요. 호흡의 숫자가 곧 수명이에요. 그래서 항상 심호흡을 하라고 하죠. 또 호흡이 가빠지는 순간을 가능한 한 피하라는 것이 바로 양생의 핵심이에요. 그리고 마지막으로 신은 심장이 주관해요. 일종의 컨트롤러 역할을 하는 겁니다. 쉽게 예를 들어볼게요. 제가 정·기·신을 설명할 때 자동차로 비유를 많이 들어요. 정은 당연히 기름이죠. 기는 기름을 돌리는 엔진이에요. 자, 그럼 신은 뭘까요.

차클 차를 운전하는 사람이나 그 사람이 가고자 하는 목표 지점인가요?

고	거의 맞았어요. 정신 활동이 있어야 되는 거예요. 내가 어디로 가고, 어디로 가고 싶고, 어디로 가야겠다는 마음이 있어야 자동차가 움직이는 거겠죠.
차클	핸들, 내비게이션, 바퀴는 아니란 말씀이신가요?
고	지금 여러분이 주로 얘기한 건 물질세계만 얘기하는 거예요. 기계만 얘기한 거죠. 여기서 현대인은 눈에 보이는 것에 주로 집중한다는 것을 알 수 있죠. 하지만 《동의보감》에 따르면 사람의 몸, 그리고 생명은 육체와 정신, 물질과 비물질의 교차예요. 만약 우리에게 육체만 있으면 우리는 기계랑 다를 게 없어요. 누가 명령을 입력한 대로 살아야 하잖아요. 근데 정신만 있으면 어떻게 될까요. 그건 유령입니다.
차클	지금까지 들어보니 《동의보감》에 몸과 마음을 묻는다'는 강연의 주제가 확실히 이해되는 것 같습니다.
고	육체와 정신이 교차하는 것이 바로 우리 존재예요. 《동의보감》에서는 이것을 정·기·신으로 표현한 겁니다. 물질적이면서 비물질이 되고, 비물질이 다시 물질로 전환하는 이 과정을 생명이라고 보는 거예요. 그런데 현대인은 몸을 생각할 때나 자기 인생을 생각할 때에도 물질적으로 드러나는 것에만 몰두해 있어요.
차클	조금 더 쉽게 이해할 수 있는 예시가 있을까요?
고	현대인들은 모두 숫자로 바꿔야만 믿거나 받아들이지, 비물질적인 것을 보려고 하지 않아요. 건강해지고 싶다, 잘 살고 싶다고 할 때 생리적인 것만 계속 체크하죠. 하지만 생리는 심리와 분리되지 않습니다. 생리와 심리가 교차될 때 삶의 윤리를 챙기는 것이 가능해집니다. 산다는 건 그런 점에서 생리와 심리, 그리고 윤리의 삼중주라고 할 수 있어요.

차클	윤리가 갑자기 등장하니 어려워지네요.
고	내 몸의 생리적 흐름이 어떤지를 알고, 내 마음이 지금 어떻게 흘러가고 있는지 심리의 리듬을 알고 나면 어떻게 살아야겠다는 방향이 설정되죠. 덧붙여, 자신이 겪고 있는 불균형을 알고 나면 균형과 조율의 의지가 생기겠죠. 그때 비로소 나 자신이 윤리적 존재가 돼요. 이런 것을 자기 배려의 윤리라고 합니다. 자기를 배려하는 힘. 그런데 현대인은 한쪽으로 너무 쏠려 있어요. 태어날 때부터 쏠려 있는 데다 현대문명이 너무 화려하고 성과 위주로 치우쳐 있기 때문에 오직 이런 것들만 보도록 세팅이 된 거죠. 균형을 잡기가 정말 어려워요. 그때 몸의 소외가 일어나는 거죠.
차클	현대인에게 필요한 균형감이란 것이 무엇인가요?
고	이건 제가 한번 반대로 물어보죠. 현대인의 일상의 리듬에서 가장 소외된 행위가 뭘까요?
차클	잠이 아닐까요? 잠을 거의 못 주무시는 분들도 많더라고요.
고	비슷합니다. 현대인의 삶, 그리고 현대문명에서 가장 배척한 리듬이 바로 밤이에요, 밤. 밤에 불을 밝히도록 만든 것이 바로 현대문명의 진화였죠. 계속 점점 더 밝아졌고요. 밤을 아예 사라지도록 만드는 것이 발전의 방향이었죠.
차클	하지만, 그 덕분에 우리가 이만큼 발전하게 된 것 아닌가요?
고	그렇죠. 대신 엄청난 압박감을 함께 얻게 되었습니다. 잠을 많이 자면 야만인이고, 게으르고, 인생의 목표가 없다는 식으로 치부했죠. '사당오락(네 시간 자면 합격하고 다섯 시간 자면 떨어진다는 뜻)'이라는 말도 있잖아요. 그러다가 21세기에 들어서 너무 많은 사람들이 불면증에 노출되었다는 것과 이 불면증이 만병의 근원이라는 것을 알게 된 겁니다.

일상의 리듬이 어긋나는 게 얼마나 심각한 것인지 알게 된 거예요.

차클   잠을 못 자면 무기력해지고 우울해지더라고요.

고   우리나라가 수면 꼴찌 국가라는 걸 알게 해주는 각종 조사들이 등장하는 이유도 수면 문제가 심각해졌다는 것을 깨달았기 때문입니다. 4차 산업혁명을 이야기하면서 가장 많이 하는 말이 창의성이죠. 그런데 인간이 창의적이려면 신장에서 정이 스프링처럼 솟아나야 해요. 그런데 신장이 약동하지 않으면 정이 뇌로 가지를 않아요. 그러면 뇌수가 마르는 거예요. 그러니 어떻게 아이디어가 떠오르겠어요?

차클   그런데 나이를 먹을수록 보통 수면 시간이 줄어드는 것 아닌가요?

고   수면 시간이 줄어든다는 것이 노쇠현상이긴 해요. 수면 시간이 줄어드는 것은 몸에 물이 부족해지는 것, 정이 부족해질 때 나타나는 현상입니다. 젊은 나이부터 불면에 시달리면 정이 고갈되고 말아요. 정말 심각한 일이에요.

차클   내 몸을 챙기는 것과 나의 발전을 이루는 것, 어느 것도 포기하기 어려운 문제인 것 같습니다. 어떤 것을 먼저 생각해야 할까요?

고   우리나라에서 잘산다고 하는 것의 속사정을 보면 대체로 삶의 리듬이라는 사항이 빠져 있어요. 양적으로 자신이 성취한 것이나 스펙을 얼마나 쌓았다는 식으로만 생각하죠. 그다음 스텝으로 넘어가질 못해요. 그만큼 현대인들은 자기 몸에 대한 배려를 할 줄 몰라요. 어떻게 보면 자기 몸에 해로운 일을 참 많이 하는 거예요. 낮에 하던 활동, 노동이나 돈에 관련된 일들, 스트레스, 강렬한 연애 등을 해가 지면 멈춰야 하는데 그것을 멈추질 못하는 겁니다.

차클   남들은 밤에도 많은 일을 하는데 혼자서 아무것도 안 하기란 어려운 일 아닌가요?

차이나는 클라스

고	밤이 되어서도 뭔가를 계속해야 안심이 되는 거겠죠. 이게 그동안 우리 사회가 열심히 살아야 하고, 꿈을 가져야 한다고 했던 것들의 결과물이거든요. 그런데 《동의보감》에서는 절대로 열심히 살면 안 된다고 해요. 그러면 심장이 뜨거워지니까. 심장이 뜨거워지면 호흡이 가빠지고 수명도 짧아져요. 그리고 만병이 생기겠죠. 그래서 절대 열심히 살지 말라고 해요. 이게 양생의 준칙이에요.
차클	열심히 살지 않는다? 몸의 리듬을 찾는다? 알 듯 말 듯한 말이네요.
고	《동의보감》의 양생술에서는 전체 순환이 가장 중요해요. 그 사람이 얼마나 힘이 세고 건강한지는 기준이 아니에요. 흐름을 잘 타고 있는지를 보는 거죠. 낮에는 낮에 맞는 활동을 하고, 밤에는 밤에 맞는 활동을 해야 하죠. 봄·여름·가을·겨울도 마찬가지예요. 그렇게 자연적 흐름을 잘 타면 몸의 리듬이 균형을 잡아요. 그걸 수승화강이라고 해요. 신장에 있는 물이 올라가고, 심장에 있는 불은 내려간다는 의미예요. 수승화강의 균형을 어떻게 잡을 것이냐가 핵심입니다. 그런데 현대문명의 배치는 전부 불을 끌어올리는 방식으로 되어 있죠.
차클	불을 끌어올린다는 것이 밤을 잊고 사는 현대인의 생활을 상징하는 것인가요?
고	열정적으로 살아라, 불타는 금요일도 그런 거 아니겠어요? 서양에서 도래한 자본주의 문명이 바로 이 불의 문명에 해당합니다. 그에 비하면 동양은 물의 문명이죠. 동양은 노자의 《도덕경》에서부터 《동의보감》까지 기본적으로 몸 안의 정, 즉 물을 어떻게 잘 단련하는가가 핵심이에요. 저는 이제 동서양이 융합되는 시대가 왔다고 생각합니다. 이제 우리 문명도 수승화강할 수 있고 우리 자신도 수승화강을 기준으로 내 몸을 배려하는 새로운 윤리를 구성할 때가 된 거죠.

차클   그럼 《동의보감》에 나오는 금기사항들은 무엇인가요?

고   섭생을 잘하기 위해서 지킬 것들이 있어요.

하루의 금기는 저녁에 포식하지 않는 것이고,

한 달의 금기는 그믐에 만취하지 않는 것이고,

일 년의 금기는 겨울에 멀리 여행하지 않는 것이고,

평생의 금기는 밤에 불을 켜고 성생활을 하지 않는 것이다.

_《동의보감》 내경편

고   야식을 먹지 말라는 거죠. 야식을 먹으면 몸에 불이 더 나거든요. 야식이 곧 불이에요, 불. 밤에 먹는 것들이 주로 맵고 짜고 기름진 것들이 많잖아요? 야식으로 나물요리 같은 거 잘 안 먹잖아요. 그런 음식들을 먹으면 불이 타오르기 때문에 잠들 수가 없어요. 그래서 야식증후군도 많고 몽유병 상태로 밤에 일어나서 또 먹고 돌아다니는 사람들이 많이 등장을 하죠.

차클   이런 금기들을 지켜야 건강을 지킬 수 있다는 것이겠죠?

고   《동의보감》의 결정적인 키워드가 양생이잖아요. 무엇보다 타고난 생명의 원기를 소중히 여겨야 한다는 것을 강조하죠. 그러려면 자기가 자기를 배려해야 돼요. 내가 어떻게 살 것인지를 생각해야죠. 아까 생리·심리·윤리가 하나라고 했잖아요. 이 모든 것을 자기가 결정하는 거예요. 그리고 《동의보감》이 그 결정에 도움을 주는 역할을 해요. 생명이 작용하는 원리를 알려주고 실천은 각자의 몫인 거죠. 그것을 어길 때 많은 문제가 발생하는 겁니다.

차이나는 클라스

내 몸을 지키는 지혜는
어떻게 얻는가

인도의 아유르베다 의학에서는 병을 지혜의 결핍이라고 규정하고 있어요. 지혜가 없으면 병이 난다는 거예요. 자기를 몰라도 병이라는 것이죠. 《동의보감》도 마찬가지예요. 아는 만큼 살아갈 수 있고, 앎이 곧 병을 치유할 수 있는 근원이라는 것을 깨닫게 해주죠.

차클 《동의보감》이 현대인에게 주는 지혜가 또 있을까요?

고 현대인은 정말 중독의 시대를 살고 있다고 말할 수 있어요. 너무나도 많은 것들에 중독돼 있어요. 잠들지 못하면서 욕망을 어느 한 쪽으로 몰아서 쓰죠. 그게 중독이에요. 여러분도 중독되어 있는 것들이 하나씩 있지 않나요?

차클 게임에 많이 중독되어 있는 것 같아요. 주로 밤에 많이 하죠.

고 맞아요. 그것도 중독이에요.

차클 저는 일중독인 것 같아요. 일을 하지 않으면 불안해져요.

고 그건 굉장히 심각한 병증이에요. 우리가 오행의 리듬을 알아야 되는 이유가 뭘까요? 인생에도 봄·여름·가을·겨울이 있잖아요. 그 모든 순간을 다 살아내는 게 좋은 삶인 거죠. 멀리 내다보는 건 꼭 그곳까지

도달하겠다는 것이 아니라 멀리 내다볼수록 오늘을 여유 있게 살 수 있기 때문이에요. 그런데 사람들은 조급증을 앓고 있죠. 일이 없으면 지금 당장 견딜 수 없다고 느껴요.

차클   맞아요. 바쁜 스케줄을 소화하다 보면 쉬는 날에 무엇을 해야 할지 모를 때가 정말 많아요.

고   그러니까요. 현대인은 쉬는 걸 제일 못해요. 휴식 불능 상태라고 해야 될까요?

차클   일을 억지로 만들어서 하는 편이죠. 휴식 때 무엇이든 하지 않으면 불안해지니까.

고   참고로 저는 사회적으로 직업이 없는 백수다 보니 제가 하고 싶은 것만 하는 편이에요. 예컨대 지금 하고 있는 방송강의 같은 건 심리적 저항감이 크죠. 고려해야 할 것이 너무 많으니까요. 하지만 또 이런 게 바로 상극의 원리예요. 나를 단련시키려면 내가 좀 힘들어 하는 환경에 노출이 돼야 하죠. 그런데 사실 지금 이 강의보다 열 배쯤 힘든 강의가 있긴 해요.

차클   어떤 강의인가요?

고   중·고등학생들을 대상으로 하는 강의예요. 정말 힘들어요. 전혀 집중을 하지 않거나 못하기 때문에 어떻게 소통을 해야 할지 난감하거든요. 근데 신기하게도 《동의보감》에서 다루는 정에 대한 얘기를 할 때 기적이 일어나요. 특히 1000명쯤 되는 학생들을 모아놓고 강연을 한 적이 있었는데 "너희들, 이어폰 꽂고 하루 종일 스마트폰을 보고 밤에 잠도 안 자고 야식을 먹으면 신장에 정이 고갈되는데, 정이 고갈되면 정력이 쇠약해져서 연애와 결혼을 할 수 없다." 라고 하면 잠자던 애들도 벌떡 다 일어나요.

차클	하하하. 학생들에게만 해당되는 얘기 같지는 않은데요?
고	정말이에요. 이 얘기를 하는 순간, 기적이 일어납니다. 정말 깜짝 놀랐어요. 중학생이 정력이라는 말에 그렇게 큰 반응을 보일 줄은 몰랐죠. 그런데 조선시대에는 실제로 열네 살, 열여섯 살에 다 결혼을 시켰어요. 그러니 지금 중학생들도 사실 다 어른이나 마찬가지예요. 《목민심서》에도 여자가 17세에 시집가지 않고 남자가 20세에 장가들지 않으면 부모에게 죄를 물었다고 쓰여 있어요. 부모를 감옥에 가두기도 했어요. 그리고 만약 혼례비용이 부족한 것이라면 원님이나 심지어 임금님까지 나서서 폐백 비용을 지원해주기도 했습니다.
차클	《동의보감》에서 말하는 결혼 적령기는 몇 살인가요?
고	여자는 열네 살, 남자는 열여섯 살이라고 해요.
차클	너무 어린 것 아닌가요?
고	왜 열네 살이라고 했는지 생각해봐야 해요. 열네 살이면 대부분 초경을 하죠. 아이를 낳을 수 있는 몸이 갖춰지는 거예요. 더 이상 어린애가 아니에요. 이렇게 몸은 이미 어른이 됐는데 현대 사회에서는 아직

"사족의 딸로서 나이 30이 되도록
가난하여 시집을 못가는 사람이 있다면
예조에서 왕에게 아뢰어 자재를 지급하고
그의 가장은 중죄로 다스린다"

- 경국대전

어린애 취급을 하고 있는 거죠. 이런 간극에서 오는 소외나 불균형이 엄청나요.

차클 　지금의 청소년들은 해야 할 것들이 너무 많잖아요.

고 　그렇죠. 오늘날의 청년들은 에너지가 넘치는데 연애도 마음대로 못 해요. 그렇다고 언제 청년기를 탈출할지도 모르겠고, 대학을 갈 수 있을지도 모르겠고, 아무튼 앞으로의 인생이 너무 불투명하죠. 그런데 학교나 집 어디에서도 마음껏 연애하고 섹스하고 애를 낳으라고 하는 곳이 없잖아요. 무조건 공부해라, 대학 가라, 대학 간 다음에 취직해라, 취직한 다음에 집을 사라고 할 뿐이에요. 모두가 이렇게 명령하고 있는 게 자연스러운 거냐고 정말 묻고 싶어요.

차클 　공부나 스펙 때문에 우리의 정기를 펼치지 못해서 불균형이 생기면 어떻게 되나요?

고 　특히 우리나라의 경우 부를 압축적으로 이뤘잖아요. 전 세계를 봐도 지난 100년 동안 이렇게 비약적으로 발전한 나라가 없거든요. 그래서 저는 그런 생각이 들었어요. "아, 청년들의 에로스를 화폐로 바꿔버렸구나." 그걸 깨닫고 나자 굉장히 마음이 슬펐어요.

차클 　정말 맞는 말인 것 같습니다.

고 　청년기에 흘러넘치는 에너지를 발산하지 못하니 어떻게 되겠어요. 사회적인 강요에 의해 눌려 있던 에너지들이 아주 세고 강렬한 방향으로 휩쓸려가는 거예요. 우리가 청소년 폭력이나 범죄를 보면서 소스라치게 놀라곤 하는데, 이런 것들은 공부 감옥을 없애고, 입시 제도를 바꾼다고 해서 해결될 문제가 아니에요. 이런 것들은 몸의 문제예요. 몸의 정·기·신의 문제인 거죠.

차클 　청소년들이 에너지를 해소할 수 있는 방법은 무엇인가요?

차이나는 클라스

고	특히 남학생들 같은 경우에, 스마트폰이 나오기 전에는 방과 후에 엄청 운동을 격렬하게 하지 않았나요? 축구·농구·족구 등을 함으로써 에너지가 순환되는데, 스마트폰이 등장한 이후로는 몸을 거의 쓰지 않거든요.
차클	그럼 체육 교육을 강화해야 되는 건가요?
고	단순히 체육 수업이 아니라 양생의 차원에서 몸을 하루에 몇 시간씩 쓰도록 해줘야 해요. 요가를 하든, 등산을 가든 몸을 움직이게 해줘야 해요. 교육적으로도 학생들을 위한 배려가 필요하고, 훨씬 깊고 넓은 의미의 성교육이 제공되어야 합니다. 제 생각으론 《동의보감》이 학교 교육에 편제가 돼서 성교육 교재로 쓰이면 정말 유용할 거 같아요.
차클	마지막으로 《동의보감》에서 찾은 양생의 정보를 하나 더 알려주세요.
고	제가 찾아낸 양생술은 하체를 많이 움직이는 거예요. 그중 걷는 게 최고예요. 거기에 말까지 더해지면 더욱 좋아요. 그냥 묵묵히 걷는 것도 좋지만 친구와 더불어 같이 이야기를 나누면서 걸으면 가장 좋은 것 같아요. 친구랑 같이 산에 가서 이야기를 나누면 말로 활동을 하게 되죠. 말도 순환을 해요. 그러면 뇌에 있는 생각들이 흐름을 만듭니다. 새로운 흐름이 몸에 들어와야 뇌가 활성화돼요. 그때 비로소 정·기·신이 순환을 하게 되죠. 이런 것들을 알면 알수록 병과 몸을 바라보는 시선이 달라지고 삶이 재미있어집니다. 인도의 아유르베다 의학에서는 병을 지혜의 결핍이라고 규정하고 있어요. 지혜가 없으면 병이 난다는 거예요. 자기를 몰라도 병이라는 것이죠. 《동의보감》도 마찬가지예요. 아는 만큼 살아갈 수 있고, 앎이 곧 병을 치유할 수 있는 근원이라는 것을 깨닫게 해주죠. 여러분 모두 자기 자신을 잘 지키는 양생술을 터득해 나가시길 바랍니다.

마키아벨리는 킹메이커인가

김상근

연세대 신학대학 교수로 재직하며,
한국 최초로 인문학 지원 재단을 설립한 신학자.
기원전 고대 사회와 르네상스 시대를 거울삼아 21세기의 한국사회 문제에 대한
해답을 찾는 시간 여행을 안내할 인문학 전도사.

왜 군주론을 썼는가

《군주론》을 잘못 해석하면 상대방을 죽이는 도구로 여겨질 수 있어요. 사실 망치처럼 좋은 용도로 만들어진 도구라도 못을 박고 집을 짓거나 건물을 짓는 용도로 쓰지 않고 사람을 내려친다면 사람을 죽이는 도구로 전락하고 말죠.

차클	강연의 주제가 흥미롭습니다. 마키아벨리의 《군주론》이 군주를 위해 쓴 글이 아니란 말씀이신가요?
김	네, 그런 셈이죠. 오늘 저는 《군주론》을 쓴 마키아벨리의 억울한 감정을 해원시켜 드리기 위한 목적으로 강연을 하려고 합니다.
차클	마키아벨리에게 어떤 억울함이 있다는 건가요?
김	많은 사람들이 마키아벨리의 《군주론》을 강자의 지배를 정당화하는 수단 또는 강자들이 약자들을 압제하고 통제하는 수단으로 이용하고 있어요. 또 마키아벨리를 강자들을 위한 악의 교사, 독재자를 위한 지침서를 쓴 사악한 정치 지도자, 정치 이론가 정도로 오해를 하고 있죠.
차클	그럼 《군주론》에 다른 의도가 있다는 말씀이신가요?
김	먼저 마키아벨리를 이해하기 위해서는 1512년을 기점으로 그의 생애

를 나눠서 봐야 합니다. 《군주론》을 집필하기까지의 마키아벨리와, 그 이후 1527년까지의 마키아벨리의 생애를 살펴보면 과연 마키아벨리가 킹메이커였는지, 만약 정말로 킹메이커였다면 어떤 역할을 했고 무엇 때문에 그런 결론에 이르게 되었는지를 살펴볼 필요가 있어요.

차클 왜 지금 대한민국에서 16세기 이탈리아의 정치사상가에 대한 이야기를 해야 하나요?

김 굉장히 좋은 질문이에요. 16세기의 이탈리아와 21세기 대한민국은 굉장히 유사한 점이 많습니다. 우선 지정학적으로 강대국에 둘러싸여 있는 반도국가라는 것이죠. 이탈리아 반도는 스페인·프랑스·신성로마제국(지금의 독일)·오스만 투르크 제국 등 강대국에 둘러싸여 있었어요. 우리도 마찬가지죠. 중국·러시아·일본·미국과 같은 강대국에 둘러싸여 있잖아요.

차클 지정학적 위치 외에 다른 유사점은 없나요?

김 우리나라도 삼국시대부터 계속 분열되어 왔었죠. 지금도 남과 북으로 분열되어 있고요. 이탈리아도 마찬가지였어요. 밀라노 공국, 베네치아

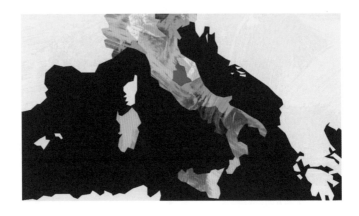

**차이나는
클라스**

공국, 피렌체 공국, 토스카나 공국, 로마 교황령, 나폴리령 등으로 분열되어 있었어요. 이렇게 같은 종족끼리 서로 경쟁하고 치열하게 분열되어 있다 보니 권력을 둘러싸고 첨예하게 대립하고 반복될 수밖에 없었죠. 거기다가 치명적으로 유사한 점이 있어요. 정말 탁월한 리더, 정말 훌륭하고 본받을 만한 군주가 없었다는 것이죠.

차클   그럼 마키아벨리의 《군주론》이 어떤 내용을 담고 있는지 본격적인 강연 부탁드립니다.

김   여러분의 이해를 돕기 위해서 《군주론》의 핵심 내용들을 제가 발췌를 해왔어요. 좀 극단적인 부분이 있기도 한데 다 같이 한번 살펴보죠.

인간이란 아버지가 죽임을 당한 일은 곧 잊을 수 있어도
자기 재산의 손실은 여간해서 잊지 못한다.   _《군주론》 제17장

대중이란 머리를 쓰다듬거나 없애버리거나
둘 중에 하나를 택해야 한다는 것이다.   _《군주론》 제3장

인색한 지도자가 탁월한 지도자이며
탁월한 지도자는 모두 인색해져야 한다.   _《군주론》 제16장

대업을 이루려는 리더에게 필요한 두 가지 덕목이 있다.
첫째, 냉혹할 정도로 인색해져라.
둘째, 권력은 나누지 마라.   _《군주론》 제16장

미움 받는 일은 타인에게 떠넘겨라.   _《군주론》 제18장

나는 용의주도하기보다는

오히려 과단성 있는 편이 낫다고 생각한다.

운명의 신은 여신이기 때문에

그 신을 정복하려면 난폭하게 다루어야 한다. _《군주론》제27장

차클 독재자를 위한 조언들 같아요. 이런 내용들을 보면 우리가 마키아벨리에 대해서 오해를 하고 있는 게 아니라는 생각이 드는데요?

김 마키아벨리의《군주론》을 잘못 해석하면 상대방을 죽이는 도구로 여겨질 수 있어요. 사실 망치처럼 좋은 용도로 만들어진 도구라도 못을 박고 집을 짓거나 건물을 짓는 용도로 쓰지 않고 사람을 내려친다면 사람을 죽이는 도구로 전락하고 말죠.

차클 그런 식으로《군주론》을 악용한 사람들이 많았나요?

김 실제로 자신의 행동을 정당화하거나 다른 사람들을 통제하는 비법으로 사용되기도 했죠. 하지만 마키아벨리의 삶과 원래 집필 의도를 살펴보면 겉보기와는 전혀 다른 이야기임을 알게 될 겁니다.

차클 그럼《군주론》을 제대로 이해하기 위해 마키아벨리가 어떤 사람이었는지부터 설명해주시죠.

김 마키아벨리는 피렌체의 울트라 아르노 지역에서 태어났습니다. 피렌체를 가로지르는 아르노강의 건너편으로, 가난한 사람들이 사는 동네였죠. 반면 아르노강의 위쪽에는 부자들이 살았어요. 이 대목에서 제가 한번 물어보죠. 피렌체는 무엇으로 유명한 도시인가요?

차클 수많은 예술가들의 도시, 르네상스의 발상지라고 알고 있습니다.

김 맞습니다. 르네상스의 도시로 유명하죠, 이 도시에서 태어난 천재적 예술가들을 기억하고 계신가요? 페트라르카·보카치오·조토·마사초·브

차이나는 클라스

루넬레스코·알베르티·기베르티·프라 안젤리코·베로키오 등등 잘 모
르시죠(웃음)? 그럼 좀 더 유명한 이름들을 대볼게요. 단테·미켈란젤
로·레오나르도 다빈치·보티첼리 같은 사람들이 태어났던 예술의 고향
이 바로 피렌체였습니다. 그런데 제가 르네상스를 공부하면서 신기했
던 점이 한 가지 있습니다. 마키아벨리가 미켈란젤로와 같은 시대를 살
았음에도, 그리고 수많은 책을 썼음에도 단 한 번도 피렌체의 예술가들
을 자기 책에서 언급하지 않았다는 것입니다.

차클   마키아벨리가 예술을 싫어했던 걸까요?

김   기록이 남아 있는 것은 아니지만, 아마도 제 생각에는 마키아벨리가
우리 삶의 가장 중요한 본질적인 문제에 사로잡혀 있었기 때문인 것
같아요.

차클   당시 마키아벨리의 생각을 지배하고 있었던 것은 무엇인가요?

김   마키아벨리는 자신이 속한 정치적 상황이 너무나 폭압적이라고 생각
했을 겁니다. 그리고 저는 그가 그로 인해 상처를 많이 받았다고 느꼈
습니다. 마키아벨리는 굉장히 가난한 사람이었어요. 천하의 약자였다

는 겁니다. 그가 친구에게 쓴 편지에 그런 상황이 잘 드러나 있어요. "나는 가난 속에서 태어났고 어린 시절부터 풍요로움이 아니라 궁핍함 속에서 살아가는 방식을 먼저 배웠다." 이렇게 고백하고 있어요.

차클 집안 대대로 가난이 이어져 온 것인가요?

김 마키아벨리 가문에서 갖고 있던 땅은 아주 작았어요. 그 작은 땅에서 나온 소출로 먹고 살아야 했죠. 그의 아버지는 스페키오였습니다. 스페키오란 말의 원래 뜻은 거울, 또는 벽에 붙어 있는 판자 같은 것을 의미합니다.

차클 스페키오는 구체적으로 어떤 사람들을 지칭했나요?

김 당시 피렌체에서는 세금을 내지 못한 사람들의 이름을 공개적으로 적어서 게시를 했어요. 공개적으로 망신을 준 것이죠. 그렇게 망신을 주는 것뿐만 아니라 공직에 출마할 권리까지 빼앗았어요.

차클 세금을 한 번만 미납해도 그 정도로 낙인이 찍힌다는 것인가요?

김 네. 당시 피렌체는 상공업 도시였습니다. 무역업·은행업·모직업으로 운영되는 나라였기 때문에 세금을 매우 중요시했어요. 그래서 마사초도 성전세를 바치는 베드로를 작품으로 그렸을 정도였어요. 그만큼 세금을 강조했습니다.

차클 그토록 가난한 집안에서 태어난 마키아벨리가 어떻게 권력의 중심까지 진출할 수 있었나요?

김 아버지의 덕이 컸습니다. 마키아벨리의 아버지는 세금을 못 낼 정도로 가난했지만, 한 가지 장점이 있었어요. 바로 책을 읽는 사람이었다는 겁니다. 특히 고전을 즐겨 읽었는데, 리비우스의 《로마사》가 대표적입니다. 문제는 당시에 출간된 《로마사》의 책값이 너무 비쌌다는 점입니다. 그는 자신의 아들 마키아벨리에게도 읽을 기회를 주기 위해서 출판사에서 색인 작업을 하는 일자리를 얻었고, 아홉 달 동안 밤낮 가리지 않고 일을 한 대가로 책 한 질을 얻습니다. 이쯤에서 질문 하나 해볼까요? 여러분은 마키아벨리를 대표하는 저서가 무엇이라고 알고 있죠?

차클　《군주론》이오.

김　그렇죠. 다들 《군주론》으로 알고 있어요. 그런데 사실 마키아벨리의 가장 진솔한 의견을 담고 있는 책은 바로 《로마사》를 읽고 쓴 《로마사 논고》입니다. 리비우스의 《로마사》 앞부분에 해당하는 10권을 읽고 나서 집필한 《로마사 논고》에 마키아벨리의 진정한 의도가 숨어 있어요.

차클　아버지가 어렵게 구해준 책이어서 더욱 귀하게 읽고 글까지 남긴 것이겠죠?

김　아마도 그랬던 것 같아요. 그래서 평생 그 책을 읽었어요. 그리고 그 책의 핵심 내용을 《로마사 논고》에 담았죠. 그리고 그중 일부를 발췌한 책이 바로 《군주론》입니다. 마키아벨리는 리비우스의 역사책 1권부터 10권까지 읽고 그것을 해석하면서 자신의 의도를 드러냈어요. 그 책에 역사를 관통하는 시대의 흐름, 그리고 그것을 찾아내는 정확한 통찰력이 담겨 있었다고 말합니다. 바로 그 책을 통해 마키아벨리는 피렌체의 미래를 내다봤던 것입니다.

왜 그는
강한 권력을 꿈꾸었나

자신의 나라가 프랑스에 유린되는 모습을 지켜보아야 했어요. 마키아벨리는 '우리가 왜 이렇게 됐을까' '우리는 언제 이 압제에서 벗어날 수 있을까'에 대해서, 조국의 미래에 대해서 생각할 수밖에 없었을 겁니다. 그리고 누가 어떻게 권력을 잡고 왜 몰락하게 되는지, 즉 권력의 흥망성쇠를 모두 지켜보게 됩니다.

차클	마키아벨리가 살던 당시의 피렌체는 어떤 분위기였나요?
김	당시의 피렌체에는 군대가 없었어요. 용병을 썼었죠. 마키아벨리는 왜 피렌체가 외국 군대에 의존해야 되는지 의문을 품으면서 자체적인 군대를 가져야 한다고 생각했어요.
차클	피렌체가 인구가 적은 도시국가이기 때문에 그랬던 것일까요?
김	네, 인구적인 문제가 있어요. 10만 명 정도의 도시국가에서 2만 명을 군대로 차출하면 일은 누가 할 수 있겠어요? 모직 산업은 누가 담당하고 은행 업무는 누가 맡느냐는 거죠. 바로 그것이 피렌체에서 용병 제도를 도입한 이유입니다. 그런데 더 중요한 이유가 따로 있었습니다. 피렌체가 공화정을 이어받았다는 점이죠.
차클	공화정과 용병 제도 사이에 무슨 관련이 있나요?

김	공화정의 가장 위험한 점은 독재자가 등장할 수 있다는 것입니다. 독재자는 군대를 이용하려 들기 십상이겠죠. 그래서 피렌체에서는 외국 군대를 용병으로 썼던 것입니다.
차클	그럼 용병 제도에 문제는 없었나요?
김	물론 그 나름대로 문제가 있죠. 만약 전쟁이 벌어지면 피렌체 입장에서는 외국을 찾아가 용병을 보내달라고 빌어야 했어요. 그게 피렌체의 현실이었습니다. 그래서 마키아벨리는 자체적인 군대를 가져야 한다고 생각을 했던 것이죠.
차클	자체적인 군대가 없어 문제가 벌어진 일이 있었나요?
김	1478년, 산타마리아 델 피오레 성당에서 놀라운 사건이 벌어집니다. 당시 피렌체는 메디치 가문의 수장인 로렌초 메디치가 참주로서 지배하고 있었어요. 그런데 나폴리의 국왕과 교황 식스투스 4세가 파치 가문의 자객을 고용해 로렌초 메디치의 암살을 시도합니다. 일명 '파치가의 음모'로 불리는 사건이죠. 당시 자객이 부활절 미사를 드릴 때 로렌초 메디치를 찔러 죽이려고 했지만 실패하고 말았습니다. 암살에 실패한 나폴리는 군대를 보내 피렌체를 에워싸기 시작했어요. 이제 도시 안으로 식량이 들어가지 못하고 사람도 드나들지 못하게 돼 꼼짝없이 모두 굶어죽을 수밖에 없는 상황이 펼쳐졌습니다. 그런데 그 한가운데에 바로 마키아벨리의 집도 있었던 겁니다.
차클	나폴리와 피렌체가 전쟁을 하게 되었나요?
김	1479년에 나폴리 연합군과 피렌체 연합군 사이에서 전쟁이 벌어집니다. 그리고 피렌체의 패배로 끝났어요. 그 와중에 마키아벨리는 집을 빼앗기는데 문제는 마키아벨리의 집이 적장인 나폴리 군대 사령관의 임시 숙소로 사용되었다는 것입니다.

차클	마키아벨리는 어떻게 되었나요?
김	마키아벨리의 아버지는 아내와 아들을 도망치게 했습니다. 당시 마키아벨리가 열 살이었어요. 그 아이에게 얼마나 큰 상처가 되었겠어요. 엄청난 트라우마를 겪었을 거란 말입니다. 그런데 이게 시련의 끝이 아니었습니다.
차클	또 다른 전쟁을 겪게 되나요?
김	마키아벨리는 20대에 또 다른 충격적 사건을 경험하게 됩니다. 1494년, 이번에는 프랑스의 공격을 받게 됩니다. 프랑스가 포대를 앞세워 피렌체로 쳐들어옵니다. 물론 당시에 이탈리아에도 군대가 있었습니다. 그런데 포로 돌멩이를 쏘는 수준이었어요. 성벽을 부수는 정도로 그쳤죠. 그런데 프랑스에서는 처음으로 화약을 사용한 대포를 동원했어요. 당연히 상대가 안 됐죠.
차클	그럼 피렌체가 항복을 했나요?
김	네, 항복을 했죠. 항복을 한 다음 날, 프랑스 군대가 포대를 이끌고 베키오 다리를 지나갑니다. 그 상황을 스물다섯 살의 마키아벨리가 목격

차이나는 클라스

합니다. 자신의 나라가 프랑스에 유린되는 모습을 지켜보아야 했어요. 자연스레 마키아벨리는 '우리가 왜 이렇게 됐을까''우리는 언제 이 압제에서 벗어날 수 있을까'에 대해서, 조국의 미래에 대해서 생각할 수밖에 없었을 겁니다.

차클 마키아벨리가 강한 리더십을 추구할 수밖에 없는 환경이었던 것 같아요. 그런데 이후 피렌체에선 어떤 지도자들이 나타났나요?

김 나라가 혼란해지면, 위기가 닥치면 어떻게 될까요? 혼란한 틈을 타서 위기에 빠진 상황을 자신이 해결하겠다는 사람이 나타나겠죠. 그런 사람들을 포퓰리스트라고 부릅니다. 당시 도미니코 수도회에 소속되어 있던 지롤라모 사보나롤라도 그런 사람들 중 한 명입니다. 이 사람은 산 마르코 수도원의 원장이기도 했어요.

차클 사보나롤라가 어떻게 혼란을 이용했나요?

김 1494년에 프랑스가 침입해 들어오기 시작하니까 피렌체 시민들을 향해 설교를 시작했어요. 자신들이 외국의 압제에 시달리게 된 것은 피렌체가 타락하고 죄악이 많기 때문이라고 주장했습니다. 그래서 지금 하늘의 심판이 프랑스 군대를 통해서 자신들을 치고 있는 것이라고 말이죠.

차클 그걸 믿는 사람들이 많았나요?

김 그 말을 곧이곧대로 받아들였죠. 피렌체의 많은 사람들이 그의 말에 동조하기 시작했습니다. 문제 해결을 다른 사람에게 떠맡겨버리고 그가 제시하는 해결책을 무비판적으로 받아들이는 자세를 보인 겁니다.

차클 사람들의 믿음을 악용했겠군요?

김 그렇죠. 그래서 지롤라모 사보나롤라가 설교하는 장면을 보면 장신구들, 비싼 옷들, 도박 도구들, 예술 도구들을 모조리 불태워버리는 것을 볼 수 있습니다. 이를 '허영의 화형식'이라고 불렀어요. 이때 사보나롤라는 사람들에게 회개하라고도 소리쳤죠.

차클   정말 사람들이 그를 많이 따랐나요?

김   수많은 사람들이 그를 따랐다고 해요. 미켈란젤로도 그 충격적인 설교에 대해 기록을 해두었어요. "나는 지롤라모 사보나롤라의 설교를 잊은 적이 없다."고요. 그러고서 1494년부터 1498년까지 사보나롤라가 신정정치를 합니다. 권력을 장악한 것이죠.

차클   집권 기간이 4년에 불과하네요. 혹시 다른 경쟁자가 나타났나요?

김   맞습니다. 포퓰리스트가 등장하면 반드시 그와 경쟁하는 포퓰리스트가 등장해요. 어김없이 또 다른 설교자가 등장하는 것이죠. 자신이 더욱 강력한 해결책을 가지고 있다는 사람이 나오게 되어 있어요.

차클   사보나롤라에 대항한 사람은 누구였나요?

김   프란체스코 수도사들이었어요. 그들은 사보나롤라에게 제안을 했어요. 만약 신의 사자가 맞다면, 그리고 설교하기 전에 하느님의 음성을 듣는 것이 사실이라면, 불을 피운 장작 위를 걸어보라고 했습니다. 만

차이나는
클라스

약 불에 타 죽지 않으면 신의 사자임을 인정하겠다고요.

차클　사보나롤라는 그 제안을 받아들였나요?

김　그 제안을 들은 수백 명의 사람이 시뇨리아의 광장에 모였어요. 어떤 사람들은 불에 타는 장면을 보고 싶었을 것이고, 또 다른 사람들은 진짜 신의 사자로 입증되는 기적을 기다리고 있었겠죠. 그런데 사보나롤라가 도미니코파를 대표해 나타나서 뭐라고 한 줄 아세요? 자기가 성직자의 옷을 입고 십자가를 목에 걸고 있는 상태로 걸어야 하는지 아니면 모두 걸치지 않은 알몸 상태로 걸어야 하는지에 대해 신학적 토론이 필요하다고 했어요.

차클　꼼수를 쓴 건가요?

김　그렇죠. 사보나롤라는 만약 자신이 불에 타지 않으면 자신이 하느님의 음성을 듣기 때문이 아니라 이 옷과 이 십자가 때문이라고 말할 것 아니냐고 하면서 냉큼 안으로 들어가버렸습니다. 그러자 사람들이 동요하기 시작했어요. 빨리 불 위를 걸으라고 소리 지르기 시작했죠. 그리고 장작이 모자라서 불이 꺼지기 시작하자 사람들이 집으로 가서 의자와 책상을 갖고 와서 계속 땔감을 쌓았어요(웃음).

차클　사보나롤라는 결국 신의 사자임을 증명했나요?

김　사보나롤라가 오후에 다시 나타났어요. 그런데 하늘에서 비가 내리더니 또다시 불이 꺼지기 시작했습니다. 이를 본 사보나롤라는 이것이 모두 신의 뜻이라고 당당하게 말했습니다. 그러니 이런 해괴망측한 것들을 당장 집어치우라고 소리쳤죠. 그러자 시민들이 그를 붙잡아 태워 죽여버립니다. 마키아벨리도 이 장면을 목격했어요. 이때 그의 나이가 스물아홉 살이었습니다.

차클　그 장면이 마키아벨리에게 어떤 영향을 주었나요?

김	마키아벨리는 포퓰리스트가 어떻게 권력을 잡는지, 누가, 어떻게, 그리고 왜 몰락하게 되는지에 대해서, 권력의 흥망성쇠를 모두 지켜보게 됩니다. 그런데 놀랍게도 마키아벨리는 사보나롤라가 화형을 당한 지 5일 후에 제2서기장으로 갑자기 혜성처럼 등장합니다.
차클	로마에서 그를 추대했다는 음모론도 있던데 사실인가요?
김	세례를 받았다는 기록 외에는 별다른 기록은 없고, 제1서기장과 함께 공부를 했다는 설은 있습니다. 추대설도 있지만, 실제로 그는 시뇨리아 정청에서 있었던 투표를 통해서 외교와 안보 최고담당자에 해당하는 제2서기장으로 선출됩니다.

차이나는
클라스

진정한 군주란 누구인가

자신이 끝까지 꼭대기에 머물겠다는 사람은 참된 군주라 할 수 없어요. 운명의 수레바퀴가 돌 때 언젠가 밑으로 내려갈 수 있다는 걸 늘 기억하면서 자기 자신을 낮춰야 돼요. 마키아벨리 본인 스스로도 마찬가지였어요. 포르투나의 수레바퀴에서 제일 위에 머물기만 했다면, 《군주론》이나 《로마사 논고》처럼 인간의 본질을 파악하는 통찰력을 가진 책을 쓰지 못했을 거예요.

차클   마키아벨리는 어떤 마음으로 공직에 나가게 되었을까요?

김   아마도 마키아벨리는 첫 출근을 하면서 자신이 나라를 구하겠다는 큰 꿈을 품었을 겁니다. 허세가 좀 심한 사람이었거든요. 나폴리로부터 공격을 받아 어머니의 손을 잡고 도망을 갔던 기억, 프랑스의 포대에 나라가 유린당하는 것을 목격했던 기억, 지롤라모 사보나롤라가 불에 타 죽었던 것을 목격했던 기억들을 떠올리며 왜 그토록 권력이 허망한 것인지를 배웠으니 내가 뭔가를 보여주겠다고 생각했을 겁니다.

차클   실제로는 어떤 일들을 맡아서 했나요?

김   외교 담당 제2서기장으로 일을 시작하면서 제일 처음으로 이몰라에 외교특사로 가야 했습니다. 용병이 필요했거든요. 당시 경쟁국에서는 엄청난 무기를 보유하고 있었고, 국제 정세가 매우 불안정했습니다.

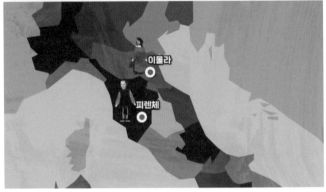

그래서 피렌체 공화정 정부에서는 하루라도 빨리 용병 고용계약을 맺어야 했어요.

차클 외교특사로서는 일을 잘 수행했나요?

김 이몰라의 용병부대가 피렌체를 지원한다는 협상을 하고 돌아왔습니다. 그런데 또다시 프랑스로 떠나야 했어요. 하지만 흑사병이 돌고 있어서 프랑스의 왕 루이 12세를 만날 수 없었습니다. 왕이 흑사병을 피해 계속 이동하고 있었거든요.

차클 프랑스에는 왜 가야 했나요?

김	교황 알렉산데르 6세가 전쟁을 일으켰기 때문이죠. 그런데 교황이 전쟁을 일으킨다니 현재의 관점에서 보면 이상하지 않습니까? 교황은 평화의 사도여야 하는데 말이죠.
차클	그러네요. 교황 알렉산데르 6세가 어떤 사람이었는지부터 알아봐야 할 것 같아요.
김	그림을 한번 보실까요? 교황 옆에 있는 사람이 부인입니다. 그림 속에 첩도 있고 아들도 보입니다. 그런데 이 집안이 아주 끔찍했어요. 장남이 차남을 죽였는데 여동생인 루크레치아와는 근친상간 관계였습니다.
차클	막장이 따로 없네요. 그런데 전쟁은 왜 일으킨 건가요?
김	로마 교황청 영지에 소속된 이탈리아 중부의 땅을 로마냐라고 합니다. 이곳에 사는 영주들은 로마 교황청에 세금을 내고 자신의 독자적인 권력을 보장 받아요. 그런데 알렉산데르 6세가 이 땅을 아예 자기 영토로 만들려고 했던 겁니다. 그래서 전쟁을 일으켰어요. 이때 아들인 체사레 보르자가 전쟁에 나갑니다. 교황의 아들이 장군이 되어 교황 군대를 이끌고 로마냐 정벌을 나간 거예요. 그런데 그 체사레 보르자가

바로 《군주론》의 모델이었습니다.

차클 《군주론》이 나쁜 군주를 모델로 한 책인 건 맞네요.

김 《군주론》이 굉장히 위험한 사람의 성공 전략인 건 맞습니다. 그런데 그 내용을 살펴보면 마키아벨리는 체사레 보르자가 어떻게 약체에 불과한 교황의 군대를 이끌고 전쟁 경험이 많은 로마냐 영주들의 군대와 싸워서 이길 수 있었는지, 그 이유를 분석한 거예요. 마키아벨리도 약소국인 피렌체 사람이잖아요. 외무장관으로서 어떻게 하면 피렌체가 강대국과 싸워서 이길 수 있을까를 궁금해할 수밖에 없었단 말이죠.

차클 나쁜 군주에게서도 배울 점은 배워야 한다고 여겼다는 말인가요?

김 그렇죠. 벤치마킹한 거예요. 약소국이 강대국을 이길 수 있는 방법을 엿본 겁니다. 그 전략을 보면 이렇습니다. "타인의 힘이나 호의로 권력을 잡지 마라." 즉 남한테 의존하지 말라는 거예요.

차클 마키아벨리는 당시에 무엇을 하고 있었나요?

김 체사레 보르자의 군대, 즉 교황의 군대가 피렌체로 쳐들어올 경우 프랑스 군대가 자동적으로 개입해서 피렌체를 방어한다는 외교협정서를 체결했습니다. 그런데 프랑스와 외교 협상을 하고 돌아오는 마키아벨리를 체사레 보르자가 붙잡아서 감옥에 집어 넣어버립니다.

차클 체사레 보르자로서는 자신의 군대와 싸우려 한 마키아벨리를 용서할 수 없었겠네요?

김 맞아요. 항복을 하든지 전쟁배상금을 내라고 겁을 주었습니다. 그런데 마키아벨리는 똑똑한 사람이었어요. 자신은 외교관이기 때문에 그럴 권리가 없다면서, 그 대신 자신이 피렌체에 가서 체사레 보르자의 의사를 전달하겠다고 말하곤 탈출했어요.

차클 결국 피렌체는 체사레 보르자에게 침략을 당했나요?

차이나는 클라스

김 체사레 보르자의 군대가 이몰라까지 내려오자, 피렌체 공화정에서는 마키아벨리에게 이몰라로 가서 체사레 보르자를 만나보라고 지시합니다. 체사레 보르자가 이번엔 마키아벨리를 위해 잔치를 열어주면서 회유합니다. 자신들에게 정보를 주고 이중 스파이가 되라고 유혹을 하죠. 한 번은 죽이려고 겁을 주고, 또 한 번은 미소를 지어보일 만큼 무서운 사람이었습니다.

차클 마키아벨리가 응했을 것 같지 않은데요?

김 네, 맞아요. 자신은 이중 스파이를 할 만한 사람이 아니라고 했죠. 자신은 국가에 최선을 다하는 정직한 관료라면서요. 다만 체사레 보르자가 하는 일을 도우며 친구로서 사귀고 싶다고는 말합니다. 그렇게 해서 그때부터 마키아벨리가 체사레 보르자의 종군 친구가 됩니다. 이후 이 사람이 어떻게 권력을 잡는지를 곁에서 관찰하기 시작했죠.

차클 마키아벨리가 지켜본 체사레 보르자는 어떤 사람이었나요?

김 흥미로운 일화를 소개하죠. 체사레 보르자에게 네 명의 장군이 있었어요. 엄청나게 전쟁을 많이 치른 역전 노장들이었죠. 그런데 스물여덟 살밖에 되지 않은 교황의 아들이 너무 설치니까 이 장군들이 반란을 일으켰습니다. 이른바 '마조레의 반란'이에요. 그러자 체사레 보르자가 장군을 한 명씩 찾아가서 무릎을 꿇고 빌었습니다. 자신이 아직 경험이 없으니 용서를 해달라면서요. 네 명의 장군에게 용서를 다 받은 뒤 크리스마스를 맞아 화해를 기념하자며 식사 자리를 마련했습니다.

차클 예감이 좋지 않은데요? 그렇게 순순히 끝낼 사람이 아닌 것 같아요.

김 끝까지 들어보시죠. 장군들이 식당에 모두 모여서 식사를 하고 있는데, 체사레 보르자가 잠시 자리를 비웠어요. 그러자 갑자기 문이 모두 잠겨버렸습니다. 이윽고 자객들이 들어와 장군 한 명 한 명의 목을 잘

라버렸어요. 마키아벨리가 그 광경을 모두 지켜보게 됩니다. 그리고 권력을 잡으려면 저렇게 해야 된다는 걸 뼈저리게 느끼게 돼요.

차클 또 다른 일화는 없나요?

김 레미로 데 오르코라는 악질 총독이 있어요. 그의 속지에 사는 시민들의 분노가 최정점에 달하자 체사레 보르자가 또 자객을 대동해서 총독을 찾아갔어요. 그런 다음에 총독을 불러내서는 몸을 반토막 냈다고 해요. 그 반토막 낸 시체를 바깥에 내걸어놓고는 체사레 보르자가 그 앞에 앉아 있었다는 겁니다.

차클 시민들 입장에서는 완전히 영웅 대접을 받았겠네요?

김 그렇죠. 시민들이 새벽에 우유를 짜기 위해서 나왔다가 그 장면을 보게 됩니다. 《군주론》에도 그 장면이 나와요. 시민들이 공포에 떨면서도 체사레 보르자를 보며 환호성을 올렸다고요. 이게 권력의 속성이라는 겁니다. 공포의 대상이 되어야 한다는 《군주론》의 구절이 그런 의미입니다. 바로 이런 체사레 보르자의 행동과 권력 유지 비결을 보면서 마키아벨리가 《군주론》을 쓴 것입니다.

차클 《군주론》엔 군주가 몰락하는 모습도 나오지 않나요?

김 네. 마키아벨리가 《군주론》을 쓴 핵심 이유는 천하의 체사레 보르자 같은 권력자도 별 볼 일 없었다는 것을 세상에 알리고자 했던 거예요. 1503년에 흑사병이 로마를 강타해 수많은 사람들이 죽어 나갔습니다. 이때 교황 알렉산데르 6세도 흑사병으로 죽게 돼요. 체사레 보르자도 아버지를 간호하다가 흑사병에 걸리게 되죠. 그 모습을 보며 마키아벨리는 최고의 권력을 잡아도 인간의 운명은 단번에 날아갈 수 있다고 느끼게 됩니다. 그리고 그것이 바로 권력의 속성인지 모른다고 느끼죠. 권력은 그리스 신화 속 운명의 여신 티케의 손에 놓여 있다고

합니다. 티케는 한 손에 왕관을 들고, 한 손에는 칼을 들고 있는 여신이에요. 한 손으로 왕관을 씌워줬다가 다음 어느 순간이 되면 다른 손에 있던 칼로 목을 쳐버리죠. 체사레 보르자가 바로 그 티케의 힘, 즉 포르투나(로마 신화 속 운명의 여신)의 힘에 의해 몰락해 갔다고 그리고 있어요.

차클   교황이 죽었으니, 새로운 지도자가 등장했나요?

김   새 교황을 뽑는 비밀회의를 콘클라베라고 합니다. 당시 가장 강력한 후보가 바로 벨레 로벨 가문의 율리우스 2세였습니다. 이분 또한 그야말로 마이카벨리적인 인물이었습니다.

차클   《군주론》의 또 다른 모델이라는 말인가요?

김   마키아벨리는 이탈리아가 늑대를 피하자 호랑이를 만났다고 묘사했어요. 율리우스 2세도 전쟁을 일으킵니다. 앞서 알렉산데르 6세는 아들을 시켜서 전쟁을 일으켰지만, 율리우스 2세는 교황복을 벗은 뒤 군복을 입고서 직접 추기경들을 전부 집합시켰습니다. 무장을 한 번도 안해본 사람들이 전쟁에 나가게 된 것입니다.

차클	교황의 이름도 특이하네요. 성경에서 따온 이름이 아니고, 고대 로마 장군의 이름을 썼네요?
김	율리우스 2세는 자신이 '제2의 율리우스 시저'라고 생각했어요. 자신이 제국을 차지할 인물이라고 생각한 것이죠. 그래서 율리우스 2세의 별명이 바로 '파파 테리빌레'입니다. 끔찍한 교황님, 무서운 교황님이란 뜻이에요.
차클	전쟁에서 승리를 거두긴 했나요?
김	율리우스 2세가 말을 타고 달리는데, 자기 부하가 300명 정도밖에 되지 않았어요. 그런데 교황의 성격이 너무 급해서 앞뒤 재지 않고 앞장서다 보니, 그 뒤로 군대가 아니라 성가대가 따라왔다고 해요. 성가대가 뒤에서 노래를 부르며 따라오니까 당시 군사 도시였던 페루자에서는 깜짝 놀라 그만 항복을 해버렸다고 합니다. 성가대까지 따라오니까 그 뒤로 엄청난 군대가 따라오는 것으로 착각했던 거죠.
차클	운이 따랐다고 볼 수도 있겠네요?
김	마키아벨리도 그 뒤를 따라가면서 그 장면들을 봤어요. 보통의 사람들이라면 그런 장면들을 보면서 그냥 신기하다고 지나칠 수 있겠지만, 마키아벨리는 그냥 지나치지 않았죠. 율리우스 2세가 어떻게 약체의 군대를 가지고 강한 나라를 점령할 수 있는지 비결을 고민하고 분석했어요. 그런데 포르투나의 영향을 받았다는 결론을 내립니다.
차클	군주에게도 운이 필요하다는 말씀이신가요?
김	핀투루키오라는 사람이 시에나의 대성당 바닥에 조각해놓은 포르투나가 있어요. 그런데 한쪽 다리는 육지에 있는 공 위에 올려져 있고 다른 한쪽 다리는 배 위에 놓여 있습니다. 또 부러진 돛대를 자신이 들고 있어요. 만약 바람이 불면 어디로 갈지 모르겠지요? 그게 바로 포르투

차이나는 클라스

나, 즉 운명의 속성인 거예요. 이러한 포르투나의 힘은 너무 강력해요. 어디로 바람이 불지 아무도 모르니까요.

차클 | 마키아벨리는 운명에 대해 어떻게 생각했나요?

김 | 마키아벨리는 성가대의 노래를 들은 페루자의 사람들이 더 큰 군대가 오는 것으로 착각했던 일은 행운이었다고 생각했습니다. 체사레 보르자의 집권 과정을 분석함으로써 권력의 잔인한 속성을 파악했고, 율리우스 2세를 보면서 권력의 또 다른 면모를 깨닫게 된 것이죠. 다시 말해 운명의 힘에 의해서 권력을 잡기도 하고 권력을 잃게 되기도 한다는 걸 봤어요.

차클 | 운명이나 행운은 자기 마음대로 할 수 없는 것이잖아요.

김 | 그렇죠. 예측할 수가 없어요. 그처럼 예측할 수 없는 포르투나를 통제하려면 어떻게 해야 하는가. 여기에서 바로 비르투스(Virtus), 즉 결단력이 등장합니다. 남자답게 결단력으로 운명을 통제하라는 겁니다. 이게 바로 율리우스 2세가 권력을 장악했던 비결이라고 말합니다. 처음에 소개했던 《군주론》의 주요 내용에서 소개한 말 기억하십니까? "나는 용의주도하기보다는 오히려 과단성 있는 편이 낫다고 생각합니다. 운명의 여신은 여신이기 때문에 그 신을 정복하려면 난폭하게 다뤄야 합니다. 운명은 냉정한 생활 태도를 지닌 자보다 이런 과단성 있는 사람에게 고분고분합니다." 이제 이 문장을 읽을 때에 다른 각도에서 볼 수 있게 되겠죠. 마키아벨리가 군주란 '운명에 맞서는 결단력을 가진 사람'이라고 한 의도를 파악할 수 있을 겁니다.

차클 | 다른 사람들은 율리우스 2세에 대해 어떻게 생각했나요?

김 | 미켈란젤로가 율리우스 2세를 묘사한 것을 보면 머리에 뿔 비슷한 것을 만들어두었어요. 군주의 속성을 정확하게 해석한 거예요. 뿔이 달린

괴물일 수밖에 없다는 거예요. 왜 그럴까요? 권력을 잡으려면 아주 냉정해야 돼요. 그렇기 때문에 군주나 지도자는 이런 괴물의 모습으로 보일 수밖에 없다는 현실을 인정하라는 게 미켈란젤로의 취지였습니다.

차클 마키아벨리는 좋은 군주와 나쁜 군주를 각기 어떻게 정의했나요?

김 마키아벨리는 자력과 판단력, 그리고 포르투나를 강조했죠. 우선 시대를 이끌어가고 난세를 극복할 수 있는 군주, 작은 나라를 이끌며 강대국들의 횡포에서 벗어나게 할 수 있는 힘을 가진 군주는 자력을 가져야 된다고 봤어요. 나라로 말하자면 자국의 강력한 군대가 있어야 된다는 거예요. 다음으로 체사레 보르자에게서 따온 것인데, 정확한 판단력이 있어야 한다고 봤어요. 그리고 신속하게 행동해야 된다는 거예요. 세 번째로, 강력한 리더도 포르투나의 힘 앞에서 스스로 겸손해져야 한다는 겁니다. 늘 자기 자신의 운명의 수레바퀴가 돌고 있다는 것을 기억하는 사람이야말로 진정한 군주이고, 리더라는 것이죠. 자신이 끝까지 꼭대기에 머물겠다는 사람은 참된 군주라 할 수 없어요. 운명의 수레바퀴가 돌 때 언젠가 밑으로 내려갈 수 있다는 걸 늘 기억하면서 자기 자신을 낮춰야 돼요. 마키아벨리 본인 스스로도 마찬가지였어요. 포르투나의 수레바퀴에서 제일 위에 머물기만 했다면, 《군주론》이나 《로마사 논고》처럼 인간의 본질을 파악하는 통찰력을 가진 책을 쓰지 못했을 거예요.

그는 어떻게 약자가 되었나

누구나 시련을 겪으면 엄청난 성찰의 기회를 갖게 되죠. 마키아벨리도 그런 경험이 오히려 자신의 성찰을 키우는 기회가 되었을 겁니다. 마키아벨리는 감옥에서 고문을 당하다가 석방이 되어서 산탄젤로에 있는 작은 농가에 14년 동안 유배를 가게 됩니다.

김　　이제 운명의 수레바퀴에서 가장 밑으로 떨어졌던 약자 마키아벨리가 어떻게 인간과 권력과 시대를 해석했는지, 그리고 약자의 위치에서 강자를 타도할 수 있는 방법은 무엇인지에 대해서 알아볼까요?

차클　　언제부터 마키아벨리가 바닥으로 떨어지게 되었나요?

김　　마키아벨리의 인생은 1512년을 기점으로 나눌 수 있다고 했었죠. 1498년부터 1512년까지 마키아벨리는 운명의 수레바퀴에서 최정점에 올랐어요. 제2서기장으로서 교황과 황제들을 만나고 다녔던 외교특사였던 시절입니다. 그들의 권력의 비밀을 파악했던 때죠. 그렇게 정점에 있던 마키아벨리가 1512년부터 바닥으로 곤두박질칩니다. 마키아벨리 스스로 이렇게 표현했어요. '1512년 모든 것이 산산조각이 났던 해'라고.

차클   그때 마키아벨리에게 어떤 일이 벌어졌나요?

김   1512년 전투에서 메디치 가문이 이끄는 군대가 승리를 거두면서 기존에 있던 공화정 정부가 정복을 당했어요. 그러자 정권 최고 공직자 중 한 명이었던 마키아벨리는 체포되어서 고문을 당합니다. 스트라파도(날개 꺾기)라는 고문을 당했어요. 먼저 두 손을 뒤로 묶고 줄에 달아서 들어올립니다. 그러면 어깨가 빠지려고 하겠죠. 그런데 더 무서운 것은 추를 달아서 줄을 놓아버리는 겁니다. 그럼 묶인 채로 땅에 떨어지게 돼요. 이런 고문을 마키아벨리는 여섯 번 당합니다. 거의 죽음의 공포를 느낄 정도가 돼요.

차클   마키아벨리가 고문을 버텨냈나요?

김   놀랍게도 마키아벨리는 고문을 당하고 머리에서 피가 흐르는 채로도 웃었다고 해요. 그러면서 이렇게 소리쳤습니다. "조국에 대한 충성은 나의 가난이 증명하고도 남음이 있다."

차클   그 말이 어떤 의미인가요?

김   그 말은 소크라테스의 진술을 반복한 것이었어요. 소크라테스가 아테

차이나는 클라스

네 법정에 잡혀갔을 때 자신을 변호하기 위해서 "내가 진실을 말하고 있다는 것은 나의 가난이 증명하고도 남음이 있다."라고 했던 말을 바꿔서 말한 것이지요. 그럼 마키아벨리는 지금 어떤 얘기를 하고 있는 걸까요?

차클   아테네의 우매한 대중이 소크라테스를 죽인 것처럼 너희가 지금 나를 죽이는 것도 우매한 행동이라고 말한 것 아닐까요?

김   마키아벨리는 "나는 너희들과 차원이 다른 사람이다."라고 생각한 거예요. 비록 자신이 고문을 당하지만 자신의 영혼은 그 순간에도 소크라테스를 인용할 수 있는 사람이라는 거예요.

차클   육체의 고통이 상당한 순간에도 그렇게 말할 수 있다는 건 굉장히 강인한 정신력을 가진 사람이라는 얘기네요?

김   마키아벨리는 감옥에 갇혀 있을 때, 낮에는 고문을 당해도 밤에는 시를 썼다고 해요. 메디치 가문, 그러니까 새로 권력을 잡은 새 정부의 수장에게 시를 써서 바쳤어요. "메디치, 당신은 아시나요. 내 다리에 쇠사슬이 묶여 있음을. 뒤로 팔이 묶인 채 여섯 번이나 들어올려졌다가 바닥에 내동댕이쳐졌음을."

차클 　도대체 어떤 마음으로 시를 썼을까요?

김 　진짜 재밌는 구절이 있어요. 마키아벨리가 감옥에 갇혀서 시를 쓰고 있는데 새벽에 자려고 하니까 어떤 소리가 들렸다고 해요. 인근에 있는 성당에서 들려오는 기도 소리였죠. "자비로운 은총이 내게 임하기를"이라는 기도 소리를 들으면서 마음이 찢어질 것처럼 느꼈다고 해요. 고문을 당하면서도 여유와 위트가 넘치는 시를 쓰는 사람이었는데 말이죠. 실제로 마키아벨리가 갇혀 있었던 바르젤로에 가서 봤더니, 바로 옆에 바디아피오렌티나 성당이 아직도 남아 있어요. 그리고 지금도 새벽에 수도사들의 기도 소리를 들을 수 있더군요.

차클 　권력의 중심부에서 한순간에 바닥으로 떨어진 마키아벨리의 마음을 담은 시들이 또 있나요?

김 　누구나 그런 시련을 겪으면 엄청난 성찰의 기회를 갖게 되죠. 마키아벨리도 그런 경험이 오히려 자신의 성찰을 키우는 기회가 되었을 겁니다. 마키아벨리는 감옥에서 고문을 당하다가 석방이 되어서 산탄젤

로에 있는 작은 농가에 14년 동안 유배를 가게 됩니다. 멀리 두오모가 보이는 이곳에서 그는 이런 시들을 썼습니다.

만약 내가 웃거나 노래하고 있다면
그것은 이유가 있다네
만약 내가 그것마저 할 수 없다면
나의 쓰라린 눈물을 숨길 수 없기 때문이라네

_1513년 4월 6일 유배지에서 친구에게 쓴 편지

차클   유배지에서는 어떤 생활을 했나요?

김   유배지에서는 실업자로 살아야 했어요. 할 줄 아는 게 아무것도 없었거든요. 그래서 숲에 가서 먹을거리를 찾아 다녔어요. 주로 새를 잡으러 다녔다고 해요.

차클   왜 다른 일은 전혀 하지 않았을까요?

김   유배지에서는 할 게 없었어요. 낮에는 숲에 가서 참새를 잡아오고, 저

녁에는 집 건너편에 있는 술집에서 동네 농부들하고 포커를 쳤어요.
할 게 없으니까요.

나는 오늘도 우리 시골 마을에 촌놈들과 함께 시간을 보낸다네.
어떤 놈도 내가 왕년에 피렌체의 공직자였던 사실을 전혀 모르고
내가 뭔가 근사한 일을 할 수 있다는,
능력이 있다는 것을 아는 놈들이 하나도 없어.
우리 식구들은 내가 그냥 죽은 사람이러니 생각했으면 좋겠어.
밥만 축내고 있으니 우리 식구들은 내가 없는 편이 더 나을 거야.

_1513년 4월 6일 유배지에서 친구에게 쓴 편지

차클	유배지에서의 생활이 너무 슬프게 그려진 것 같아요. 우울증에 걸린 것은 아니었나요?
김	황제와 교류하던 사람이 소일거리가 없어서 농부들하고 술집에 앉아서 포커를 치고 있으니 그럴 수밖에요.
차클	시를 쓰고 포커를 치는 것 말고 한 일은 또 없나요?
김	산탄드레아에 가면 마키아벨리의 책상이 지금도 그대로 보존되어 있어요. 그 책상에 앉아서 책을 썼어요. 저는 그 장면을 묘사한 마키아벨리의 편지를 읽을 때마다 가슴이 뭉클해져요. 정말 아름다운 내용의 편지입니다.

저녁이 오면 나는 집으로 돌아가 서재로 들어간다네.
서재로 들어가기 전, 흙과 먼지가 묻어 있는
일상복을 벗고 관복으로 갈아입지.

그리고 나는 옛 시대를 살았던 어르신들의 정원으로 들어간다네.

그분들은 나를 정중히 맞아주시고

나는 혼자서만 그 맛을 음미할 수 있는 지혜의 음식을

그 어르신들과 나누게 되지.

나는 그 옛 지혜의 음식을 먹으며 다시 태어난다네.

나는 옛 시대를 사시는 어르신들과 대화를 나누지.

매일 옛 시대의 어르신들과 대화를 나누는 그 네 시간 동안에

나는 아무런 피곤을 느끼지 못한다네.

_1513년 4월 6일 유배지에서 친구에게 쓴 편지

김   저 시에 등장하는 옷은 과거에 제2서기장을 지낼 때 입던 관복을 의미
     해요. 서재에 들어가기 전 바로 그 관복으로 갈아입었다는 겁니다.

차클   마키아벨리가 고전을 읽는 장면을 이렇게 묘사한 것인가요?

김   그렇습니다. 고전의 저자들과 심포지엄, 즉 향연을 펼친 거예요. 이 또
     한 르네상스인 것이죠. 고전을 읽으면서 마키아벨리 스스로 재탄생했
     던 것입니다. 율리우스 시저와 대화를 나누었을 겁니다. "카이사르 당
     신은 왜 루비콘강을 건너야 했습니까." 소크라테스와 대화를 나누면
     서 "그때 독배를 드실 때 당신의 기분은 어땠습니까. 나도 그랬어요.
     나도 날개 꺾기 고문을 당할 때 당신이 읊었던 그 대사를 내가 읊었죠.
     내 조국에 대한 충성은 나의 가난이 증명하고도 남는다."라고 했겠죠.
     바로 이런 상황에서 1512년부터 1513년까지 《군주론》을 썼던 것입
     니다.

마키아벨리는 우리에게
무엇을 말하고 있나

마키아벨리 《군주론》의 핵심은 우리 모두가 군주라는 것입니다. 이것이 바로 공화정의 정신이죠. 바로 프랑스 대혁명이 마키아벨리가 꿈꾸던 새날, 새 아침이 아니었을까요?

김	이제 제가 한번 여러분에게 물어보죠. 왜 마키아벨리가 이런 책을 썼다고 했죠?
차클	메디치 가문에 잘 보이려고요.
김	네. 메디치 가문에게 책을 헌정하는 것이었어요. 그럼 《군주론》을 읽고 훌륭한 군주가 되어달라는 책이었을까요? 아닙니다. 그보다는 자신이 이런 지식을 많이 갖고 있는 인재라는 것을 알릴 목적이었어요. 나, 마키아벨리가 군주에 대해 이만큼 알고 있으니 자신을 다시 등용해달라는 것이었죠.
차클	《군주론》을 누구에게 주려고 했나요?
김	로렌초 데 메디치였습니다. 《군주론》은 그에게 건넨 이력서나 마찬가지였어요. 그래서 마키아벨리의 《군주론》을 읽을 때 굉장히 조심해서

읽어야 해요. 마키아벨리가 《군주론》에 덫을 놓아놨거든요.

차클   어떤 덫을 놓았다는 것인가요?

김   우리가 이력서를 쓸 때 영어를 어느 정도 하면 영어로 소통하는 데 큰 문제가 없다고 쓰죠. 이력서는 자기를 팔기 위해 과장하고 미화시키는 경향이 있으니까요. 마키아벨리도 마찬가지였어요.

차클   실제보다 과장된 내용을 담고 있다는 말인가요?

김   그렇죠. 마키아벨리가 《군주론》을 메디치 가문에게 헌정하면서 서문에 아리송한 구절을 적었습니다.

한 개인의 신분으로

다만 운수가 좋아 군주가 된 자는

군주의 지위에 쉽게 올라갔지만,

나라를 다스리는 데는 대단히 어려운 시련을 겪게 됩니다.

김   이 말에 담긴 의미는 메디치 가문이 포르투나의 덕으로 군주가 됐을 뿐이라는 겁니다.

차클   그럼 아첨만 한 것이 아니라 결국에는 자신이 필요하다는 말을 돌려서 하고 있는 것인가요? 다른 군주를 만나서 그들의 노하우를 미리 정리해놓은 나를 데려다 쓰라는 말처럼 들리네요.

운수 좋게 굴러 들어온 호박을 간직하기 위해서는

속히 대책을 세울 만한 기량이 없으면 불가능합니다.

즉, 다른 군주가 미리 준비한 여러 기초를

즉위하자마자 곧 갖출 수 있는 기량이 있어야만 합니다.

김	그뿐만 아니라 내가 곧 군주라고 말하고 있는 것이죠. 마키아벨리, 내가 군주의 역량을 가지고 있다는 것이에요.
차클	이력서에 이렇게 쓴다면 뽑힐 것 같지 않은데요?
김	네, 바로 떨어지겠죠. 그래서 그 코드를 은밀하게 숨겨놓은 거예요.
차클	그렇다면 도대체 마키아벨리가 《군주론》을 쓴 진짜 의도는 무엇이라고 봐야 할까요?
김	마키아벨리라고 하면 우리는 권모술수를 가장 먼저 떠올립니다. 그는 사자의 용기와 여우의 교활함을 배우라고 말하죠. 그럼 이 말은 어디에서 왔을까요? 키케로로부터 온 말들입니다. 키케로가 쓴 《의무론》에 나오는 말이에요. 키케로는 불의를 행하는 데에는 두 가지 방식이 있다고 봤어요. 바로 폭력과 기만입니다. 그런데 기만은 마치 여우의 교활함이나 사자의 사나움처럼 보이니 절대로 기만하지 말라고 했어요. 마키아벨리는 이걸 뒤집었죠. 군주는 심성을 잘 이용할 줄 알아야 하며 특히 여우와 사자의 방법을 모방해야 한다고 말합니다.
차클	폭력과 기만을 일삼으라고 한 이유가 무엇이죠?
김	그런 내용 자체보다 중요한 것은, 마키아벨리가 키케로의 말을 뒤집었다는 거예요. 이전 시대 사람들의 주장에 반기를 든 거죠. 아까 《군주론》에 덫이 놓여 있다고 했죠? 바로 그겁니다. 마키아벨리 자신에게 이런 재능이 있다는 것을 돌려서 말하고 있는 거예요. 키케로가 대단한 것 같아도 실제로 그렇지 않으니, 자신을 고용하라고 말하고 있는 겁니다.
차클	《군주론》 덕분에 로렌초 데 메디치가 마키아벨리를 받아들였나요?
김	마키아벨리가 로렌초에게 이 책을 헌정한 게 1517년입니다. 책을 쓰고 5년이나 지난 뒤였어요. 메디치 가문이 마키아벨리를 쳐다보지도

않았거든요. 마키아벨리가 이전 정권에서 일했던 사람이기 때문이었죠. 하지만 마키아벨리의 재능을 알아보는 많은 친구들이 메디치 가문에 하소연을 했습니다. 군주의 비밀을 푼 책을 썼다고 알린 것이죠. 그 덕에 자리가 마련돼 마키아벨리가 책을 가져갔지만, 여전히 메디치 가에서는 거들떠보지도 않았어요. 자신이 《군주론》을 바쳤는데 로렌초가 받자마자 내치는 것을 보게 됩니다.

차클 그럼 《군주론》이 어떻게 세상에 알려지게 된 건가요?

김 좋은 질문입니다. 당시 《군주론》의 필사본들이 돌아다니기 시작했어요. 귀족들이 《군주론》에 숨겨진 놀라운 비밀을 알아보기 시작한 것이죠. 그래서 여러 권의 필사본들이 만들어졌어요. 그중 하나를 1532년에 발도라는 사람이 교황청의 허락을 받고 출간을 해요. 그때부터 퍼지기 시작했어요.

차클 마키아벨리는 이후에 어떤 행보를 보이나요?

김 자신이 헌정한 《군주론》이 무시를 당하자 마키아벨리는 고전 강독을 시작합니다. 루첼라이 가문의 정원에 젊은이들을 모으기 시작했어요. 그때부터 《군주론》의 내용이 달라져요.

이탈리아인은 이제까지 현명한 군주를 둔 적이 없었기 때문에
뛰어난 군대를 만드는 데 무엇 하나 성과를 거두지 못했다.

김 마키아벨리는 이탈리아가 스페인과 프랑스와 신성로마제국에 수모를 당해야 하는 이유는 군대를 가지지 못했기 때문이라고 설파합니다. 하지만 그 비난의 화살이 국민에게 돌아갈 것이 아니라 마땅히 군주에게 향해야 한다고도 강조하죠.

차클	지금까지 알던 《군주론》의 내용과는 결이 많이 다른데요?
김	나라가 분열되고 강대국의 침탈에 희생 당해야 하는 이유를 밝히고 있는 것입니다. 이것은 국민이 아니라 군주의 잘못 때문이니 그들이 비난받아야 한다고 말이죠. 바로 《전쟁의 기술》이라는 책에 나오는 이야기입니다. 이 책에서 본격적으로 군주를 공격하기 시작해요. 보석이나 금으로 몸을 꾸미는 자, 신하를 탐욕스럽고 거만한 태도로 지배하는 자, 무위도식하는 나날을 보내는 자, 운에 따라 기분에 따라서 병사에게 계급을 하사하는 자, 그리고 자신의 말이 마치 신의 음성인 것처럼 주장하는 자를 군주라고 잘못 생각하고 있다고 썼어요. 군주는 그런 사람이 아니라는 것을 말하고 있죠.
차클	혹시 마키아벨리가 생각을 바꾼 것이 아니라 처음부터 그런 마음을 갖고 있었던 것 아닌가요?
김	그렇습니다. 그런 마음을 숨기면서 책을 바쳤는데 자신의 책이 거절당하자 드디어 마키아벨리가 본래 의도를 드러낸 거죠. 원래 자신의 의도는 군주에 대한 타도였다는 겁니다. 루첼라이 정원의 젊은이들과 함께 잘못된 군주를 타도하려 한 거예요.
차클	마키아벨리의 진짜 의도가 담긴 다른 책도 있나요?
김	마키아벨리는 앞서 말했던 《로마사 논고》와 《전쟁의 기술》 외에도 《카스트라》《카스트루초 카스트라카니의 생애》란 책을 썼는데요. 《군주론》이 메디치 가문에게 헌정한 책인 반면, 《로마사 논고》에서는 자신의 글을 읽는 젊은이들이 행운을 만나는 기회, 즉 메디치 가문을 타도하는 날을 맞게 된다면 언젠가는 옛 세상의 선례를 본받게 하고 싶다고 밝히고 있어요.

어떤 의미로 그런 글을 남긴 것인가요?

김 마키아벨리는 나이 많은 퇴직 공무원이었잖아요. 그러니 경험이 많습니다. 그런데 함께 고전을 강독하는 대상은 젊은이들입니다. 그러니 그들 중 한 명이라도 자신의 말을 알아듣고 이 세상을 아름답게 바꿔주면 좋겠다는 마음으로 쓴 것이죠. 당시의 청년들은 메디치 가문의 압제를 받고 있었어요. 그들은 공화제를 꿈꾸는 사람들이었거든요.

차클 기존 정권을 타도하려는 이유가 메디치 가문의 악행 때문인가요? 아니면 군주제 전복이 목적인가요?

김 그에 대한 대답을 찾기 위해서는 메디치 가문의 역사를 한번 살펴볼 필요가 있습니다. 메디치 가문의 사람들이 모두 나쁜 건 아니었습니다. 물론 다르게 주장하는 사람도 있지만, 코지모 데 메디치, 피에로 데 메디치, 로렌초 데 메디치 모두 훌륭한 사람들이었다고 봐요. 우선 미켈란젤로 같은 예술가들을 후원해주고 문명을 다시 일으키는 르네상스를 이끌기도 했어요. 그런데 이들이 점점 독재 경향을 띠게 되면서 미켈란젤로도 나중에는 마키아벨리와 같은 입장을 취하게 돼요. 사실 미켈란젤로는 메디치 가문의 후원을 많이 받았죠. 하지만 나중에 메디치 가문에 대해서 반대하는 글도 많이 남겼어요. 왜냐하면 피렌체에서 르네상스가 일어난 이유는 자유 정신이 있었기 때문이에요. 그래서 예술도 부흥하고 인간의 본질에 대한 성찰이 이루어질 수 있었던 거예요. 그런데 메디치 가문이 압제를 가하니 반론을 제기할 수밖에요.

차클 마키아벨리가 좀 더 구체적으로 약자를 옹호하는 글을 남긴 것은 없나요?

김 마키아벨리는 권력의 놀라운 비밀, 즉 약자가 강자를 이기는 법도 소개하고 있어요. 재미난 이야기를 하나 해드리죠. 미국의 버지니아주에 가면 버지니아의 주기가 있어요. 거기에 'SIC SEMPER TYRANNIS' 라고 적혀 있습니다. '독재자가 영원히 없게 만든다'는 뜻이에요.

차클 버지니아가 마키아벨리와 무슨 상관이 있나요?

김 이 버지니아라는 지명이 어디에서 왔는지를 보면 됩니다. 바로 베르기니아에서 나온 거예요. 마키아벨리가 베르기니아 사건을 소개하는 글을 썼거든요. 베르기니아는 로마의 여성이었어요. 그런데 당시에 아피우스라는 귀족이 베르기니아의 미모에 반해서 그녀를 차지하고 싶어했어요. 그래서 어떤 방법을 썼는지 아세요? 자기의 노예를 시켜서 베르기니아가 그 노예의 딸이라고 주장하라고 해요.

차클 왜 그런 일을 벌인 거죠?

김 로마법으로는 노예의 딸은 주인이 취할 수 있었기 때문이에요. 그런데 당시 군인이었던 그녀의 아버지가 법정에 고소를 합니다. 그러고는 법

차이나는
클라스

정에서 자기 딸을 죽여버렸습니다. 딸이 부정을 저질렀기 때문이 아니라 권력자의 부당한 행위에 항의하기 위해서였죠. 그러자 로마 최고 권력자들인 10인회가 베르기니아의 아버지를 체포하라고 했어요.

차클   아버지가 너무 억울했겠는데요?

김   그 광경을 지켜보던 로마 시민들이 집단으로 저항을 시작했어요. 약자들의 반란이 시작된 겁니다. 로마 민중들은 10인회의 구성원들을 전부 사형에 처하라고 요구를 하죠. 그런데 마키아벨리는 민중이 이런 요구를 한 게 실수라고 봤어요.

차클   당연히 요구할 수 있는 것 아닌가요?

김   10인회 구성원들을 모두 공개적으로 처형하라고 하면 10인회가 어떻게 반응하겠어요. 당연히 자기들끼리 뭉쳐서 군대를 만들고 로마 시민들을 학살하겠죠. 마키아벨리는 리비우스의 《로마사》에서 이 사건의 전모를 옮겨와서 약자가 무엇을 배워야 하는지 설명합니다.

첫째, 강자에게 자신의 부당한 처지나 요구사항을 섣불리 말하지 마라. 자신의 감정을 쉽게 드러내면 안 된다는 것입니다. 둘째, 용기를 가지고 저항을 준비하되 내 손에 무기가 쥐어지기 전까지 침묵하고 위장하라. 셋째, 일단 무기가 내 손에 쥐어졌을 때 거리낌 없이 그 칼을 휘둘러라. 바로 이것이 약자가 강자를 이기는 법이라고 말해요.

차클 이것은 군주가 쓰던 권모술수의 방법 아니었나요?

김 그렇죠. 군주가 사용하던 방식을 그대로 약자들에게 알려주는 거예요. 《로마사 논고》《전쟁의 기술》《카스트루초 카스트라카니의 생애》 같은 책들을 통해서 약자들도 강자들의 방식을 배우라고 하는 것이죠.

차클 이런 글들이 알려졌을 때 당시의 권력자들이 가만히 두었을까요?

김 그래서 마키아벨리가 많은 사람들에게 오해를 불러일으킨 것입니다. 왜냐하면 양면을 가지고 있었거든요. 관복을 입고 자신만만한 표정을 짓고 있는 초상화도 있고, 슬픔에 빠져 있는 것 같은 모습도 함께 전해지고 있어요. 게다가 많은 사람들이 그의 글들을 오해해서 읽었습니다. 훗날에 와서야 마키아벨리가 원래 약자였고, 약자의 입장에서 약자들을 위한 글을 썼다는 것도 알려지게 되었죠.

차클 교수님 생각은 어떠신가요?

김 많은 사람들이 마키아벨리의 책을 강자를 위한 권력 지침서로 이해해요. 사실은 전혀 그렇지 않아요. 약자와 강자에 대한 이야기가 아니에요. 제가 보기에는 바로 비르투스(결단력)와 포르투나(운명)에 대한 책이라고 생각해요.

차클 왜 비르투스와 포르투나에 관한 책인가요?

김 결론적으로 말씀드리죠. 강자에게는 포르투나를 기억하라는 메시지를 던지고 있어요. 마키아벨리는 강자들에게 포르투나의 힘을 보여주고 싶어 했어요. 체사레 보르자가 한 번에 무너진 이유를 기억하라는 것이죠. 그것이 바로 포르투나의 힘이라는 겁니다. 제아무리 권력을 가지고 있어도 그것이 영속될 수 없다는 것을 기억하고 잘난 척하지 말라는 것이죠.

차클 그럼 약자들에게 준 메시지는 무엇인가요?

김 약자들은 남을 탓하는 경향이 있죠. 시대를 잘못 만나서, 취업이 너무 힘들어서 등등… 이런 상황들을 그저 자기의 운명으로 받아들여요. 이런 것이 바로 포르투나에 의존하는 태도예요. 마키아벨리는 이런 약자들에게 비르투스를 발휘하라고 말하고 있습니다. 과단성 있게 행동하라는 겁니다. 용감하게 행동하라는 거예요. 울지 말고 주먹으로 눈물을 닦으라는 거죠. 눈물을 닦고 비르투스를 향해서 전진해 가라는 것이 마키아벨리의 가르침입니다. 약자와 강자들에게 동시에 전하고 있는 마키아벨리의 교훈을 기억해야 합니다.

차클 몇백 년 전 마키아벨리가 전한 교훈이 오늘날 대한민국에도 통할까요?

김 마키아벨리를 통해서 권력의 속성을 파악할 수 있죠. 강자와 약자, 권력을 가진 사람과 가지지 못한 사람의 본성이오. 한마디로 인간의 본성을 알 수 있습니다.

차클 권력과 인간의 본성을 아는 게 실질적으로 어떤 도움이 될까요?

김 지금 우리 사회가 당면하고 있는 문제는 국민이 권력으로부터 철저하게 소외되어 있다는 겁니다. 그리고 소외된 국민들이 어떻게 그 권력을 되찾을 수 있을지 고민하는 과정에 있다고 봐요. 그런 의미에서 마키아벨리가 우리 모두에게 충분히 성찰할 만한 질문들을 던지고 있다고 생각합니다.

차클 마키아벨리가 권력의 실체뿐만 아니라 대중의 실체를 파헤쳤다고 들었는데, 어떤 견해를 밝히고 있나요?

김 예를 들어 플라톤은 민주주의가 굉장히 왜곡되고 잘못된 제도라고 주장을 하죠. 현자들이 볼 때 우매한 대중들이 한 표를 가진다는 것은 정말 잘못된 것이라고 본 거예요. 그러면서 민주주의의 기본 가치를 폄훼하는 이야기를 하죠. 하지만, 그게 플라톤이 말하고자 했던 핵심은 아니었던 것 같아요. 마키아벨리도 초기에는 대중의 우매함에 대해 비판적 시각을 가졌던 듯합니다. 자신이 권력의 정점에 있을 때에는 아무래도 포퓰리스트 같은 사람들에게 쉽게 넘어가는 대중들을 냉정하게 바라볼 수밖에 없었겠죠. 그러다가 자기 자신도 권력을 잃고 바닥에 나뒹굴어 보니 그런 바닥에서도 지혜의 기회가 주어진다는 걸 깨닫게 된 것이죠. 그런 속에서도 새로운 성찰을 시작할 수 있다는 것을 알게 된 것 같아요.

차클 만약 교수님이 마키아벨리를 대신해 대답하신다고 하면, 마키아벨리 사후에 벌어진 정치적 사건 중 마키아벨리의 교리에 가장 부합한 건 무엇이라고 생각하시나요?

김 역사적으로 마키아벨리 《군주론》의 핵심 내용이 가장 선명하게 드러난 사건은 1789년에 일어난 프랑스 혁명입니다. 지금은 군주제를 채택한 나라가 별로 남아 있지 않죠. 영국과 일본, 그리고 실질적인 정체까지 따지면 북한 정도일 겁니다. 전 세계적으로 볼 때 군주제는 대부분 폐지되었어요. 프랑스 혁명 이후 시민 혁명이 일어났기 때문이죠. 그런데 프랑스 혁명의 정신이 뭡니까. 시민이 군주다, 아니겠어요? 영화 〈레 미제라블〉에서도 나오잖아요. 민중들이 함께 모여서 새 아침이 올 거라고 노래를 부르죠. 마키아벨리의 《군주론》의 핵심은 우리 모두가 군주라는 것입니다. 이것이 바로 공화정의 정신이죠. 바로 프랑스 대혁명이 마키아벨리가 꿈꾸던 새날, 새 아침이 아니었을까요? 이 말씀을 드리면서 제 강의를 모두 마치겠습니다.

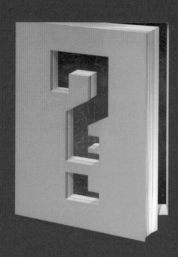

차이나는
클라스

2장

인류

질문이
생각을
바꾼다

폴 김

고교 시절 교사에게 매 맞던 학생에서
스탠퍼드대 교육대학원 부학장이 된 남자,
컴퓨터 공학을 전공한 엔지니어에서
400만 지구촌 아이들의 '외계인 선생님'이 된 남자,
우리 시대의 실천하는 교육 혁명가.

우리 아이들은
무엇을 배우고 있는가

여러 가지 재능이 많은데 어떤 하나의 시험을 통해서 합격과 불합격을 판가름한다는 건 정말 불합리하다고 생각해요. 우리 아이들이 가진 많은 지능을 무시하는 거죠. 요즘 우리나라 학교의 교실을 보면 수많은 AI 기기들이 앉아서 수업을 듣고 있는 것 같다고 느껴져요. 우리 교육이 그런 AI들을 만들어내고 있는 것이죠.

차클   교육을 바꿔야 한다고 생각하시게 된 계기가 혹시 어린 시절에 체벌을 당했던 경험 때문인가요?

김   그렇죠. 저도 한국에서 초·중·고를 나왔어요. 학창 시절 쇠파이프로 때리거나 촌지를 요구하는 선생님들을 볼 때마다 '이건 좀 아니다'라는 생각을 많이 했죠. 하루는 선생님께서 부모님을 모셔오라고 하셨는데, 저는 그 이유를 알 수가 없어서 안 된다고 말씀드리기도 했어요. 그것 때문에 맞아야 한다면 그냥 맞겠다고 했죠. 그런 암흑기 같은 시절이 있었어요.

차클   체벌이나 촌지 말고 다른 이유도 있었나요?

김   초등학교 2학년 때 아이들이 수업을 마치고 친구들 집으로 다 같이 가더라고요. 그래서 따라가봤더니 담임 선생님이 계신 거예요. 저는 왜 선생님이 거기에 계신지 몰랐는데, 알고 보니 과외를 하고 있던 거였어요. 당시 기준으로 그게 불법인지 아닌지는 몰라도 저로서는 굉장히 충격을 받았어요. 저는 왜 담임 선생님이 직접 과외해주는 그룹에 속하지 못하는 것인지 궁금하기도 했고요.

차클   우리나라 교육의 현실을 일찍 깨달으셨군요?

김   네. 그런 셈이죠. 그래서 이런 것은 교육이 아니라고 생각했어요. 내가 '교육'이라 느낄 수 있는, 진정한 의미의 교육이 분명히 있을 거라고 믿었죠. 어렸을 때부터 그런 상황을 보면서 다른 대안을 찾아보기 위해 떠나겠다고 부모님께 말씀을 드렸어요. 그랬더니 중학교도 졸업하지 않았는데 어딜 가느냐고 하시더군요. 저는 혼자 알아서 할 테니 허락만 해달라고 부탁을 드렸죠. 결국 고등학교를 졸업하고 나서야 부모님의 허락을 받아 새로운 형태의 교육을 찾기 위해 한국을 떠날 수 있었죠.

차클   미국으로 건너가셨는데 거기서 다른 교육의 모습을 발견하셨나요?

김   제가 사실 영어를 굉장히 못했어요. 그런데 실수였는지 행운이었는지 모르겠지만, 미국으로 건너와서 대학교 학부에서 처음 들었던 과목이 전공 수업도 아닌 음악 감상 수업이었어요. 베토벤이나 모차르트의 음악을 듣고 감상문 에세이를 무려 다섯 페이지나 써내야 했죠.

차클   한국어로도 다섯 장을 쓰기 쉽지 않을 텐데요.

김   제가 간단하게 한 줄만 써서 냈더니 교수님이 따로 불렀어요. 왜 한 줄밖에 안 되냐고 물어보시기에, 제가 사실 음악을 너무 좋아하고 할 말이 많은데 영어로 쓰는 게 힘들다고 답했죠. 그랬더니 교수님이 한국말로 써와도 좋다고 하셨어요.

차클   혼을 내는 것이 아니라 배려를 해주셨네요?

차이나는 클라스

김	맞아요. 그래서 한글로 다섯 장을 써서 갔더니 교수님이 사전을 가져 오라고 하시더군요. 그러면서 사전에서 단어를 하나씩 찾아가면서 설명을 해보라는 거였어요. 그렇게 한 단어 한 단어를 찾아서 설명을 했더니 교수님이 너무 잘했다고 칭찬을 하시면서 A+를 주셨어요. 덧붙여서 이건 영어 수업이 아니고, 음악 수업이니 너에게 A+를 줄 수 있다고 말씀하셨죠.
차클	정말 감동적인 이야기네요.
김	지금 생각해보면 엄청난 행운이었어요. 정말 다르다는 것을 느꼈습니다. '이것이 진짜 교수·교사·선생의 모습이 아닌가'라고 생각하는 계기가 되었죠.
차클	교육공학을 전공하셨다고 들었어요. 그 전공을 선택하고 연구에 매진하게 된 특별한 계기가 무엇인지 궁금합니다.
김	제가 대학교를 졸업하고 석사과정에 들어갔을 때 한 지인에게서 부탁을 받았습니다. 그분이 알고 있는 초등학교 4학년짜리 아이가 아직도 글을 읽지 못한다는 거예요. 부모님도 안 계신데, 특별히 돌봐줄 사람도 없다고 했어요. 그래서 그 아이를 만나 이야기를 나눠봤죠. 그런데 학교에 가기 싫다고 하더라고요. 그럼 학교에 가서는 뭘 하냐고 물었더니, 공부하는 척할 뿐 공부를 하지 않는다고 대답했어요.
차클	그럼 학교 수업을 전혀 듣지 않았다는 말인가요?
김	제가 동화책을 꺼내서 아이에게 한번 읽어보라고 시켜봤어요. 곧잘 읽는 것 같기에 칭찬을 해주었죠. 그런데 알고 보니 책을 읽는 것이 아니었어요. 그림만 보고 이야기를 만들어낸 것이었죠.
차클	오히려 아주 똑똑한 아이일 수도 있겠는데요?
김	상상력으로만 책 전체를 독파했으니 상당히 똑똑한 거죠. 창의적이어

야 가능한 일이니까요. 그런 아이가 학교에서 소외되고 선생님들도 아이에게 관심을 갖고 코칭을 해주지 않은 채 학년만 올라갔던 것 같았어요. 그래서 그 아이를 어떻게 하면 도와줄 수 있을지, 어떻게 하면 읽게 할 수 있을지 고민을 했습니다. 그러다 하루는 아침부터 저녁까지 무엇을 했는지 물어보고 그 내용을 제가 타이핑을 해봤어요. 그리고 그걸 아이에게 보여주면서 제가 같이 읽어주었죠. 그랬더니 글을 몰라도 조금씩 읽기 시작했어요. 또 자기가 했던 일들이니 글의 내용을 짐작할 수 있었겠죠. 그렇게 6개월 동안 가르쳤더니 아이 스스로 읽을 수 있게 되었어요.

차클 누군가 일찌감치 관심을 가져줬으면 더 좋았겠네요.

김 그렇죠. 그 아이는 책 읽는 것을 너무 좋아했어요. 아마도 그동안 읽지 못해서 느꼈던 답답함과 관심을 받지 못한 가슴에 쌓인 소외감의 응어리가 모두 녹아내린 계기가 된 것 같아요.

차클 그 아이는 나중에 어떻게 되었나요?

김 몇 년이 지나서 지인에게 아이에 대해 물었더니 미국 명문대학교의 경영학과에 입학해서 장학금을 받으면서 다니고 있다고 하더군요. 그 아이를 보면서 나의 말이나 행동이 아이의 인생에 중요한 역할을 할 수 있다는 걸 느꼈어요. 그만큼 교육이라는 것은 정말 중요한 업이라고 생각해요. 교육을 통해서 기적이 일어날 수도 있고, 한 아이가 전에는 할 수 없었던 일을 할 수도 있으니까요. 이런 경험이 제가 교육공학을 연구하게 된 계기가 되었죠.

차클 아이가 공부를 못한다고, 읽을 줄 모른다고, 재능이 없다고 지레 판단하면 안 되겠네요.

김 다중 지능이라고 하잖아요. 여러 가지 재능이 많은데 어떤 하나의 시험을 통해서 합격과 불합격을 판가름한다는 건 정말 불합리하다고 생각해요. 우리 아이들이 가진 많은 지능을 무시하는 거죠. 요즘 우리나라 학교의 교실을 보면 기계적으로 정답만 찾아 대답하는 수많은 로봇들이 앉아서 수업을 듣고 있는 것 같아요. 우리 교육이 그런 AI들을 만들어내고 있는 것이죠. 그렇게 단순히 지식을 주입하고, 질문에 대한 대답만 하는 기계를 만드는 게 지금 우리 교육의 현실이라고 생각합니다.

차클 다른 나라의 교육 현실은 어떤가요?

김 한국에서 가끔 강의를 해보면, 미국 학생들과 다른 종류의 질문을 한다는 걸 느끼게 돼요. 주로 "삼성에 취직하려면 어떻게 해야 하나요?"라는 식의 질문을 하죠. 반면 미국의 학생들은 "어떻게 하면 삼성을 만들 수 있죠? 삼성보다 더 큰 기업을 만들려고 하는데 어떻게 생각하세요?"와 같은 질문들을 해요. 사회의 현실이 이렇게 학생들이 질문하는 방식마저 좌우하고 있는 것이죠. 제가 물어보죠. 여러분이 느끼고 있는 우리 교육의 문제는 무엇인가요?

차클 외국의 대학과 한국의 대학을 경험해보면 상당히 다른 것을 느껴요. 미국 학생들은 강의실에 갈 때 놀러가는 것 같아요. 수업 분위기도 교수님과 개방적인 분위기에서 이야기를 나누고요. 공부를 하러 왔다는 느낌을 찾을 수 없었어요. 한국에서는 강의 시간에 모두 노트북을 꺼내서 교수님의 말을 그대로 타이핑을 하느라 바빠요. 그래서 농담을 해도 일단 적기만 하다가 교수님이 농담이라고 말하면 그때 가서야 반응을 해요. 최근에는 초·중·고등학교에서 공부하는 것을 두고 공부노동을 한다거나 학습노동을 한다는 말이 생길 정도예요. 즐거움이나 놀이가 아닌 노동하듯이 지식을 흡수하는 것이 현실이죠. 특정 교육 방식의 문제라기보다는 학생들이 처한 현실이 너무 엄혹하다는 것이죠.

반드시 대학을 가야 하는 분위기는 물론이고, 대학에 와서 조금 자유롭게 공부하려 해도 사회 진출에 필요한 스펙 경쟁에 어쩔 수 없이 매달려야 하는 분위기가 팽배하죠.

김   지금 우리는 모두 겁에 질려서 교육을 하는 것 같아요. 자기 아이가 뒤처질까 봐, 학원을 보내지 않으면 어떻게 될까 봐 겁을 내고 있는 게 아닌가 싶어요. 그런데 그렇게 두려움을 갖고 계획을 세우면 아이들에게 맞는 교육의 기회를 줄 수 없어요. 오히려 아이들을 '대세'라 불리는 틀에 가두어 맞지 않는 옷을 입히는 꼴이 되죠.

차클   교수님이라면 어떤 식의 교육을 제안하고 싶으세요?

김   교육 방식이라는 것이 아이들에게 필요한 처방전이라고 생각해보죠. 현재 대한민국의 교육 현실은 아이들에게 어떤 처방전을 내릴 때, 그 아이들이 서로 다른 병변을 가지고 있음에도 불구하고 모두 똑같은 소화제를 처방하고 있는 모습이 아닌가 싶어요. 역량도 다르고 능력도 다르고 관심도 다른 아이들에게 모두 획일적인 내용을 가르치고 있다는 거죠.

차클   학교에서는 모두 같은 것을 가르칠 수밖에 없지 않나요?

김   그래서 부모님이 코치가 되어야 해요. 아이들을 제일 좋은 사립학교에 보내고, 학원에 보내는 것으로 부모의 역할을 다했다고 생각하면 절대로 안 되는 것이죠.

차클   혹시 학교에 가기 싫어하는 아이들에게는 어떻게 해야 할까요?

김   정말 좋은 지적입니다. 아이들이 학교에 꼭 가야 하냐고 물을 수 있어요. 그럴 때에는 질문으로 답을 해주면 됩니다. 학교에 가기 싫으면 뭘 하면 좋을지 한번 역으로 질문해보세요.

차클   질문이 채 끝나기도 전에 놀고 싶다고 얘기하지 않을까요?

차이나는 클라스

김	그러면 제가 볼 때는 놀아야 돼요. 무엇이든 스스로 체험하지 않으면 어떤 식으로든 환상을 가질 수 있거든요.
차클	저 같은 경우에는 제가 학교에 가기 싫다고 하니까 부모님이 학교를 일주일 동안 안 보낸 적이 있었어요. 하루 이틀까지는 좋았는데, 삼사 일째가 되니 너무 심심해서 학교에 가고 싶어지기까지 했어요.
김	네, 그런 경험도 절대 나쁜 게 아니에요. 무엇이든 직접 체험을 해서 깨달아야 더 큰 깨달음을 얻을 수 있어요.
차클	저희 부모님도 제가 학교 가기 싫다고 하면 학교를 그만두라고 하셨어요. 대신 다시 학교를 다니고 싶다고 할 때에는 학비를 대주지 않으실 거라고 경고하셨죠.
김	네, 그런 것들이 바로 코칭이에요. 왜냐하면 아이들마다 다 똑같은 방법을 적용할 순 없기 때문이죠.
차클	아이의 성격을 파악하고 각각의 성격에 맞는 효과적인 방법을 스스로 찾게 도와줘야 한다는 말씀이시죠?
김	스포츠팀의 코치처럼 아이 개별의 특성과 자질에 깊은 관심을 갖고 피드백을 해주는 것이 코칭이죠. 아이 스스로 자기주도적 학습을 할 수 있게요.

왜 우리는 질문을
하지 않게 되었나

질문을 하지 않을 때에는 어떤 배움도 없고 변화도 없어요. 혁신도 있을 수 없어요. 우리에겐 질문하는 사회가 필요해요. 그래야 사회가 바뀔 수 있어요.

차클	교수님은 다양한 국가를 돌아다니면서 아이들의 교육환경에 관심을 가지게 되셨다고 들었어요. 주로 어떤 것들을 보셨나요?
김	우연한 기회로 멕시코에서 집을 지어주는 봉사 프로젝트에 참여한 적이 있어요. 그곳까지 가려면 캘리포니아에서 20시간을 차로 이동해서 멕시코 국경을 지나서 더 내려가야 해요. 그곳에 사는 원주민 아이들은 모두 농장에서 오이나 토마토를 캐는 일을 하고 있었어요. 그런데 그 수확물들을 하루에 50바구니를 채워야 겨우 3000원에서 5000원을 번다더군요.
차클	교육의 혜택을 받지 못하는 아이들이었나요?
김	네. 며칠 동안 집을 지으면서 봤더니, 모두 한창 공부를 해야 할 나이임에도 글은커녕 전혀 배운 것이 없었어요. 학교를 가지 않는 것은 물

론이고요. 그래서 아이들에게 왜 학교를 가지 않는지 물었더니 학교가 없다고 하더라고요. 그때 저는 그동안 제가 보지 못한 것을 본 것 같았어요. 그래서 그 아이들을 위해서 내가 할 수 있는 게 무엇일지 고민하기 시작했죠.

차클　국가의 지원은 없었나요?

김　그곳 아이들은 학교를 못 다닐 뿐 아니라 생활 환경 전체가 굉장히 열악해요. 모두 맨발로 다니다 보니 발바닥에 유리가 박힌 채 그냥 생활하는 아이들도 있었어요. 외과적 치료를 할 수 있는 시설도 장비도 없었거든요. 과연 정부에서 아이들에게 관심을 갖고 있는 것인지 생각하면서 정말 가슴이 아팠어요. 그런데 결국 아무런 도움을 주지 못하고 돌아오게 되어서 너무 안타까웠죠.

차클　오늘날 전 세계 아이들 중 교육 혜택을 받지 못하는 비율이 얼마나 되나요?

김　그 후에 스탠퍼드로 돌아와서 조사를 하기 시작했어요. 과연 전 세계적으로 학교가 없는 지역에 사는 아이들이 얼마나 되는지, 만약 학교가 있다면 수준이 어느 정도인지에 대해서요. 유네스코에서도 참고가 될 만한 자료를 발표했어요. 특히 여자아이들이 학교를 못 가는 경우가 더 많아요. 사실 우리나라의 교육이 문제라고 말들을 하지만, 훨씬 심각한 상황의 나라들도 상당수죠.

차클　학교 수가 턱없이 부족하기 때문인가요?

김　아무리 열악한 조건이라고 해도 학교에 다니고 있기만 하면 학교 밖 청소년 통계에 들어가지 않아요. 그런데 아프가니스탄에서는 아이들이 3시간을 걸어서 학교에 가고, 다시 3시간을 걸어서 집에 가기를 반복해요. 왕복 6시간을 걸어서 공부하러 온다는 의지가 정말 대단하지

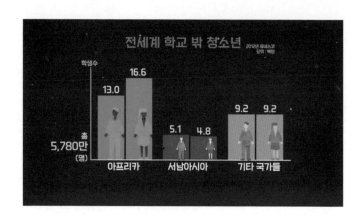

전세계 학교 밖 청소년 2012년 유네스코 단위: 백만

학생수

16.6

13.0

9.2 9.2

5.1 4.8

총
5,780만
(명)

아프리카   서남아시아   기타 국가들

않아요? 그런가 하면 르완다에서는 아이들이 물을 길어 나르느라 하루를 다 보낸다고 해요.

차클 학교가 없는 지역의 아이들도 교육을 받을 수 있도록 교수님이 구상하신 프로젝트가 있다고 들었습니다. 어떤 프로젝트인가요?

김 네. 이런 아이들을 위해서 제가 교육공학적으로 할 수 있는 게 무엇일지 정말 많이 고민했어요. 그런 고민의 결과가 바로 포켓스쿨입니다. 게임기처럼 생긴 디바이스에 아이들을 위한 동화를 집어넣고, 사전도 탑재를 했어요. 아이들이 동화를 듣거나 게임을 하면서 자연스럽게 글을 깨우칠 수 있도록 도움을 주는 프로젝트죠.

차클 아이들이 낯선 사람과 낯선 물건을 쉽게 받아들이던가요?

김 아이들을 처음 접하는 자리에서 저를 외계인이라고 소개를 했어요. 또 아주 멀리서 차를 타고 비행기를 타고 20시간이 넘게 왔다면서 단말기를 보여줬습니다. 그 단말기가 무엇이고 어떻게 사용하는지를 모르겠다고 말하면서 아이들에게 도와달라고 부탁을 했죠. 그런데 신기하게도 전기가 없어서 텔레비전도, 라디오도, 아무것도 없는 지역의 아

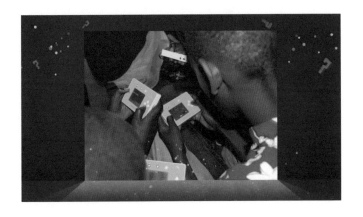

이들이 저를 안심시키면서 자기들이 도와주겠다고 잠시만 기다리라고 하더군요. 자기들끼리 연구를 좀 해보겠다면서요.

차클   사용법을 전혀 모를 텐데, 아이들이 금방 터득하나요?

김   물론 단말기를 돌로 깨서 열어보고 바닥에 긁어도 보고 고장을 내기도 했어요. 하지만 저는 그냥 지켜볼 뿐이에요. 절대로 개입하면 안 돼요. 왜냐하면 제가 개입하는 순간 아이들이 스스로 탐구하려는 스위치가 꺼지거든요. 절대 개입하지 않고 그냥 두는 거예요. 그러다가 한 여자아이가 실수로 버튼을 누르자 단말기에서 소리가 나고 어떤 영상들이 보이기 시작했어요. 그러자 이제 여자아이가 다른 아이들에게 사용법을 하나하나 알려주고 서로 가르쳐주더군요. 그렇게 30분 정도 놔두면 아이들은 단말기 사용법을 다 익히게 돼요. 아이들은 그만큼 빨리 배워요. 정말로 엄청난 과학자들인 게 확실해요. 그런데 우리 교육은 아이들이 수동적으로 앉아 교사가 전달하는 지식만 외우도록 가르칩니다. 스스로 호기심을 갖고 탐구할 기회를 앗아가는 거죠. 이렇게 서로 서로 가르쳐주는 환경, 스스로 찾아서 탐구하고 배우고 공유하는 학습법을 저는 외계인 학습법이라고 불러요.

차클　혹시 교육 프로젝트를 진행하시면서 현실의 벽에 부딪치거나 위기를 겪은 적은 없으신가요?

김　물론 위험한 일들이 많죠. 르완다 같은 경우에는 실제로 총싸움이 벌어지기도 하고, 대학살이 일어난 적도 있었고요. 느닷없이 숲속에서 누군가 튀어나와서 총을 들이밀고 귀중품을 내놓으라고 하는 일도 많이 겪었어요. 하지만, 그런 곳일수록 교육이 더욱 필요하거든요.

차클　교육환경이 열악한 곳의 부모들도 교육을 시키고 싶어 하나요?

김　인도에서 프로젝트를 진행하다가 재미있는 것을 알게 되었어요. 농가가 있는 지역에서 사는 아이들은 농사를 지어야 하기 때문에 부모들이 아이들에게 교육을 시키지 않으려고 해요. 그래서 제가 교육 프로젝트를 하려고 했을 때 부모님들이 자기 아이들은 가르치지 말라고 했어요. 아이들이 공부를 해서 똑똑해지면 도시로 나간다는 거예요. 아이들이 도시에서 직장을 갖게 되면 자기들이 모두 굶어죽는다고 생각하고 있었어요. 그래서 그 부모님들에게 제가 물어봤어요. 아이가 항공기 조종사가 될 수도 있고, 과학자가 될 수도 있고, 교수가 될 수도 있는데 이렇게 농사만 지으며 살게 두면 어떡하느냐고요. 그랬더니 그건 너무나 먼 이야기라고 하더군요. 지금 당장 먹을 게 없는데 어떻게 그 먼 미래를 생각하느냐는 것이죠.

차클　그런 부모님들을 어떻게 설득하셨나요?

김　저도 포기할 수 없었죠. 그래서 농사를 짓는 게임을 만들어주겠다고 제안을 했어요. 그 게임을 하면 농사를 잘 지을 수 있게 된다고 부모들을 설득하니까 부모님들이 좋아하셨죠. 그런데 사실 이 게임은 가상으로 대출을 받은 뒤 씨앗을 사서 뿌리고 농작물을 가꿔 재배하고 수

확을 해서 시장에서 돈을 받고 팔아 다시 대출을 갚고 이윤을 창출하는 식으로 구성돼 있어요. 이런 모든 것들을 수행하려면 공부를 해야 해요. 경제도 알아야 하고, 마케팅도 해야 하고, 기업가 정신도 있어야 하는 것이죠. 이런 식으로 해당 지역에 맞게 교육 프로그램들을 만들었습니다.

차클　저희도 생각해보면 학교에서 배울 때보다 실제 생활에서 물건을 사고파는 일을 할 때 수학을 더 이해하기 쉬웠던 것 같아요.

김　아무래도 직접 체험하고 어떤 문제를 해결하려고 할 때 능력을 더 쉽게 쌓을 수 있겠죠. 인도에서 만난 서커스단 아이들의 이야기를 들려드릴게요. 이 도시 저 도시를 떠돌아다니면서 코브라를 데리고 재주를 부리는 일을 하던 아이들이었어요. 제가 그 아이들에게 수학게임을 알려주면서 한번 해보라고 했어요. 그런데 놀랍게도 너무 잘하는 거예요. 심지어 학교에 다니는 아이들보다 수학을 잘했어요. 그래서 어쩜 그렇게 수학을 잘하는지 관찰을 해봤더니, 그 아이들은 길거리에서 구걸을 하느라 돈 계산을 엄청나게 빨리 할 수 있었던 거였어요. 한편으로는 너무 마음이 아픈 이야기죠. 이처럼 뛰어난 재능을 가진 아이들이 제대로 된 교육을 받기만 한다면 엄청난 역량을 가진 일꾼이 될 수 있을 겁니다.

차클　그럼 교수님이 생각하는 외계인 학습법의 장점은 무엇인가요?

김　하나의 기계를 주면서 한 명한테만 기계를 주느냐, 세 명한테 주고 공유하게 하느냐, 아니면 일곱 명한테 주고 공유하게 하느냐는 식으로 실험을 해보면, 아이들 세 명이 기계를 공유할 때 더 빨리 답을 알아내고 발전도 빠르다는 것을 알 수 있어요. 일곱 명일 때에는 아이디어가 너무 많아져서 오히려 방해가 되었고요. 그래도 혼자 하는 것보다는

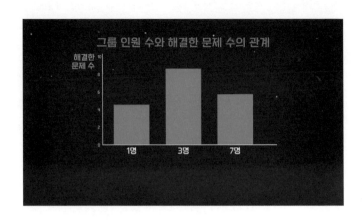

나아요. 혼자 하면 아이디어를 공유할 수가 없으니까요. 그런데 우리 교육 시스템을 보면 주로 혼자 하는 식이잖아요. 서로 이야기를 나누면서 자신이 못 하는 것을 도움받고, 남이 못 하는 것을 내가 도와주는 식으로 자라면 좋은데 현재 우리의 교육 시스템은 공유하는 것을 가르치지 않죠.

차클 조별 과제를 많이 하는 편이지만, 별다른 성과를 내지 못하는 경우가 많은 것도 같은 이유 때문인 것 같아요.

김 그게 왜 그런지 아세요? 초등학교 때부터 조별로 과제를 했으면 그런 일이 안 생겨요. 그런 교육 환경에서 자라서 협동하는 문화에 익숙해지면 누구 한 사람이 미루거나 하지 않아요. 그런데 대학교에 들어와서 갑자기 조별로 과제를 하려다 보니, 이미 나이가 들어서 혼자 하려는 문화에 익숙해진 것을 벗어나지 못하죠. 그래서 어렸을 때부터 어떻게 교육시키느냐가 정말로 중요해요.

차클 그럼 일찍부터 아이에게 낯선 환경에서도 협동해 답을 찾는 훈련을 많이 시켜야겠네요?

차이나는 클라스

김	'외계인 학습법'을 통해서 아이들이 해결 방법을 찾아내는 것을 보면서 아이들의 상상력이 엄청나게 풍부하다는 걸 느꼈어요. 학교를 다니지 않아서 획일적인 교육을 받지 않았기 때문이죠. 그러다가 학교에 다니기 시작하면 아이들이 비슷해져버려요. 획일적인 교육을 경험하지 않은 아이들일수록 낯선 단말기에도 능동적인 편이에요. 그래서 단말기를 받아들고 멀뚱하게 앉아 있지 않고 뜯어보기도 하는 거죠. 아이들이 뭔가를 잘 모를 때 상상력이 더 풍부해진다는 것을 확인할 수 있었죠.
차클	정규 교육이 아닌 학습법이라 거부하는 사람들도 있지 않을까요?
김	학교를 경험하지 않아서 자신이 나아갈 수 있는 방향을 모르고 꿈을 갖지 못하는 경우도 많잖아요. 그런데 제가 더 중요하게 생각하는 것은 질문을 하지 않을 때 어떤 배움도 없고 변화도 없다는 것이에요. 혁신도 있을 수 없어요. 항상 화산재만 퍼 나르는 아이 스스로도 다른 것을 할 것이 없는지 계속 질문을 해야 하는데, 그런 질문을 하지 않으면 변화도 없죠.
차클	현재의 교육 방식에는 어떤 문제점이 있다고 생각하세요?
김	질문을 하지 못하게 만드는 면이 있죠. 보통 아이들은 태어나서 2세에서 5세 사이에 4만 개 정도의 질문을 한다고 해요. 그런데 학교를 다니기 시작하면 그 질문의 숫자가 점점 줄어들다가 고등학교에 올라가면 아예 질문을 하지 않는 현상이 일어난다고 해요. 정말 슬픈 일이죠. 제가 학교를 다녔을 때에도 질문을 하다가 괜히 한 대 더 맞을 수 있었어요. 그래서 질문을 더욱 안 하게 되죠. 바로 그런 문화를 바꿔야 돼요. 우리에겐 질문하는 사회가 필요해요. 그래야 사회가 바뀔 수 있어요. 민주주의라는 개념이 나온 것도 왕권정치나 독재정치 아래에서 살

던 사람들 중에서 누군가 질문을 했기 때문에 탄생한 거예요. "모든 권력이 한 사람에게 집중되는 것이 과연 올바른 것일까?"라는 질문을 분명히 누군가가 했을 거란 말이죠. 그런 질문이 있었기 때문에 민주주의가 탄생했다고 저는 생각합니다.

차클   그럼 반대로 교수님은 주로 어떤 질문을 받아보셨나요?

김   저에게 자주 묻는 질문들이 있어요. 특히 스탠퍼드대에 들어가려면 어떻게 해야 하냐고 물으시죠(웃음). 제가 이런 내용의 강의를 하는데도 그렇게 물어보시는 분들이 계세요.

차클   교수님의 강의 방향과는 전혀 다른 질문이어서 허탈하셨겠네요?

김   스탠퍼드대만이 좋은 길도 아니고 스탠퍼드대만이 가장 혁신적인 학교도 아니에요. 저는 학교보다 전공이 더 중요하다고 생각해요. 아이가 갖고 있는 관심을 최대한 키워줄 수 있다면, 어떤 학교에서 출발하더라도 전공을 먼저 생각하라고 말해주고 싶어요.

차클   교수님이 강조하는 교육의 목적은 무엇인가요?

김   우리에게 필요한 것은 지식을 계속 전달하는 모습이 아니라고 생각해요. 각자 갖고 태어난 재능이나 역량을 소중히 생각하고 똑같은 틀에 넣으려 하지 않았으면 좋겠어요. 우리는 세상에 정말 하나밖에 없는 존재잖아요. 수많은 'N+1'들 중 또 하나의 똑같은 '1'이 아니라 우리 각자가 'The One'이 될 수 있어요. 그런 모습을 찾게 하는 것, 그래서 그런 모습들이 모여서 공공의 선을 이루는 것, 저는 그게 교육의 목적이라고 생각해요.

차이나는 클라스

창의적인 질문은
어떻게 탄생하는가

주제를 선정하고, 주제에 대한 질문을 올리면 돼요. 그러면 그 질문을 공유하고 서로 평가하는 원리로 작동해요. 모든 사람이 모두 다른 질문을 할 수 있잖아요. 그러면 아이들은 자기가 질문을 잘하고 있는 것인지 늘 생각하게 돼요. 밖에 나와서도 질문할 것이 너무 많아지게 되죠.

김	블록버스터라는 회사를 혹시 알고 있나요? 한때 VHS 테이프를 빌려주는 사업으로 엄청나게 성장을 한 회사였어요. 그런데 이 회사는 이제 존재하지 않아요. 그 이유에 대해 알아보도록 하죠.
차클	혹시 이것도 질문을 하지 않는 문화와 관련이 있는 사례인가요?
김	맞아요. 이 회사도 어떤 질문을 하지 않아서 사라지게 되었어요. 넷플릭스라는 인터넷 스트리밍 기업을 알고 계시죠? 넷플릭스가 처음 기업을 시작할 때 블록버스터를 찾아가서 미디어의 변화에 맞춰 함께 협력하자고 제안을 했어요. 그런데 그 당시 블록버스터는 너무나도 큰 회사였기 때문에 자신들이 미래를 대비해 사업의 영역을 확장할 필요를 느끼거나 어떤 기술이 어떻게 변화할지에 대한 질문을 제대로 하지 않았죠.

차클   잘나가던 기업들이라면 변화를 빠르게 파악할 수 있지 않았을까요?

김   모든 직원들이 변화에 대한 질문을 계속하고 그런 질문들이 관리자에게 전달되어서 같이 고민을 하고 답을 찾아가는 기업문화가 없다 보니 결국 도태된 거죠. 그래서 결국 2010년에 뉴욕증권거래소에서 사라지게 되었어요. 반면, 넷플릭스는 고화질 영상을 인터넷으로 볼 수 있는 시대가 온다는 것을 예측하고 발 빠르게 준비를 한 거죠. 이런 문화가 갖춰지려면 결국 학교에서부터 질문을 하는 연습이 필요하다는 결론이 나오는 것입니다.

차클   역시 질문을 얼마나 잘하느냐가 미래를 좌우하는군요. 교수님이 추진한 프로젝트 중에도 이와 관련된 것이 있다면서요?

김   '스마일 프로젝트'라는 것이 있습니다. 앞서 말했던 포켓스쿨 프로젝트로는 언어나 수학을 가르치는 것 이상을 해주지 못한다고 느꼈어요. 아이들이 언어를 잘하고, 수학을 잘하는 것만으로는 어떤 변화를 일으킬 수 있을지 걱정되기도 했고요. 그래서 아이들이 스스로 질문할 수 있도록 돕는 시스템을 만들어보자고 생각하게 됐습니다. 자기의 삶도 변화시키고 가족·사회·국가에 이르기까지 변화를 줄 수 있는 리더로 성장하려면 질문을 잘할 수 있어야 해요.

차클   '스마일 프로젝트'의 내용을 구체적으로 설명해주세요.

김   '스마일 프로젝트'는 전기도 없고 인터넷도 없는 지역에서 말 그대로 학교 역할을 해주는 시스템이에요. 엄청난 양의 정보와 강의를 갖춘 교육 시스템이 안에 내장되어 있습니다. 그러면 학생들은 어떤 디바이스든 브라우저만 있으면 자신에게 필요한 것을 찾기 위해 접속할 수가 있어요. 여러분도 지금 바로 "http://smile.stanford.edu"로 접속해서 함께 활용해볼 수 있어요.

차클	어떤 방식으로 활용해야 하나요?
김	먼저, 주제를 선정하고 주제에 대한 질문을 올리면 돼요. 그러면 그 질문을 공유하고 서로 평가하는 원리로 작동돼요. 인터넷이 없는 환경에서도 이용할 수 있도록 스마일 플러그 장치도 마련되어 있어요. 지금도 바로 질문을 만들어볼 수 있어요. 우리도 '차이나는 클라스'에서 그동안 진행했던 강연의 키워드들을 뽑아서 질문을 만들어보도록 하죠. 국가·정의·민주주의·헌법·불평등·이순신 등등이 있었죠. 지금까지 다뤘던 키워드들 중에서 자동적으로 여러분에게 두 개의 키워드가 제공되면 그걸 이용해 가장 멋진 질문을 만들면 됩니다.
차클	저는 사랑과 이순신이라는 키워드를 받았어요. 그래서 "한국인들이 사랑하는 이순신 장군님이 SNS가 있는 오늘날에 거북선을 만드셨다면 어떤 해시태그를 사용하셨을까요?"라는 질문을 만들어봤습니다.
김	좋아요. 상당히 창의적인데요? 이순신 장군의 시대와 현재의 시대를 아우를 뿐만 아니라 SNS라는 새로운 문화에 대한 적용이 아주 좋았어요.
차클	한국에서는 답을 찾는 훈련을 많이 하잖아요. 그런데 이렇게 질문을 만드는 훈련을 통해서 다른 사람의 생각도 궁금해지고 또 내 생각도 정리가 되는 것 같아서 굉장히 효과적인 방법이라고 생각돼요. 또 질문을 만들어보니까 다른 사람의 질문에 어떻게든 답을 써줘야겠다는 생각이 들어서 저도 생각을 더 많이 하게 되는 것 같아요.
김	모든 사람이 모두 다른 질문을 할 수 있죠. 그러면 아이들은 자기가 질문을 잘하고 있는 것인지 늘 생각하게 돼죠. 밖에 나와서도 질문할 것이 너무 많아지게 되고요. 자연스럽게 수시로 질문을 떠올리게 되고 학교에서 공유하고 싶어지는 겁니다.

차클	'스마일 프로젝트'로 해외에서 성공한 사례들이 있나요?
김	에티오피아의 학생들은 초기에 "누가 대통령인가?" "언제 우리가 독립했는가?"처럼 단답형 질문을 했었다고 해요. 그런데 점점 스마일에 익숙해지고 나서부터는 "우리나라가 과연 민주주의 국가인가?" "우리 헌법은 우리의 인권을 제대로 보장하고 있는가?"와 같은 질문들로 바뀌었다고 해요. 이런 식으로 계속된 질문을 통해 단순했던 주제가 복잡해지고, 생각의 깊이가 더 깊어지죠.
차클	스스로 질문을 만드는 것이 스스로 문제를 해결하는 능력을 키워주는 거나 마찬가지겠군요?
김	아이들에게 이 사회에 어떤 문제가 있는지 물으면 아이들은 "집이 없는 사람들이 너무 많아요. 어떻게 해결하면 좋을까요?"와 같은 질문들을 한다고 해요. 또 어떤 경우에는 "우리 학교에는 폭력이 너무 심해요. 어떻게 하면 방지할 수 있을까요?"와 같은 질문을 스스로 만들어낸다고 해요. 그런 질문들을 학습의 주제로 삼기도 하는 거죠. 그런 말을 들을 때 저는 정말 뿌듯함을 느껴요. 제가 만든 프로젝트가 그저 공부를 하는 학습의 도구가 아니라 미래 사회의 일꾼들을 키울 수 있는 중요한 학습 방법이 되겠다는 생각이 들기 때문이죠. 또 이런 프로젝트를 통해서 제가 미처 몰랐던 걸 알게 되기도 합니다.

왜 우리의 혁신은
늘 실패로 끝나는가

실리콘밸리에서 새로운 스타트업을 하고 싶어 하는 학생들이 찾아오면 저는 최소 60번은 실패할 걸 각오하라고 해줘요. 그러면 '아, 60번까지는 실패해도 괜찮구나'라고 생각하면서 계속 실행해나게 되죠.

차클	얼마 전 기사를 통해 핀란드에서는 앞으로 여러 가지 과목들을 연결시켜 가르치는 시도를 한다고 들었습니다. 이런 교육의 흐름이 생긴 이유는 무엇인가요?
김	요즘에는 학생들이 여러 분야의 지식과 경험들을 통합해서 문제를 풀어나갈 수 있게끔 통합적인 교육을 실시하는 경향이 있어요. 우리에겐 후각·청각·시각·촉각·미각 같은 감각들이 있잖아요. 이런 감각들을 최대한 동원할수록 오래 기억할 수 있다는 걸 떠올려보면 될 것 같아요. 응용하기에도 수월해지고요.
차클	선생님에게 맞으면서 배웠던 것을 오래 기억하는 것처럼 말인가요(웃음)?
김	그런데 학교에서 선생님이 주입식으로 설명하는 공부에 익숙해지면,

우리는 수동적으로 바뀔 수밖에 없어요. 그리고 질문을 안 하게 돼요. 그러면 우리가 공부를 하는 이유가 무엇인지, 결국 좋은 대학교를 나오면 그다음에는 무엇을 해야 하는지 알 수가 없어요. 그런 과정들이 과연 목적인지, 수단인지 헷갈리게 되는 것이죠. 그리고 우리가 과연 어떤 역할을 할 수 있는지도 알 수 없게 돼요.

차클 그럼 선생님은 어떤 교육이 가장 필요하다고 생각하시나요?

김 질문을 통해서 배우고, 배움을 통해서 변화를 일으키고, 변화를 통해서 혁신을 일으키는 교육이 필요하죠. 물고기의 생태계를 보더라도 물 흐르는 대로 대세를 따라가는 물고기가 있고, 대세를 거슬러서 새로운 생명을 탄생시키는 물고기들도 있잖아요.

차클 대세를 거스른다는 것은 연어처럼 물길을 거슬러 올라가는 물고기라고 봐도 되나요?

김 좋은 예네요. 흐르는 강물을 거슬러 올라서 새 생명을 탄생시키고 죽는다면 얼마나 가치 있는 일을 하는 것이겠어요. 그래서 우리도 어떤 물고기처럼 살아갈 것인지 좀 생각을 해봐야 해요. 대세를 따라갈 것인가, 아니면 대세를 거스르더라도 새 생명을 많이 탄생시킬 것인가. 그래서 제가 혁신에 대해 계속 얘기를 하는 것입니다. 그럼 여러분에게 물어보죠. 혁신이라는 단어를 들으면 어떤 게 떠오르나요?

차클 기존의 제품을 새롭게 바꾼다거나, 근본적으로 전혀 다른 변화를 일으키는 일이 떠올라요.

김 무엇보다 혁신은 실제로 함께 체험해보고 직접 아파한 것들을 어떻게 변화시키면 좋을지 고민하는 데서부터 시작하는 것 같아요. 그저 책상에 앉아서 이야기하는 혁신과 몸소 부딪쳐서 이뤄내는 혁신과는 많은 차이가 있을 겁니다. 그래서 지금부터 제가 현실과 접목이 되지 않

**차이나는
클라스**

은 혁신들, 혁신을 위해 추진했던 프로젝트들 중에서 실패한 케이스들에 대해 이야기해보려 합니다. 예를 들어서 물이 없는 사막 지역에 우물을 만드는 프로젝트가 있었어요. 이곳에 전기가 없으니까 아이들이 노는 놀이터의 뺑뺑이를 펌프로 바꿔서 물을 끌어오는 아이디어를 떠올렸던 거예요. 아이들이 뛰어놀 때마다 물이 나올 거라고 생각했던 거죠. 얼마나 이상적인 프로젝트예요. 그런데 이 프로젝트가 실패했을까요, 성공했을까요?

차클   아이들에게는 놀이가 아니라 노동이 됐을 거 같아요. 아이들이 계속 뺑뺑이를 돌리도록 만드는 사람들도 나타났을 것 같고요. 아닌가요?

김   아까도 얘기했지만, 직접 아파보고 겪어보고 피부로 느껴보지 않으면 혁신을 이루기 어렵다고 했었죠. 이 프로젝트가 그 대표적인 예입니다. 아이들이 하루 종일 뺑뺑이를 돌려도 물 한 컵이 나오지 않았어요. 게다가 아이들이 밥도 못 먹었는데 이걸 돌릴 힘이 있겠어요? 그런데 프로젝트의 취지나 아이디어가 너무 좋았던 나머지 펀딩이 꽤 진행되서 아프리카 여러 지역에 설치가 되었죠.

차클   제대로 활용도 하지 못하는 곳에 잘못 설치를 한 것이네요?

김   정말 혁신적인 생각처럼 보였지만 펌프의 효율성이 너무 떨어졌던 것이죠. 현실에서 적용하는 데 무리가 있었던 케이스입니다. 그래서 직접 아파봐야 하고, 피부로 체험해야 돼요. 그래야 그 아픔에 함께 들어와 현실 속에서 공감할 수 있어야 의미 있는 혁신이 탄생하는 겁니다. 개발도상국을 돕는 일뿐만 아니라 모든 분야에서 똑같아요. 혹시 지금 혁신을 꿈꾸고 있는 분야가 있나요?

차클   아프리카 이야기가 나와서 저도 비슷한 주제를 말해보려고 해요. 아프리카의 일부 지역에서는 전기가 부족해서 너무나 생활하기가 힘들어요. 24시간 불이 들어오지 않는 곳이 엄청나게 많거든요. 시골 지역에서는 공부도 할 수 없고, 저녁 대여섯 시만 되어도 할 게 없어져요. 그런 곳에 전기를 공급하는 프로젝트를 하고 싶습니다. 요즘 우리나라의 가장 큰 문제인 미세먼지와 관련된 프로젝트도 진행하고 싶어요. 맑은 하늘이 보이는 날에 창문을 열면서 정말 고맙고 행복하다고 느낀 적이 있었거든요. 그래서 미세먼지가 많은 날에도 창문을 활짝 열 수 있도록 미세먼지를 걸러주는 첨단 망 같은 것을 개발하면 어떨까 해요.

김 둘 다 좋은 생각인 것 같아요. 직접 경험한 이야기들이어서 더욱 현실적인 아이디어들을 떠올릴 수 있을 것 같군요. 또 다른 의견은 없나요?

차클 음주운전이 불가능한 자동차가 나오면 어떨까요? 모든 자동차에 시동을 걸 때부터 음주를 측정하는 장치를 설치하는 거예요. 음주운전도 일종의 살인행위인데 사람들이 너무 가볍게 여기는 것 같아요.

김 그것도 좋은 아이디어네요. 실제로 주기적으로 측정할 수 있도록 만들면 효과도 있을 것 같네요.

차클 고등학교 교육에서 성인이 되기 위한 수업을 하는 건 어떨까요? 예를 들어 세금 계산법이나 정치의 기본 같은 것들이죠. 막상 우리가 사회에 진출을 하면 너무나 몰랐던 것들을 많이 접하게 돼요. 아르바이트 비용에서 세금을 얼마나 떼는지, 연말정산은 또 어떻게 하는지 같은 것들요. 이런 걸 고등학교에서 미리 배워야 할 필요가 있지 않나 싶어요.

김 좋아요. 그렇다면 지금까지 여러분이 말한 아이디어나 혁신 프로젝트들을 개발할 때 처음부터 잘 진행될 것 같으세요?

차클 그건 장담을 못하겠어요.

김 혁신을 진행하면서 실패할 수는 있어요. 그보다 더 큰 문제가 하나 있습니다. 바로 주변의 시선 또는 선입견이에요. 우리가 혁신적인 생각

차이나는 클라스

을 떠올렸다 하더라도 주변에서는 너무나 쉽게 안 될 거라고, 그게 될 거라 생각하느냐고 단정을 지어버려요. 그러면 또 우리는 그런 사람들의 말을 믿고 '안 되겠지'라면서 지레 포기해버려요.

차클 실제로 우리의 모습이 그런 것 같기도 해요.

김 재미있는 일화가 하나 있어요. 빈민가에서 과학을 가르치는 교육 프로그램을 진행하고자 했던 학생이 있었어요. 특히 여학생들을 대상으로 과학 교육을 시켜서 많은 여학생들을 엔지니어로 성장시키고 싶다는 생각을 했었죠. 그런데 이 학생이 자신의 프로젝트를 설명하면 어느 누구도 맞장구를 쳐주지 않았어요. 모두들 안 된다고, 불가능하다고, 힘들다고 할 뿐이었죠. 그런 말들을 너무 많이 들은 거예요. 두세 번 듣는 정도가 아니라 열 번, 스무 번, 서른 번까지도 들었다고 해요. 그러다 우울증까지 걸리고, 심지어 머리도 다 빠지고, 살도 엄청 빠졌어요.

차클 그 여학생은 결국 포기하고 말았나요?

김 아마 그 여학생은 자신에게 물었을 거예요. '내가 왜 이걸 하려고 하지? 이렇게 모두들 어렵다고, 다들 안 된다고 하는데 내가 왜 이것을 하려고 하지?' 만약에 여러분이 이런 경험을 하게 된다면 어떻게 할 것 같으세요?

차클 저는 다섯 명 정도에게 물어보고 안 된다고 하면 더 이상 누구에게도 말 안 할 것 같아요. 계속 듣다 보면 어느 순간 마음속에서 짜증도 나고 반항심도 생길 것 같고요. 그런데 여학생은 어떻게 되었나요?

김 이 학생의 경우 59번까지 실패를 했어요. 그러다 60번째가 되었을 때 마침내 150억 원을 투자받았어요. 지금은 전 세계를 돌아다니면서 빈민가에서 과학 교육을 하는 프로그램을 운영하고 있죠.

차클	대단하네요. 그런데 그런 프로그램으로 수익이 나는지 궁금합니다.
김	공공의 선을 위한 프로젝트를 진행할 때 투자자들은 어떤 이윤을 받으려고 투자하지 않아요. 그냥 자연스럽게 프로젝트가 스스로 굴러갈 수 있는 단계까지 가기만을 원하죠. 어느 정도 진행되다가 없어지는 게 아니라 지속적으로 운영될 수 있는 단계까지 가도록 도와주는 거예요. 그런 프로그램들이 많이 있어요. 그런데 우리나라에서는 그리 흔하지 않아요.
차클	교수님께서도 이런 프로그램에 도움을 주고 계시나요?
김	대부분의 프로젝트가 자생적으로 생겨나고, 투자를 받아서 프로그램들을 더욱 확장하거나 다른 단체와 연계되어 운영되는 형식이죠. 그런데 실리콘밸리에서 새로운 스타트업을 하고 싶어 하는 학생들이 찾아오면 저는 최소 60번은 실패할 걸 각오하라고 말해줘요. 그러면 '아, 60번까지는 실패해도 괜찮구나'라고 생각하면서 계속 실행해나가게 되죠.
차클	실리콘밸리이기 때문에 가능한 일이 아니었을까요? 우리나라 같으면 60번 실패할 때까지 기다려주지 않을 것 같아요. 한두 번 실패를 하면 거의 끝난 것처럼 생각하는 경우가 훨씬 많아요.
김	구글 같은 글로벌 기업에서는 직원들이 혁신적인 마인드를 갖게 하기 위한 방법으로 질문을 할 수 있는 환경을 만들어주고 있어요. 누구든 어떤 질문이든 자유롭게 사내에서 공유할 수 있어요. 그리고 그 질문에 대해서 서로 평가를 하죠. 예를 들어 100명이 별 다섯 개를 준 질문은 CEO나 상급 관리자에게 전달을 하는 식입니다. 그러면 그 질문을 받은 관리자들이 직접 답을 하는 시스템이 갖춰져 있어요. 똑같은 시스템을 한국의 기업에 적용하면 어떨 것 같아요?

차클	아무래도 눈치를 보게 되겠죠. 무엇보다 사내에서 이름이 공개되는 것을 두려워해요. 익숙하지 않은 문화이기도 하고요. 그런데 단순히 환경의 차이라고만 설명하기에는 조금 어려운 부분이 있지 않나요?
김	아이들에게 똑같이 질문을 하라고 하면 자기 이름이 알려지는 것에 상관하지 않아요. 그런데 어른들에게 질문을 하라고 하면 이름이 공개되는 것을 걱정하면서 질문을 꺼리곤 하죠.
차클	어떤 회사든 조직이든 먼저 이야기를 꺼낸 사람에게 떠넘기려 하는 경향도 있어요.
김	질문을 포용하지 못하는 사회의 대표적인 경우죠. 누구나 처음에는 익숙하지 않으니까 누구든지 자유롭게 질문을 꺼낼 수 있도록 시스템적인 도움이 필요할 것 같아요. 그런 것들에 익숙해지다 보면 서로 편안하게 질문을 공유할 수 있고 또 누군가에게 책임을 전가하는 것이 아니라 함께 고민을 하는 기회를 만들 수도 있을 거예요. 문화를 바꾸는 게 힘들다면 시스템을 먼저 구축해보는 것도 좋을 것 같습니다.

왜 세계 시민으로
성장해야 하는가

어렸을 때부터 아이들이 다른 인종, 다른 지역, 다른 문화, 다른 언어를 가진 사람들의 이야기를 많이 들으면서 자라게 되면 상당히 자연스럽게 받아들이게 될 거예요. 그리고 그들이 받아들이는 가치와 그들이 가진 생각이 우리와 많이 다르지 않다는 것을 가르치는 교육이 진정한 세계 시민 교육이라고 생각해요.

김　　이건 한 아이가 그린 그림인데요. 이 그림에서 뭐가 보이시나요?

차클　먼저 꽃이 보이고요. 혹시 건물 위에 있는 게 미사일 아닌가요?

김　　맞아요, 미사일. 이 그림은 팔레스타인에 사는 아이가 그린 그림이에요. 만약 이 그림을 어른들이 그렸다면 별로 마음이 아프지 않았을 거 같아요. 아이들이 그린 그림이라서 더욱 가슴이 아팠어요. 아이들이 이런 고통·고충·불안·두려움을 가지고 자라게 된다는 게 참 슬펐죠. 어른들이 왜 이런 걸 막지 못했을까 하는 생각이 들면서 더더욱 교육의 중요성에 대해서 깨닫게 되었어요.

차클　교육뿐만 아니라 모든 환경이 열악한 지역의 아이들에게 어떤 도움을 줘야 할지 모르겠어요.

김　　개발도상국을 방문하게 되면 아이들이 돈을 달라고 하는 경우가 많아

요. 그런데 과연 그 아이들에게 1달러를 줘도 되는 것인지에 대해서 생각해보도록 하죠. 어떻게 생각하세요?

차클 일시적으로 도움이 될지는 몰라도 그 사람의 자생력을 잃게 만들 수 있는 것 같아서 별로라고 생각해요.

김 그런 문제도 있겠지만, 돈을 받은 아이가 맞아 죽기도 해요. 다른 아이들이 그 돈을 빼앗아가려고 그 아이를 해치려 하기 때문이죠. 우리가 개발도상국에 가서 어떤 도움을 주려고 할 때 어쩌면 그 나라에 나쁜 효과를 불러일으킬 수도 있다는 것을 기억해야 해요. 인도 어떤 지역의 부모들이 아이들에게 교육을 시키지 말라고 했다는 이야기를 기억하나요? 아이가 공부를 해서 고향을 떠나 직장을 얻으면 농사를 지을 사람이 없어진다고 했었죠. 그런가 하면 우간다 같은 경우에는 아직도 소년병들이 있어요. 아이들을 납치해서 군인을 만드는 거예요. 이런 일들이 아직도 세계 곳곳에서 일어나고 있어요. 제가 2009년에 르완다를 방문한 적이 있는데 르완다는 제노사이드(대규모 인종 학살)가 일어난 지역이기도 해요.

차클   2차 대전 때 독일군이 유대인을 학살했던 것처럼 말인가요?

김   맞아요. 1994년 4월에 후투족과 투치족이 내전을 벌였어요. 투치족
      이 소수파였고, 후투족이 다수파였죠. 그런데 나라를 통치하는 권한
      을 투치족이 가지고 있었어요. 벨기에가 식민 통치를 끝내고 떠나버린
      뒤 그동안 억눌려 있던 후투족 사람들이 봉기하기 시작했어요. 그래서
      투치족을 죽이기 시작했죠. 투치족 가운데 벨기에 사람들과 함께 일을
      한 경우가 많았다고 해요. 그래서 후투족 입장에서는 차별을 많이 받
      았다고 생각해서 식민시대가 끝나자 복수를 하겠다는 마음이 들었던
      거죠.

차클   국제사회가 개입하진 않았나요?

김   과연 이 사태가 제노사이드냐 아니냐를 판단하는 것부터 문제가 됐다
      고 해요. 당시 미국 의회에서 이 문제를 놓고 논란이 벌어졌죠. 미국
      도 쉽게 참전을 결정할 수 없었던 이유가 있었어요. 바로 이전 해에 소

말리아에서 미국 헬리콥터 두 대가 격추를 당하고 군인들이 붙잡혀서 처형을 당한 '블랙호크 다운'이라는 사건이 있었거든요. 그러다 보니 참전을 안 하는 쪽으로 기울었어요. 올브라이트 국무장관이 "르완다의 사태는 제노사이드는 아니고, 제노사이드와 같은 일"이라고 말한 것도 한몫을 했죠. 그때 한 기자가 "그럼 제노사이드와 같은 일이 얼마나 더 생겨야 제노사이드가 되냐"고 따져 묻자 제대로 답을 못했다고 해요.

차클   결국 아무도 르완다를 도와주지 않았던 것인가요?

김   그래서 1994년 4월부터 약 90일 동안 80만 명의 사람이 죽었어요. 모든 씨를 말려야 된다면서 아이들을 벽에 던져서 죽이는 일들도 서슴지 않았죠. 제가 르완다를 방문했을 때 박물관을 간 적이 있어요. 그 당시에 죽었던 아이들의 옷을 쌓아둔 것을 보고서 울음을 참을 수 없었던 기억이 나요.

차클   다른 나라들이 도와줄 방법은 정말 없었을까요?

김   이런 일들이 있을 때 과연 우린 무엇을 하고 있었을까, 다른 나라들은 무엇을 하고 있었을까, 아이들이나 임산부들이 강간을 당하고 죽임을 당할 때 무슨 일이 있었을까를 생각하지 않을 수 없어요. 지금도 내전 때문에 도시에서 포탄이 터지고 아이들의 다리가 잘려 나가고 죽는 일들이 너무 많잖아요. 그래서 제가 과연 아이들을 위해서 무엇을 할 수 있을지 생각해봤어요. 그런데 그 아이들에게 롤모델이 없는 거예요. 위인이나 자기들이 본받을 만한 어른이 없었던 거죠. 더 중요한 것은 책이 없다는 것이에요. 아이들이 읽을 책 한 권이 없다는 것을 알게 됐죠.

차클   그런 아이들한테 동화책 같은 것도 잘 줘야 할 것 같네요. 괜히 자괴감을 느끼게 하는 내용일 경우에는 더 상처를 받을 수 있을 거 같아요.

김	그렇죠. 예를 들어서 물 한 방울도 나오지 않는 지역의 아이들에게 오븐으로 과자를 만들고 목욕탕에 가서 물을 마구 쓰면서 목욕을 하는 내용이 나오는 동화를 줄 수는 없는 일이죠. 그러면 아이들에게 어떻게 도움을 줘야 할지를 고민하던 중에 《아라비안나이트》라는 스토리가 떠올랐어요. 《천일야화》라고도 하죠. 어떤 왕이 매일 결혼을 하고 하룻밤이 지나면 여자를 죽이는데, 한 여자가 나타나서 왕과 결혼을 했고, 왕에게 밤마다 이야기를 들려준 덕분에 살았다는 내용이죠. 그런 콘셉트라면 괜찮겠다 생각해서 '천일 스토리'라는 프로젝트를 만들었어요.
차클	아이들에게 이야기가 어떤 도움을 줄 수 있을지 잘 모르겠어요.
김	예를 들어서 아프리카에서 살고 있는 아이에게 인생에서 가장 보람을 느꼈던 순간을 물어보는 거예요. 아이가 이야기를 하면 우리가 그것을 모아서 책으로 만들고요. 그렇게 만든 책을 아이에게 선물로 주는 거예요. 그러면 아이는 자신의 이야기가 담긴 책을 보면서 신기해하고 좋아하겠죠. 이 아이들은 자기 책을 가져본 적도 없고 심지어 책에 실린 자기의 사진도 가져본 적이 없을 테니까요.
차클	태어나서 처음으로 자신의 이야기가 담긴 책으로 만난다면 정말 설레고 신기한 일이겠네요. 그런데 아이들 얘기가 즐겁지만은 않을 것 같아요.
김	콜롬비아의 어떤 아이는 너무나 슬픈 이야기를 들려주기도 했어요. 어느 날 밤에 도둑이 염소들을 훔쳐갔던 거예요. 염소는 우유도 주고 고기도 주는 식량 자원인데 말이죠. 그런 소중한 재산을 도둑들이 훔쳐간 겁니다. 그래서 우린 앞으로 어떻게 살아야 되냐면서 이야기를 하는 아이들도 있었어요. 그런 이야기들을 모아서 애니메이션도 만들고

책으로도 만드는 거죠.

차클   이 지역에 사는 친구들은 책을 보면서 너무 많이 공감할 것 같아요.

김   '천일 스토리 프로젝트'의 책을 출간하면 해당 지역의 아이들은 물론이고, 다른 나라의 아이들에게도 전달을 해주었어요. 아프리카의 책을 콜롬비아에 갖다 주고, 콜롬비아의 책을 인도에 갖다 주고, 인도의 책을 또 태국이나 다른 나라에 제공하는 거죠.

차클   아이들의 자존감이 굉장히 높아질 것 같네요. 실제로 그런 느낌을 받으셨나요?

김   엄청나죠. 이런 프로젝트를 소개하면 아이들이 먼저 나서서 자기들도 그런 책을 만들어보고 싶다고 해요. 그리고 어떻게 하면 되냐고 질문을 하죠. 근데 차마 책으로 엮을 수 없는 이야기들도 많아요. 아까 얘기했던 팔레스타인의 가자지구 아이들의 스토리는 정말 너무 슬프고 처참해요. 오빠가 바다에 물고기를 잡으러 가서 죽었다는 이야기, 엄마가 마을 주민들한테 맞아서 죽었다는 이야기, 아빠가 폭탄에 맞아서 팔이 잘리는 이야기들까지. 그런데 그런 폭탄이 그냥 터져버리는 것들이 있는가 하면, 몸 속까지 타들어가는 것들도 있거든요. 그런 이야기들을 들으면 정말 가슴이 아프죠.

차클   내 자식 교육에도 힘이 드는데, 우리나라 아이도 아닌 저 먼 나라 아이들까지 관심을 가져야 하느냐는 사람들도 있지 않나요? 그런 반응들에 대해서는 어떻게 생각을 하세요?

김   우리 세계는 이미 지구촌이라고 생각을 해요. 저도 항상 제 자신을 세계 시민이라고 생각을 해요. 그렇기 때문에 제가 전 세계를 돌아다니면서 교육 프로젝트를 진행하고 있는 것이죠. 세상의 모든 아이·부모에게 우리 모두가 큰 지구촌의 한 일부라는 인식을 심어주고 싶어요.

차클	그래도 냉소적인 반응을 보이는 사람들에겐 어떻게 설명을 해줘야 할까요?
김	쉽게 생각해보죠. 여러분들이 입고 있는 옷 있잖아요. 이것은 누가 만들었을 것 같으세요? 누구의 재봉틀에서 만들어졌는지 생각해본 적 있나요? 이런 것들이 그냥 뚝딱 하고 나오는 게 아니에요. 어쩌면 어느 개발도상국의 아이들이 노동력을 착취당해서 나오는 옷일지도 몰라요. 또 그런 커피를 우리가 매일 마시고 있는지도 몰라요. 그런 걸 전혀 생각하지 않고 있다면, 정말 지구촌이라는 게 유지가 될까요? 또한 공부를 잘하는 아이들이 소외계층의 고통이나 고충에 공감하지 않고 혁신하려고 하지 않으면 더 위험한 결과가 일어날 수 있어요. 르완다에서 대학살을 일으킨 사람들도 교육을 받은 사람들이었어요. 하지만 사랑이나 인간 존중에 대한 마음이 없었으니까 그런 엄청난 일들이 일어난 거잖아요. 역사를 살펴보면, 오히려 똑똑한 사람들이 그런 문제를 일으키는 경우들이 너무나 많아요.
차클	그런 얘기를 들은 부모들의 반응은 어떠했나요?
김	제가 미국의 부모들한테 물어본 적이 있어요. 신데렐라나 백설 공주 스토리보다 아이들의 이야기가 더 현실적이고, 다른 나라에서 어떤 상황이 펼쳐지고 있는지 공부할 수 있는 좋은 기회가 될 거라 했죠. 그 말을 들은 부모들의 대답은 의외였어요. 그들은 자기들의 아이가 행복하고 즐겁고 밝은 것만 보고 컸으면 좋겠다고요.
차클	미국 대통령도 자국의 이익 때문인지 몰라도 파리 기후협약을 탈퇴하겠다고 하는 것을 보면서 굉장히 충격적이었어요. 그런 것에 대해서 미국인들은 어떻게 생각하고 있어요?
김	현재 미국 대통령이 말하는 것들과 그에 대한 생각을 학교에서 어떻게

가르쳐야 될지 교육 현장에선 고민이 많아요. 전에는 대통령의 업적을 자랑스럽게 이야기하기도 했을 텐데 말이죠.

차클 아이들과 함께 질문을 만들어보고 답을 찾아보면 되지 않나요? 대통령이 하는 말이 다 옳은 것인지에 대해서요?

김 그렇죠. 사회적인 질문을 해야 또 변화가 일어나겠죠. 그래서 요즘 세계 시민 교육이란 키워드들이 많이 대두되고 있어요. 공교육에서도 좀 더 평화로운 세상을 같이 만들 수 있는 학습 방법을 연구해야 된다는 관심들이 많이 늘어나고 있어요. 하지만 아직까지 구체적 움직임은 없는 것 같아서 아쉽습니다.

차클 교수님의 이야기를 들으면서 자국 중심주의나 자국의 이익만을 생각하는 문화를 바꿔야 한다는 생각이 드네요. 세계 시민들을 길러 낼 수 있는 교육 프로그램은 무엇을 기본으로 생각해야 할까요?

김 앨빈 토플러가 21세기의 문맹이라는 말을 했어요. 21세기의 문맹은 단순히 글을 읽고 쓸 줄 모르는 사람이 아니라는 거예요. 배운 것을 잊고 새로운 것을 배울 수 없는 사람을 말해요. 다시 말해 자신이 가진 것을 버릴 수 있고 리부트할 수 있는 능력을 가지고 있어야 21세기 시민이라는 것입니다. 자신이 배우고 경험한 것만이 전부라는 고집을 가지고 선입견에 가득 찬 채 자라게 되면 사회에 나가서 정말 많은 문제들을 일으킬 수밖에 없어요.

차클 한국에서도 '천일 스토리'를 시도하신 적이 있나요?

김 그렇죠. 제가 한국에서 하고 싶은 것이 있어요. 바로 탈북자, 다문화 가정의 스토리를 '천일 스토리'에 더하는 것이에요. 그런데 잘 안 되더라고요. 왜 안 될까요? 우선 한국에서는 관심이 없었어요. 그 사람들을 위해서 스토리를 만드는 프로젝트에 참여하는 것 자체를 꺼리더라고

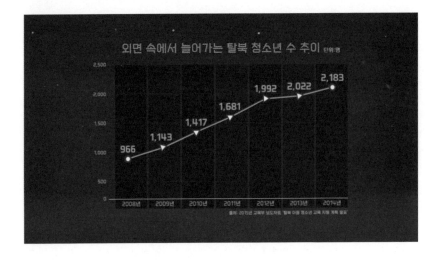

외면 속에서 늘어가는 탈북 청소년 수 추이 단위:명

출처: 2015년 교육부 보도자료 '탈북 아동 청소년 교육 지원 계획 발표'

요. 정치적으로 좋지 않다는 피드백도 많이 받았어요.

차클 아, 정치색을 덧씌워서 바라보는 사람들이 많았겠군요?

김 어느 한쪽으로 치우칠 수 있다는 이야기를 너무 많이 들었어요. 이쪽으로 안 좋고, 반대쪽으로도 안 좋다는 식으로요. 그런데 이런 문제들이 대한민국에서 너무 많이 벌어지고 있다고 봐요. 지금 다문화 가정도 상당히 많이 늘어나고 있잖아요. 피부색이 다른 사람들이 점점 더 많이 우리나라를 찾아오고, 또 가정을 이루어서 살아가는 가족들이 늘어나는데, 과연 우리가 그 다문화 가정들을 잘 포용하고 있는지 질문을 해봐야 될 거 같아요.

차클 다문화 가정의 현실을 단편적으로 설명해주는 예가 있어요. 한국인과 결혼한 백인 배우자나 그런 부부 사이에서 태어난 아기는 예능에 나오지만, 유색 인종과 결혼한 가족은 배제되는 듯해요. 미디어의 잘못인 것 같아요.

김	선입견이나 편견을 갖고 자라서 그런 거예요. 왜 그런 편견을 가진 어른으로 자랐을까를 생각해보면 역시 교육의 문제라고 볼 수 있죠. 교육에서 그런 편견이 잘못된 것임을 가르치지 않았기 때문이에요. 저도 미국에서 정말 오래 살았잖아요. 그럼 제가 인종차별을 받았을까요?
차클	당연히 받았을 거 같아요.
김	저는 좀 특이한 경험을 한 거 같아요. 제가 시골 지역이나 큰 백화점 같은 곳을 가면 실제로 아이들이 저를 많이 쳐다봤어요. 그리고 저를 가리키면서 부모들에게 물어보기도 하더라고요. 그런데 저의 장점은 얼굴이 참 두껍다는 점이에요. 그래서 저는 그 아이를 똑같이 빤히 쳐다봐줬어요(웃음). 그래서 저는 제가 차별을 받는다거나 신기하게 보이고 있다는 것을 별로 느끼지 못했던 것 같아요.
차클	그때부터 외계인 선생님이 되신 거 아닌가요(웃음)?
김	그런 거 같아요. 자기가 어떻게 생각하느냐도 굉장히 중요해요. 우리나라를 보면 다문화 가정이 정말로 많이 증가하고 있죠. 이런 다문화 가정에서 태어난 아이들이 학교에서 혹시 왕따를 당한다거나 불이익을 당한다거나 놀림감이 되는 것은 아닌지 많이 걱정됩니다. 또 그런 행위들이 만약 정상인 것처럼 보여지고 아무도 그런 행위에 대해 질문을 하지 않는다면, 나중에 아이들이 어떻게 자라겠어요. 그런 사회야말로 정말 무서운 사회가 되는 것이죠. 극도의 이기주의가 팽배하고 단일민족만을 찾는 국수적인 생각을 하게 될 겁니다. 어렸을 때부터 아이들이 다른 인종, 다른 지역, 다른 문화, 다른 언어를 가진 사람들의 이야기를 많이 들으면서 자라게 되면 그런 것들을 상당히 자연스럽게 받아들이게 될 거예요. 그리고 그들이 받아들이는 가치와 그들이 가진 생각이 우리와 많이 다르지 않다는 것을 가르치는 교육이 진정한

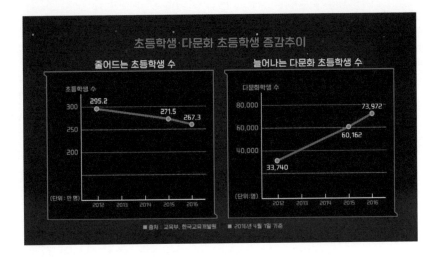

초등학생·다문화 초등학생 증감추이

줄어드는 초등학생 수

초등학생 수

300 ····· 295.2
271.5
250 ····· 267.3

200

(단위: 만 명)
2012 2013 2014 2015 2016

늘어나는 다문화 초등학생 수

다문화학생 수

80,000 ····· 73,972

60,000 ····· 60,162

40,000

33,740

(단위: 명)
2012 2013 2014 2015 2016

■ 출처 : 교육부, 한국교육개발원   ■ 2016년 4월 1일 기준

세계 시민 교육이라고 생각해요.

차클   세계 시민 교육은 결국 내 아이를 위한 교육인 거네요.

김   그렇죠. 내 아이가 잘 성장하고 나중에 좋은 일을 할 수 있도록 도와주
는 일이 바로 세상을 건강하게 교육시켜주는 것이나 마찬가지예요. 다
른 아이들이 처한 현실을 읽어볼 수 있도록 도와주는 교육들이 정말
세계 시민 교육이라고 생각하고 우리 교육에 정말 필요한 부분이라고
생각해요. 페이스북 창업자 마크 저커버그가 이런 말을 했어요. "우리
는 어릴 때부터 이미 서로 연결되어 있습니다. 전 세계 밀레니얼 세대
를 대상으로 한 정체성 조사에 의하면 무엇이 우리의 정체성을 가장
잘 정의하느냐는 질문에 가장 많이 나온 답변은 국적도, 종교도, 인종
도 아닌 세계 시민이라는 답변이었습니다." 바로 이런 생각을 해야 할
때가 지금이라고 생각해요.

제가 마지막으로 강의를 마치면서 비석을 하나 소개하려고 해요. 여러

분 생일은 다 알고 계시죠? 그러면 혹시 여러분의 사망일을 알고 있나요? 사망일은 아무도 모르죠. 비석을 보면 출생일과 사망일 사이를 이어주는 작은 선 하나가 있어요. 그게 바로 인생이에요. 결국 인생은 그 작은 선 하나 같은 거예요. 정말 짧은 그 인생을 뭘로 채우게 될까요? 나를 변화시키고 또 무엇을 공부하고 또 어떻게 사회를 변화시키고 더 나은 국가, 더 나은 지구촌을 만들까에 대한 질문들을 많이 하면서 채울 수 있어야 된다고 저는 생각해요. 그 짧은 인생을 좋은 질문들로 가득 채우는 삶을 살기를 바라면서 강의를 마치겠습니다.

여섯 번째
대멸종은
진행 중

이정모

서울시립과학관 관장이자 과학계의 거간꾼.
어려운 과학 지식을 대중들에게 쉽게 전달하는 과학 통역자.
불혹에 가까운 나이에 공룡과 사랑에 빠진 후 책·방송·강연을 통해
과학 대중화에 앞장서고 있는 과학계의 셀럽.

왜 자연의 역사를 배워야 하는가

과거에 지구에서 살았던 생명들이 왜 멸종했을까. 왜 3억 년 동안이나 바닷속을 지배했었던 삼엽충이 멸종했고, 1억 6000만 년 넘게 육상을 지배했던 공룡이 멸종했을까. 이런 것들을 탐구하고 반면교사로 삼아서 인류가 어떻게 더 지구에서 삶을 지속할 수 있을지를 고민하기 위해 자연사를 배우는 거죠.

차클　공룡이라면 대개 아이들이 좋아하는데, 선생님께서는 어떻게 뒤늦게 공룡에 빠지게 되셨나요?

이　독일로 유학을 갔을 때, 자연사박물관에 가게 되었습니다. 거기서 너무나 커다란 동물을 보게 된 거예요. 일단 크다는 게 커다란 매력이었어요. 거기에다 좀 괴상하게 생겼어요. 바로 공룡이었죠. 그런데 요즘에는 볼 수 없는 동물이래요. 그때부터였죠. 남들은 다섯 살부터 좋아하는 공룡을, 저는 서른다섯 살부터 좋아하게 된 거죠. 그만큼 공룡 사랑이 더 오래갈 것 같아요.

차클　서울에도 공룡 화석을 전시한 박물관이 있나요?

이　서대문자연사박물관이 있지요. 아시아에서 가장 좋은 자연사박물관이라고 생각합니다. 특히 아크로칸토사우루스란 공룡을 소장하고 있는 박물관은 미국과 한국밖에 없습니다. 그런데 이 공룡이 유명해진 이유는 바로 발자국 화석 때문이에요.

차클 발자국 화석이 더 특별한 이유가 있나요?

이 공룡들도 구애의 춤을 췄다는 것을 알려주는 화석이거든요. 구애의 춤을 춘 주인공이 바로 서대문자연사박물관에 있는 아크로칸토사우루스입니다.

차클 강연 주제를 '500년 후 인류 멸종'으로 잡으셨는데, 500년 후 인류가 사라진다니 어떤 근거에서 나온 수치인가요?

이 과학자들은 짧게는 500년, 길게는 만 년이라고 하죠. 그런데 만 년은 터무니없이 길고, 제 생각에는 500년 쪽에 상당히 가깝다고 생각합니다.

차클 멸종의 시한이 500년이 아니라 50년도 될 수 있고, 반대로 우리가 노력하면 천 년으로 늘어날 수도 있는 것인가요?

이 그렇죠. 우리가 어떻게 이 문제를 극복할지를 생각하기 위해서 오늘의 주제를 정한 것입니다. 우리가 자연사를 배워야 하는 이유기도 하죠. 과거에 지구에서 살았던 생명들이 왜 멸종했을까. 왜 3억 년 동안이나 바닷속을 지배했던 삼엽충이 멸종했고, 1억 6000만 년 넘게 육상을 지배했던 공룡이 멸종했을까. 이런 것들을 탐구하고 반면교사로 삼아서 인류가 어떻게 더 지구에서 삶을 지속할 수 있을지를 고민하기 위해 자연사를 배우는 거죠.

차클 지구에서 생명체가 처음 탄생한 건 언제인가요?

이 지구의 나이가 46억 년이에요. 첫 번째 생명이 생긴 건 지구가 탄생하고 8억 년이 지나서였어요. 첫 생명이 38억 년 전에 만들어졌다는 얘기예요. 그만큼 생명이 생기는 것이 어렵다는 말이죠.

차클	최초의 생명체는 어떻게 만들어졌나요?

차클   최초의 생명체는 어떻게 만들어졌나요?

이   제일 처음 생명이 발생한 곳은 중앙 해령에 있는 열수 분출공일 거라고 생각하고 있습니다. 바다 한가운데를 보면 마그마가 올라와서 양쪽으로 퍼져나가는 부분이 있습니다. 그렇게 바다가 넓어지는 것이고, 새로운 대륙이 만들어지는 겁니다. 그런데 마그마가 올라오는 곳이니까 굉장히 뜨겁겠죠. 바닷속 깊은 곳이니 압류도 굉장히 높습니다. 온도가 200도 가까이 오르는 곳이라 태양에너지를 받지는 못해도 그 안에서 충분한 열에너지로 다양한 반응들이 일어날 수 있어요. 지금도 중앙 해령에 있는 열수 분출공 근처에는 무수히 많은 생명체가 살고 있어요. 식물처럼 생긴 동물들도 있고, 새우 같은 것들도 살고 있습니다.

차클   열수 분출공을 일종의 해저 온천이라고 이해하면 되는 건가요?

이   네. 하지만 온천은 안락한 이미지인데, 여기는 굉장히 무서운 곳이죠. 어쨌든 거기에서 여러 가지 생명을 이루는 분자들이 만들어졌어요. 그러다가 우연히 기름 주머니 안에 들어갔을 겁니다. 기름 주머니 안에 들어 있는 RNA, 즉 첫 번째 핵산이 첫 번째 생명체였습니다.

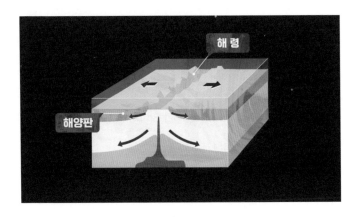

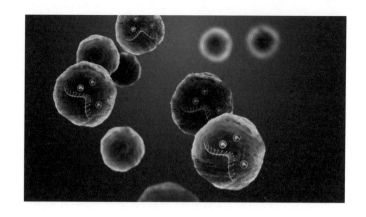

차클   그렇게 작은 핵산에서 모든 생명체가 탄생되었다니 신기하기만 합니
다. 그 이후에는 어떤 과정을 거치게 되었나요?

이   최초의 생명체가 출현한 이후 38억 년의 역사를 1년으로 치환해서 생
각해보면 이해하기 쉬울 것 같아요. 처음에 모든 생명은 바다에서 시
작됐습니다. 1월에는 첫 번째 생명이 태어났어요. 최초의 지구에는 대
기 중에 산소가 하나도 없었기 때문에 하늘이 빨갰어요. 바다도 온통
붉은색이어서 한 치 앞도 내다볼 수 없었어요. 온갖 부유물이 떠돌아
다녔고요. 근데 5월쯤 되니까 시아노박테리아라는 남세균이 엄청나
게 많아졌습니다. 2월부터 시아노박테리아가 존재했지만, 5월쯤 급격
하게 늘어나면서 광합성을 하기 시작한 겁니다. 광합성을 하면 산소가
발생하죠. 산소는 바닷속에 떨어진 온갖 금속 물질들과 결합해서 가라
앉아요. 그리고 산소가 많아지면서 바다가 조금씩 투명해지고 하늘도
조금씩 파래지기 시작했습니다.

차클   산소가 우리 환경에 얼마나 중요한지 알려주는 얘기인 것 같네요. 그
런데 바닷속 생명체가 산소를 만들어냈다고요?

이   그렇죠. 지금도 마찬가지예요. 산소의 3분의 2는 바다에서 발생합니다. 바다에 있는 박테리아, 식물성 플랑크톤, 여러 가지 식물들이 만들어낸 거죠. 바다는 어마어마하게 크잖아요. 그래서 바다는 우리에게 정말 중요한 요소입니다.

차클   생명체의 탄생 과정을 계속 설명해주시죠.

이   6월과 7월을 넘어가는 사이에 산소를 사용하는 박테리아가 산소를 사용하지 못하는 박테리아에게 잡아먹혔어요. 그런데 소화가 되지 않고 그 안에서 같이 살게 되었습니다. 첫 번째 공생이 이루어진 것입니다. 그러다가 8월 말이 되어 지구의 생명들은 위기를 맞이합니다. 대기 중의 산소 농도가 높아졌기 때문이죠. 마침내 하늘이 파래졌고 바다가 투명해졌습니다. 그런데 사실 파란 하늘과 투명한 바다는 생명이 살기에 좋은 환경은 아닙니다.

차클   하늘이 파랗고 바다가 푸르면 좋은 것 아닌가요?

이   산소가 많아지면 독이 되기도 하기 때문입니다. 생각해보세요. 쇠에 산소가 붙어서 결합하면 어떻게 되나요? 녹슬어 부서지잖아요.

차클   활성산소가 많으면 빨리 늙는다는 것과 비슷한 건가요?

이   그렇죠. 활성산소 때문에 피부도 나빠지고, 암에도 걸린다고 하잖아요. 산소가 유전자와 결합하면 유전자도 망가집니다. 이렇게 생명이 위기에 빠지자 생명체들은 기가 막힌 장치를 발명해요. 바로 유성생식입니다. 드디어 암컷과 수컷이 생겨난 겁니다.

차클   유성생식이 그렇게 대단한 발명인가요?

이   이전까지는 혼자서 자기를 복제했죠. 그러면 망가진 유전자가 후손들에게 전달되잖아요. 그런데 암컷과 수컷이 존재하면 암컷의 유전자가 망가졌다고 해도 수컷의 유전자를 통해서 후손이 단백질을 만들어낼 수 있습니다. 유성생식이 중요한 또 다른 이유는 돌연변이 때문입니다. 자기를 복제할 때는 실수가 별로 일어나지 않아요. 친구의 노트를 베낄 때도 하나만 베낄 땐 괜찮지만 여러 친구의 노트를 빌려서 종합적으로 베끼려다 보면 실수를 많이 하죠. 생식도 마찬가지예요. 암컷과 수컷의 유전자가 섞이면서 오류가 많이 생깁니다.

차클   돌연변이는 나쁜 것 아닌가요?

이   일반적으로 돌연변이는 안 좋은 것이죠. 그런데 환경이 급격히 변할 때는 돌연변이가 새로운 기회가 될 수 있습니다. 그게 바로 9월에 벌어진 일입니다. 10월에는 다세포 생명이 생겨났습니다. 드디어 여러 개의 세포가 모인 거죠.

차클   너무 오래 걸렸네요.

이   무려 30억 년 이상 걸렸죠. 그러다 11월이 되면 또 한 번의 위기가 닥쳐요. 대기 중 산소의 농도가 15퍼센트로 높아진 거예요. 참고로 지금 대기의 산소 농도는 21퍼센트예요. 당시의 산소량을 지금과 비교하면 에베레스트산 꼭대기보다 낮은 수준이었습니다. 지금의 우리가 가면

차이나는
클라스

숨도 쉬지 못하는 수준이죠. 하지만 대기의 산소 농도가 0퍼센트였던 시절의 생명들에게 대기 중 산소 15퍼센트는 산소가 가혹하게 많은 환경이었죠.

차클 그럼 당시의 생명체들이 돌연변이를 일으켰나요?

이 이때 생명은 또 다시 기가 막힌 장치를 발명합니다. 바로 단단한 껍데기예요. 단단한 껍데기를 만들어서 산소의 투과를 막았어요. 꼭 필요한 곳으로만 산소를 전달할 수 있게 되었죠. 또 단단한 껍데기 덕분에 센티미터 단위의 생명체가 처음으로 생겨났습니다. 말랑말랑한 상태로는 커질 수가 없었거든요. 그래서 화석으로도 존재하지 않아요. 말랑말랑하니까 화석이 잘 만들어지지 않고 화석이 됐다 하더라도 밀리미터 단위니까 발견될 수가 없는 것이죠.

차클 그때까지도 육지의 생명체는 없는 상태인 건가요?

이 한참 더 기다려야 해요. 11월 중순까지 바다에만 생명체가 있었어요. 지구의 역사를 고생대, 중생대, 신생대로 나누잖아요. 고생대가 11월 4일에 시작됩니다. 지금으로부터 5억 4100만 년 전입니다. 이때 지

지구의 역사

고생대	생명의 흔적, 화석이 나오기 시작	11월 4일 (5억 4,100만 년 전)
중생대	포유류 등장 파충류 변성	12월 10일 (2억 4,500만 년 전)
신생대	포유류와 인간의 시대	12월 25일 (6,600만 년 전)

구에 어마어마한 일이 벌어져요. 바로 생명체들에게 눈이 생긴 겁니다. 무언가를 볼 수 있는 눈이 생겨났어요.

차클 눈이 있는 걸 당연하게 생각했는데 엄청난 일이었군요?

이 이전까지 바다의 생명체들은 눈이 없었어요. 입을 벌리고 바다에 떠다니다가 무엇인가 제 입으로 들어오면 맛있게 먹고, 재수 없게 누군가의 입에 자기가 들어가면 죽는 거였어요(웃음). 당연히 헤엄도 치지 않았겠죠. 눈이 없는데 어디로 갈 줄 알고 헤엄을 치겠어요. 그냥 떠다니는 거죠. 눈이 생긴 후부터, 생명체들이 누구를 쫓아야 할지, 누구로부터 도망을 다녀야 할지를 알게 되었죠. 그다음부터 움직이기 위해 헤엄치는 기술이 필요해져서 지느러미 같은 여러 부속지들이 생기고 모양과 색깔도 다양해졌죠. 그렇게 다양한 것들이 생기다가 11월 21일쯤에는 상어가 등장하고, 25일쯤에 드디어 나무가 등장합니다. 이 말은 곧, 육상에 생명이 살 수 있는 조건이 만들어졌다는 겁니다.

차클 이렇게 늦게 육지로 생명체가 올라왔단 말인가요?

이 네. 12월이 되자 육상으로 동물들이 올라가기 시작했죠. 그런데 하

루가 천만 년쯤 되는데 이때부터 너무나 많은 일들이 생겨나요. 12월 10일부터 고생대가 끝나고 중생대가 시작됐어요. 12월 25일부터는 신생대가 시작됩니다. 드디어 포유류의 시대가 돼요. 포유류가 이때 갑자기 등장한 것은 아니에요. 포유류도 공룡과 거의 같은 시대에 있었습니다. 다만, 공룡들과 같이 생활을 하면 잡아먹히기 때문에 포유류가 선택한 방법은 몸집을 주먹만 한 크기로 유지하면서 야행성으로 사는 거였어요. 주로 밤중에 깨어나서 잠자고 있는 공룡 발 좀 갉아먹고 알 좀 훔쳐 먹고 했죠. 그런데, 커다란 공룡이 사라지고 나니까 이제 자기네들의 세상이 된 거죠. 무주공산을 차지하게 되었죠.

차클   자연사의 흐름에서 인간은 정말 늦게 등장하네요. 언제쯤 인간이 나타나기 시작하나요?

이   설치류처럼 작은 포유류들이 점점 더 커지다가 매머드도 등장하고, 마침내 12월 31일에 인류가 등장합니다. 그동안 지구의 모습은 끊임없이 변화해 왔습니다. 그리고 지구의 환경이 바뀔 때마다 생물들도 달라졌어요. 환경이 바뀌면 살고 있는 생명도 달라져요. 달라진 환경에서 잘 살아남은 생명들이 자연에 의해서 선택된 거죠.

대멸종이란 무엇인가

95퍼센트가 멸종했단 의미는 100마리 가운데 5마리가 살아남았단 뜻이 아니에요. 100종 가운데 95종은 한 마리도 남지 않고 모조리 죽고 나머지 5종이 남은 거예요. 그 5종의 생명도 거의 다 죽었지만 멸종만 피한 거예요. 그러니까 약 10만 마리 가운데 5마리 정도 살아남았다고 보면 됩니다.

차클   선생님, 자연사의 흐름을 살펴봤으니 이제 대멸종이라는 게 구체적으로 어떤 의미인지 알려주세요.

이   일상적으로 어느 한 종이 사라지는 의미의 멸종 말고 그보다 커다란 멸종은 지구에서 열한 번 정도 있었습니다. 그중 다섯 번 정도를 대멸종이라고 해요. 전 지구적으로 지나치게 길지 않은 시간 동안 엄청나게 많은 생명체들이 골고루 사라지는 것을 대멸종이라고 합니다.

차클   그럼 최초의 대멸종은 언제였나요?

이   고생대의 오르도비스기였어요. 연체동물의 시대였죠. 이때 생명체의 85퍼센트가 멸종해요. 당시 대륙이 모여들고 기후가 바뀌면서 지구가 얼음덩어리로 변했어요. 육상에 빙하가 많이 생겨났죠. 육상에 빙하가 많이 생기니까 바닷물의 높이는 낮아졌겠죠. 당시 대부분의 생명들은 얕은 바다에 살고 있었거든요. 그런데 바다에 살고 있던 생명들의 터전이 사라진 겁니다. 이때 최고의 포식자는 코노돈트였어요. 최초로 원시 이빨을 가진 생명체였는데 이 코노돈트도 모두 사라지고 말았습니다.

차클　운석에 부딪혀서 공룡들이 멸종한 시기는 언제쯤인가요?

이　　이제 곧 시작돼요. 오르도비스기 다음으로 절지동물의 시대인 실루리아기가 열렸습니다. 다음으로 데본기가 시작돼요. 이때 어류가 등장하고 이 어류가 양서류가 되면서 육상으로 올라온 것입니다. 이때 어마어마한 운석이 지구와 쾅 부딪쳐서 지구에 급격한 변화가 시작돼요. 산소 농도가 떨어지고 생명체들이 70퍼센트 정도 멸종하게 됩니다. 그러고 나서 석탄기와 페름기가 지나갔어요. 석탄기는 식물이 생기기 시작한 때였는데요. 페름기가 지나고서 자그마치 95퍼센트의 생명이 멸종합니다.

차클　5퍼센트의 생명이라도 남아서 다행 아닌가요?

지구의 역사

대	기	년도	멸종
고생대	캄브리아기	5억 4,100만 년 전	
	오르도비스기		85% 멸종
	실루리아기		
	데본기		70% 멸종
	석탄기		
	페름기		95% 멸종
중생대	트라이아스기	2억 4,500만 년 전	4차대멸종
	쥐라기		
	백악기		5차대멸종
신생대	제3기	6,600만 년 전	
	제4기		

이   95퍼센트가 멸종했단 의미는 100마리 가운데 5마리가 살아남았단 뜻이 아니에요. 100종 가운데 95종은 한 마리도 남지 않고 모조리 죽고 나머지 5종이 남은 거예요. 그 5종의 생명도 거의 다 죽었지만 멸종만 피한 거예요. 그러니까 약 10만 마리 가운데 5마리 정도 살아남았다고 보면 됩니다. 그 생명들이 다른 틈새를 차지하는 거죠. 다른 생명으로 진화하면서 전혀 다른 생명의 시대, 중생대가 열리게 됩니다.

차클   정말 변화무쌍했네요.

이   3차 대멸종이 지나가고 지구는 사막이 되어버렸습니다. 대륙이 하나로 합쳐지면서 해안선이 줄어들었어요. 해안선은 원래 덥지도 않고 춥지도 않고 먹을 게 많은 곳이었거든요. 한때 해안선이었던 곳들이 붙으면서 내륙의 한가운데로 바뀌었죠. 그러면서 사막이 된 겁니다. 그런데 설상가상으로 시베리아에서 어마어마한 화산이 터졌어요. 100만 년 동안 화산이 터지면서 한라산에 있는 것 같은 현무암들이 시베리아를 덮었어요. 시베리아에 가면 두께가 400미터에 길이가 3킬로

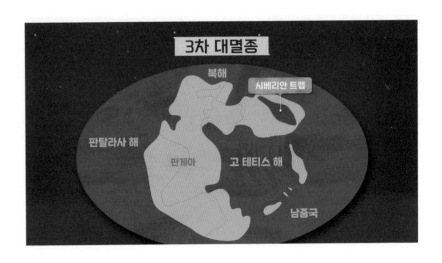

차이나는
클라스

미터에 이르는 현무암들이 유럽 크기만큼 널려 있어요. 중간에 화산 폭발이 2만 년 동안 쉬기도 해요. 그런 과정에서 생명체가 95퍼센트까지 멸종하게 된 것입니다.

차클   엄청난 화산이 터지고, 화산재가 대기층을 덮고, 햇빛이 들어오지 않아서 대멸종이 또 일어난 것인가요?

이   그것도 중요한 이유 중 하나죠. 화산이 터지면 처음에 여러 가지 가스가 나와요. 그중 이산화황은 지구를 냉각시킵니다. 대기를 냉각시키니까 바닥에 빙하가 생기고, 해수면이 내려가요. 이산화황뿐만 아니라 염소·불소도 나와요. 이들의 성분은 산성이라 산성비를 내리게 만들죠. 그러면 식물도 죽고 바다도 산성화됩니다. 이산화탄소도 나와요. 바로 온실가스죠. 그러면 지구가 더워져요. 바다에 살던 생명체들은 죽어서 바다에 가라앉습니다. 그리고 썩으면서 메탄을 만들어요. 메탄은 하이드레이트란 형태로 물속에 갇혀 있는데 지구 온도가 더워지니까 극지방에 있던 메탄하이드레이트가 쭉 올라와서 메탄이 대기 속으

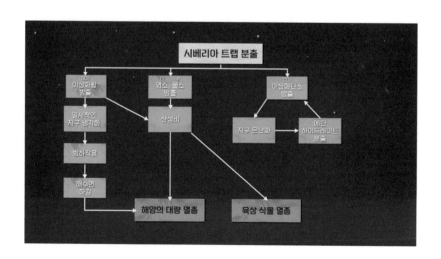

로 나오는 거예요. 그런데 문제는 메탄이 이산화탄소보다 200배나 강력한 온실가스거든요. 이렇게 계속 악순환이 되다 보니까 식물이 죽고, 식물이 죽으니까 초식동물이 죽고, 초식동물이 죽으니까 육식동물이 죽어요. 게다가 식물이 없으니까 비가 오면 육지의 물이 바다로 흘러가죠. 그러면 바다에 있던 생명들이 다 뒤집어지고 난리가 나겠죠.

차클 　이산화황과 이산화탄소라면 지금 지구상의 도시들에서 배출되는 가스와 같은 것인가요?

이 　네, 맞아요. 그런데 세 번째 대멸종의 시기에는 100만 년 정도에 걸쳐 나왔는데 지금 우리는 상당히 짧은 시간 안에 내보낸다는 게 차이점이죠. 중생대가 시작된 뒤 또 한 번의 대멸종이 일어납니다. 그러면서 지구의 산소 농도가 뚝 떨어졌고 이후에 공룡들이 등장합니다.

차클 　산소 농도가 떨어졌는데, 공룡들은 어떻게 살 수 있었나요?

이 　공룡이 왜 멸종했는지는 다 알고 계시죠? 그런데 왜 공룡이 등장했는지는 잘 모르는 것 같아요. 공룡들은 산소 농도가 낮은 곳에서 잘 살 수 있는 동물들이에요. 새의 신체 내부를 보면 기낭이라는 공기주머니가 많이 있어요. 그래서 새들은 숨을 내쉴 때도 산소를 세포에 공급할 수 있어요. 조그만 새들이 에베레스트도 넘어갈 수 있는 것도 기낭이 있기 때문이에요. 공룡들도 마찬가지였어요. 뼈에 기낭들이 있었던 거죠. 그러니까 산소 농도가 낮아도 잘 살 수 있었던 것이죠.

차클 　그렇군요. 그럼 언제 운석이 지구와 부딪쳐서 공룡이 멸망한 건가요?

이 　6600만 년 전에 지름 10킬로미터짜리 거대한 운석이 지구와 쾅 부딪치면서 난리가 납니다. 운석이 떨어지자 처음에 열폭풍이 일었습니다. 근처에 있던 공룡들은 뜨거운 열기로 인해 죽었어요. 다음으로 쓰나미가 일고, 그 충격에 의해서 지진이 나죠. 지진 때문에 화산도 터집니

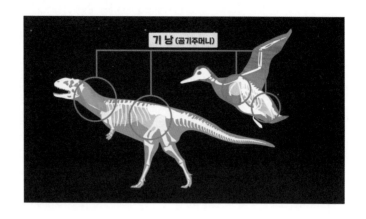

다. 아까 설명했듯이 화산이 터지면 온갖 가스들이 나옵니다. 화산재도 지구를 뒤덮죠. 또다시 지구가 추워지고 빛도 차단되니까 식물들이 광합성을 못 해요. 광합성을 못 하면 식물이 죽고 초식동물이 죽고 육식동물이 죽는 거예요. 이때 육상에서 고양이보다 커다란 모든 동물들이 사라졌습니다. 공룡들 가운데서도 고양이보다 작은 것만 살아남은 거죠. 당시 포유류들은 다 작았습니다.

차클 멸종에서 살아남은 생명체들에게는 오히려 멸종이 기회였겠네요?

이 그렇죠. 멸종은 나쁜 게 아니에요. 다섯 번째 대멸종이 없었다면 어떻게 됐을까요? 너무 많은 종류의 생명이 지구에 살아남아서 우리가 설 자리가 없었겠죠. 제가 공룡을 좋아하지만 공룡이 지구를 지금까지 지배한다면 제가 어떻게 살아 있겠어요. 공룡이 사라진 덕분에 우리가 있을 수 있는 거니까요.

차클 지금까지 멸종이라는 것이 한 번에 다 같이 죽는 건 줄 알았어요.

이 다섯 번째 대멸종이 굉장히 급격하게 일어난 사건이긴 해도 생명체들이 70퍼센트 이상 사라지기까지 최소한 2만 년이 걸렸습니다.

차클	지금도 비슷한 상황이 생기면 멸종이 벌어질까요?
이	그럼요. 우리가 운석을 어떻게 이기겠어요. 그런데 다행히 운석이 오는 것을 과학자들이 미리 알 수 있고, 또 날아오는 운석이 지구를 비켜나가게 하는 기술도 개발됐습니다. 큰 걱정은 하지 않으셔도 돼요.
차클	영화 〈아마겟돈〉처럼 운석에 폭발물을 설치해서 터뜨리는 방법을 쓰는 건가요?
이	그런 방법도 있을 수 있고요. 거울을 설치해서 태양풍으로 진로를 바꾸게 할 수도 있어요. 그런 문제에 대해 많은 고민들을 하고 있기 때문에 운석이 문제가 되는 건 괜찮아요. 그런데 운석이 다가오지도 않고, 화산이 터지지도 않았는데 여섯 번째 대멸종이 계속 일어나고 있다는 게 문제인 거죠.
차클	그럼 영화 〈인터스텔라〉처럼 지구가 사막화된다거나 지구를 탈출한다는 식의 이야기가 실제로 일어날 수도 있다는 말인가요?
이	맞습니다. 멸종은 그런 식으로 일어날지도 몰라요. 급격하게 일어나는 게 아니라 서서히 일어나는 거잖아요. 지금도 지구가 사막화되어가고 있죠.
차클	과학적으로 봤을 때에도 그 영화가 굉장히 설득력이 있거나 고증이 잘된 영화라고 생각하시나요?
이	물리학적으로는 정말 최고의 영화라고 생각합니다. 영화에 자문했던 킵 손 박사는 아주 가까운 시기에 노벨 물리학상을 받을 분이에요. 중력파를 발견한 분이거든요. 그런데 영화에서 설정한 대로 인간 수정란 2000개를 가지고 외계 행성체를 찾아가는 데에는 한계가 많습니다.

(*실제로 킵 손 교수는 이 강연 이후 2017년 노벨 물리학상을 공동 수상)

차클	어떤 한계가 있나요? 2000개가 너무 적다는 말인가요?

이	적지 않아요. 제가 볼 땐 충분하다고 생각해요. 그런데 지구에 있는 브랜드 박사와 우주로 나간 딸이 화상통화를 하면서 이런 얘길 하죠. "우리는 개인으로서의 우리가 아니라 종으로서의 우리를 생각해야 되는 거야. … 딸아, 너는 인간들이 살 수 있는 새로운 행성을 찾아가다가 외롭게 죽고 말겠지. 너와 나 개인을 생각하지 말자. 그럼 인류 종은 영원하지 않겠니?"라고요. 물리학자들은 그 장면에서 너무 감동적이라면서 눈물을 흘렸대요. 그런데 저는 그 자리에서 무릎을 치면서 한숨을 쉬었어요.
차클	왜요? 전혀 가능성이 없는 말인가요?
이	그분들이 뛰어난 물리학자일지 모르지만 생태학적으로는 정말 큰 것을 놓치고 있는 거예요. 산 좋고 물 좋고 공기 좋은 곳에서 인간 2000명이 태어났다고 생각해보세요. 그 사람들이 큰일을 보거나 쓰레기를 생성하게 되면 누가 해결을 해주나요? 그곳에는 박테리아가 없잖아요.
차클	다른 생명이 없는 곳에서는 인류도 살 수 없다는 말이군요?
이	생명이 살아남으려면 수만 종의 미생물, 수만 종의 식물, 수만 종의 동물이 복잡한 생태계를 이루어야 해요. 그러니 사람만 데리고 가서 풀어놓으면 결코 살아남을 수가 없죠.
차클	세균을 함께 가져가면 가능할까요?
이	그러려면 모든 세균을 다 가져가야 해요. 만약 그게 가능하다고 해도 에너지와 자원이 그만큼 있지도 않아요. 그만한 노력을 해야 한다면, 그만한 기술과 에너지가 있다면 차라리 우리가 지구를 열심히 지키는 것이 낫다는 얘기입니다.

여섯 번째 대멸종은
언제 시작되는가

멸종은 자연스러운 일이거든요. 멸종 때문에 우리도 생겨났잖아요. 원래 한 종이 멸종되면 진화가 이뤄져서 그 자리를 누군가가 채워줍니다. 그런데 멸종의 속도가 빨라지니까 그 자리를 채우기도 전에 옆에 있는 종이 멸종되고, 또 옆에 있는 종이 멸종되는 거예요. 생태계가 새로 복원될 수 있는 기회를 주지 않고 있는 거예요.

차클	지금도 대멸종이 진행되고 있다는 게 정말 믿겨지지 않아요.
이	그럴 겁니다. 주변에서 눈에 띄게 무엇인가 사라져야 사람들도 문제로 인식할 텐데, 사실 우리는 아무것도 느끼지 못하고 있죠. 그런데 통계적으론 명확합니다. 지금 강의를 듣고 있는 이 순간에도 적어도 두 종의 생명이 멸종했으니까요.
차클	이렇게 짧은 시간에 멸종을 한다고요?
이	15분에 한 종씩 멸종하거든요.
차클	한 마리가 아니라 한 종이 멸종한다고요?
이	하루에 100종 정도의 생명체들이 멸종하고 있는 거예요. 생각해보세요. 우리나라에서 호랑이가 천연기념물이 아니죠? 살아 있어야 천연기념물도 되는 거예요. 우리가 어떤 대상을 보호하기 위해서 천연기념

물을 지정하잖아요. 하지만 한반도에는 더 이상 호랑이가 없기 때문에 천연기념물로 지정돼 있지 않아요.

차클 미처 거기까지는 생각하지 못했네요. 또 다른 예가 있을까요?

이 우리나라 크낙새입니다. 커다란 딱따구리죠. 크낙새는 이제 멸종 위기 종이 아니에요. 멸종이 돼버렸으니까. 얼마 전까지 독도에서 볼 수 있었던 독도강치도 사라졌습니다. 일본 사람들이 와서 다 잡아갔습니다. 또 민물에서 살던 돌고래도 순식간에 사라졌어요.

차클 왜 이렇게 다 사라지고 있는 건가요?

이 그만큼 지구 환경이 변하고 있기 때문이죠. 지구가 더워지고 있고요. 더 큰 영향을 주는 것은 우리가 다른 생명들이 살 수 있는 생태계 틈새를 없애버리고 있어요. 《개미》와 《통섭》이라는 책을 쓴 과학자 에드워드 윌슨은 생명이 멸종하는 이유를 다섯 가지로 정리해서 히포 (H.I.P.P.O)라는 말을 만들었어요. 이제부터 하나하나 살펴보도록 하죠.

차클 첫 번째 이유는 무엇인가요?

이 첫째, 서식지(Habitat)입니다. 생명체들이 사는 곳이 점점 줄어들고 있

어요. 왜 그럴까요? 바로 두 번째 이유 때문입니다. 침입(Invasive)입니다. 사람들이 계속 다른 생명체들이 사는 곳으로 침입해 들어가기 때문이죠. 생명체가 살 수 있는 곳을 점점 없애고 있어요. 그럼 우리가 왜 점점 더 다른 생명체들이 살고 있는 곳으로 침입해 들어갈까요?

차클 　　인구가 늘어나기 때문 아닐까요?

이 　　네, 맞습니다. 셋째, 인구(Population)가 늘어났기 때문이죠. 인구가 늘어나서 새로운 곳을 침입하게 되면 생태계에 무엇을 일으키게 될까요? 넷째, 오염(Pollution)을 일으키죠. 거기에 더해서 다섯째, 과도하게 착취(Overexploitation)를 하고 있는 겁니다.

차클 　　그렇다면 이러한 과정이 자연스럽지 못하다는 말씀이신가요?

이 　　멸종은 자연스러운 일이거든요. 원래 일어나야 돼요. 멸종 때문에 우리도 생겨났잖아요. 원래 한 종이 멸종되면 진화가 이뤄져서 그 자리를 누군가가 채워줍니다. 그런데 멸종의 속도가 빨라지니까 그 자리를 채우기도 전에 옆에 있는 종이 멸종되고, 또 옆에 있는 종이 멸종되는 거예요. 그러면 먹이사슬이 점점 더 느슨해지겠죠. 생태계가 새로 복원될 수 있는 기회를 주지 않고 있는 거예요.

차클 　　인간이 다른 생명체들의 터전을 빼앗고 있다니 참으로 미안해지네요.

이 　　그렇죠. 요즘 가장 많이 이야기하는 북극곰을 생각해보세요. 북극곰들의 서식지가 점점 줄어들고 있죠. 빙하가 녹고 있잖아요. 그런데 별로 남아 있지도 않은 빙하를 녹여서 1리터짜리 병에 담아서 14만 원에 팔고 있다고 해요. 우리가 물을 마신다고 해서 빙하가 완전히 사라지진 않겠지만, 약간 염치없는 일이 아닐까요?

차클 　　인간이 멸종시켜버린 동물들은 정말 많아요. 아프리카의 코뿔소도 뿔을 얻으려는 욕심 때문에 멸종했어요.

이	코끼리도 요즘에는 상아가 없는 애들이 태어난다고 합니다.
차클	진화를 한 거라고 봐야 하나요?
이	코끼리들이 '사람들이 상아를 좋아하니까 상아 없는 새끼를 낳아야지'라고 생각하는 게 아니에요. 상아가 나오는 유전자가 있고, 상아가 나오지 않는 유전자가 있어요. 상아가 나오는 유전자가 많이 없어지고 있는 거예요. 사람들이 다 죽였으니까요. 상아가 없는 코끼리들은 사냥하지 않았겠죠. 그러면 상아가 나오지 않는 유전자가 널리 퍼져서 점점 더 상아가 없는 새끼들이 많이 태어나게 된 거죠.
차클	인간이 자연에 너무 많이 개입을 해버린 것이군요. 낚시꾼들 사이에서는 외래종인 배스를 많이 잡아서 없애야 한다고 하는데 그런 식의 멸종은 괜찮은 건가요?
이	배스는 원래 미국 남동부에서 살던 종이에요. 그런데 1973년 우리나라 수산청에서 식량 자원의 개념으로 일부러 도입한 물고기예요. 배스의 성장 속도가 엄청나게 빨랐거든요. 그런데 이 친구들이 굉장히 공격적이었어요. 움직이는 것만 보면 무조건 달려들어서 잡아 먹어요. 그러니까 우리나라에서 원래부터 살던 작은 물고기들이 사라지게 된 것이죠.
차클	원래 생태계에 없던 종이니 없애야 하는 것 아닌가요?
이	그 역할을 쏘가리나 가물치 같은 우리나라 토종 물고기들이 하고 있어요. 배스를 막 잡아먹어요. 그래서 지금은 상당히 안정화되고 있죠. 이제는 같이 살 수 있는 정도가 되었어요. 재미있는 것은 똑같은 문제가 미국에서도 발생한 적이 있어요. 미국에 있는 동양 사람들이 쏘가리와 가물치를 좋아해서 미국의 강에 풀어버렸는데 그 물고기들이 배스를 잡아먹은 거예요.

차클	결국 인간의 욕심이 생태계를 교란하고 있는 것이네요?
이	배스나 가물치·쏘가리는 잘못이 없어요. 자기 서식처에서 포식자로 잘 살고 있었던 종이었는데, 사람들이 이리저리 옮겨다 놓아서 괜히 미움을 받게 만든 것이죠. 의외로 자연은 사람들만 없으면 잘 유지돼요. 대형 원전 사고가 났던 체르노빌 같은 경우도 지금은 동물들이 잘 살고 있거든요. 사람만 없으면 자연은 스스로 회복을 해서 잘 살아가요.
차클	우리가 저출산을 걱정하는데, 지구 생태계적으로 보면 저출산이 꼭 나쁜 것만은 아니라는 생각이 드네요.
이	그건 꼭 그렇지도 않습니다. 아주 어려운 문제예요. 어떤 분들 중에는 "나는 인간이 없는 지구를 꿈꾼다."고 하시는 분들이 있거든요. 그럼 저는 속으로 "그럼 선생님 먼저 사라지세요."라고 생각하죠. 어쨌든 우리는 인간이잖아요, 인류잖아요. 인류가 지구에 살아 있는 것은 기본 전제로 하고서 해결점을 찾으려고 해야죠. 우리가 지구의 환경을 지키고 다른 생태계를 유지하려는 이유가 바로 우리가 살아남기 위해서니까요. 지금 상황에서 제일 좋은 것은 지금 수준의 인류 개체 수를 더 이상 늘려가지 않고 유지하는 거예요. 인구 수가 줄어드는 것도 문제고, 늘어나는 것도 문제니까요.

차이나는
클라스

이상 기후는 누구의 책임인가

지구의 입장에서 보면 최근 1만 2000~1만 3000년은 정말 황당한 시기예요. 그전에는 모든 생명체가 지구 환경에 적응해서 살았거든요. 그런데 갑자기 사람들이 등장해서 농사를 짓겠다고 멀쩡한 들판에 불을 지르고 물길을 끌어왔어요.

차클   꿀벌이 멸종하면 인류도 멸종한다는 이야기를 들은 것 같은데, 사실인가요?

이   먼저 꿀벌이 멸종하는 이유부터 생각해봐야 해요. 요즘 네오니코티노이드라는 살충제가 가장 많이 사용되는데요. 니코틴과 비슷한 성분을 가진 살충제죠. 이 살충제는 꿀벌의 방향 찾는 능력을 교란시켜요. 여왕의 개체 수도 줄여버리고요. 그런데 더 큰 문제는 꿀벌이 이 살충제에 중독이 돼서 계속 살충제를 찾아다니게 된다는 겁니다.

차클   그럼 꿀벌이 일을 하지 않고, 담배만 찾아다니는 것이나 마찬가지네요? 식물의 수분을 돕지 않는다는 말이겠군요?

이   맞습니다. 식물들이 꽃을 피우고 열매를 맺는 데 문제가 생기죠. 식물들이 줄어들고 열매도 줄어들면 초식동물들이 먹을 것도 줄어들고, 초식동물들이 줄어들면 육식동물도 먹을 것들이 없어지겠죠. 결국에는 인류에게도 문제가 생기는 것이죠.

차클 꿀벌의 멸종을 예의주시해야 하는 또 다른 이유가 있나요?

이 물론 있습니다. 여름에 대장균 검출 조사를 하는 걸 보신 적이 있을 겁니다. 대장균 자체는 우리 몸에서 문제를 일으키지 않아요. 우리 몸에 이미 있는 것이니까요. 그럼 왜 대장균 검출 조사를 하는 걸까요? 그 이유는 대장균이 커서 검출이 잘 되기 때문이에요. 그리고 음식에서 대장균이 많이 나왔다는 건 다른 균들도 많이 있다는 뜻이거든요. 꿀벌도 대장균과 마찬가지로 다른 생명체보다 개체 수가 줄어드는 것을 쉽게 파악할 수 있어요. 꿀벌을 키우는 사람들은 꿀벌이 집에 돌아오는 것을 보면서 얼마나 줄어들었는지 알 수 있죠. 그러니까 꿀벌의 개체수 변화는 다른 곤충들도 얼마나 줄어들고 있는지를 파악할 수 있는 지표가 되는 것이죠. 환경의 변화가 꿀벌에만 영향을 주는 게 아니기 때문입니다.

차클 이렇게 인간이 다른 생명체를 파괴하다 보면 먹이사슬의 최상위에 있는 인간에게 영향이 미칠 수밖에 없겠네요?

이 지난 다섯 차례의 대멸종을 보면 당시의 최고 포식자, 가장 많은 개체를 유지하고 있던 생명종들이 다 멸종했어요. 따라서 여섯 번째 대멸종을 앞둔 상황에서 가장 많은 생물 개체 양을 갖고 있고, 가장 상위 포식자가 우리잖아요. 우리가 살아남기 위해서 여섯 번째 대멸종을 걱정하는 거죠.

차클 멸종 시기가 빨라지는 이유는 뭐죠?

이 인간이 너무 빨리 늘어나고 있기 때문입니다. 또 지구의 온도가 급격하게 높아지고 있기 때문입니다.

차클	여섯 번째 멸종의 이유는 지구의 온도와 밀접한 관계가 있는 건가요?
이	그렇습니다. 가장 큰 문제가 온도예요. 지난 다섯 차례의 멸종과 지금의 멸종에는 차이가 있어요. 지난 다섯 차례 대멸종에서는 온도가 5~6도씩 확 오르거나 확 떨어졌어요.
차클	지금은 달라졌다는 말인가요?
이	지금도 물론 올라가고 있지만 5~6도씩 올라가고 있지는 않아요. 아주 조금밖에 올라가지 않았어요. 산업혁명 이후에 약 150년 동안 0.85도 올라갔습니다.
차클	그 정도의 온도 상승은 문제가 안 되나요?
이	처음에는 이렇게 시작을 해요. 그러다가 나중에 심해지면 완전히 다른 문제가 발생합니다. 최근 우리나라에서도 기온이 점점 오르는 것을 볼 수 있죠. 남해안에서 구아바 같은 열대 작물을 키울 수 있다거나 대구에서 나오던 사과가 강원도 양구에서도 나오고 있죠. 각종 작물의 남방한계선이나 북방한계선이 바뀌는 상황입니다.
차클	그렇다면 기온 상승이 한계점에 이르는 기준이 있나요?
이	2015년 겨울 파리에서 세계 각국이 기후협상을 했습니다. 그 자리에서 산업화 이후에 상승하고 있는 지구의 평균 기온을 2도 이상 올라가게 하지 말자고 정했어요. 그러니까 지구 평균 기온이 2도 상승하면 여섯 번째 대멸종이 아주 가까워지고 있다는 인식을 공유한 거죠.
차클	그럼 0.85도가 높아졌으니까 이제 1.15도밖에 남지 않았군요?
이	그렇습니다. 1.15도밖에 남지 않았어요. 그럼 지난 대멸종 때에는 5~6도씩 올랐다고 했는데, 왜 2도로 정했을까요? 그때도 마찬가지로 2도까지는 서서히 올라갔어요. 그러다 2도를 넘어서는 순간 가파르게 올라가기 시작해요.

차클	왜 2도부터 급격하게 올라가기 시작하는 건가요?
이	여러 가지 이유가 복합적으로 영향을 줘요. 예를 들어 산불도 마찬가지죠. 요즘도 여름에 보면 스페인·이탈리아·그리스 등에서 한 달 내내 산불이 나기도 하잖아요. 생각해보세요. 평균 기온이 2도쯤 올라가게 되면, 국제적으로 어떤 곳에선 5도나 6도씩 오르겠죠. 그곳이 더워지면 육지에서 습기가 사라집니다. 지구가 메마르는 거예요. 이때 산불이 나면 사방으로 산불이 번져나가겠죠. 이렇게 거대하게 산불이 나면 산불 때문에 온도가 더 높아져요. 또 산불이 나면서 이산화탄소를 더 배출하겠죠. 이렇게 악순환이 계속되면서 6도까지 순식간에 올라가버리게 되는 겁니다.
차클	그럼 지구의 온도가 올라갈수록 어떤 일들이 벌어지게 되나요?
이	지구의 기온이 2도 오르는 게 왜 중요한 문제인지 잠깐 생각해보죠. 일단 1도가 오르면 폭염·폭우·홍수와 같은 현상이 어마어마하게 일어납니다.
차클	0.85도밖에 오르지 않았는데 어마어마한 자연현상이 벌어진다고요?
이	네, 지금보다 두 배인 1.6도가 오르면 지구 생명체의 18퍼센트가 멸종해버립니다. 2도가 오르면 지구 식량 생산의 25퍼센트가 사라집니다. 그럼 어떻게 될까요? 먹을 게 없어져요. 수자원도 고갈됩니다. 그런데 단순히 먹을 게 없으니까 조용히 죽게 되는 상황은 아니에요.
차클	국가 간에 전쟁도 일어날 수 있겠네요?
이	물론입니다. 전쟁이 일어날 수도 있어요. 2도가 오르면 시베리아의 툰드라 같은 영구 동토층에 묻혀 있었던 메탄들이 대기로 나오게 돼요. 그러면 급격하게 온도가 올라가서 빙하가 사라져요. 빙하는 햇빛을 반사시키는 역할을 하는데, 빙하가 사라지면 햇빛을 더욱 흡수해서 온도

가 더 높아지겠죠. 그러면 바닷물이 열팽창을 해서 부피도 커져요.

차클 그래서 해수면이 상승하게 되는 것이군요? 그럼 섬나라는 사라져버리고 말겠어요.

이 계속해서 2.2도가 오르면 지구 생명체의 24퍼센트가 멸종하게 됩니다. 2.9도가 되면 35퍼센트가 멸종해요. 3.5도가 되면 해수면이 7미터쯤 높아지게 돼요. 6도가 오르면 드디어 여섯 번째 대멸종이 완성이 됩니다. 그러면 인간이 더 이상 지구에 존재할 수 없게 되는 겁니다.

차클 2도가 오르게 되면 그때부터 6도까지 급격하게 올라간다고 하셨잖아요. 그때가 되면 인간이 할 수 있는 일은 없어지나요?

이 2도까지는 우리가 통제할 수 있을 거예요. 이산화탄소 배출을 줄이기 위해 우리가 노력을 하는 것도 아직 통제할 수 있는 여유가 있기 때문이죠. 그런데 만약 2도를 넘어서는 순간이 되면, 우리 삶을 바꿔보려 해도 우리 마음대로 바꿀 수 없어요.

차클 2017년에 트럼프 대통령은 파리 기후협약에서 미국이 탈퇴한다고 하지 않았나요?

이 미국은 세계에서 가장 많은 에너지를 사용하고 가장 많은 가스를 배출하는 나라죠. 그러면 다른 나라보다 훨씬 더 책임감을 가져야 되는 나라인데, 그런 나라의 대통령이 파리 기후협약에서 탈퇴를 해버려서 참 당혹스러운 것이 사실입니다. 미국은 지금 당장은 편할 겁니다. 규제를 덜 해도 되니까요. 하지만 그건 한 치 앞도 내다보지 못한 행동인 것 같아요.

차클 지금까지 얘기를 들어보면 지난 다섯 번의 대멸종은 자연적인 이유였고 이제 앞으로 찾아올 여섯 번째 대멸종의 이유는 인간이라는 것이죠?

이 네, 맞아요. 여섯 번째 대멸종은 인간 때문에 일어나는 거예요. 그래서

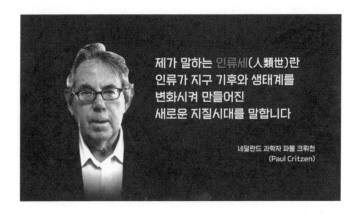

제가 말하는 인류세(人類世)란
인류가 지구 기후와 생태계를
변화시켜 만들어진
새로운 지질시대를 말합니다

네덜란드 과학자 파울 크뤼천
(Paul Critzen)

네덜란드의 파울 크뤼천이라는 과학자가 지금의 지질 시대의 명칭을 '인류세'라고 쓰자고 주장했어요. 기후를 변화시키고, 생태계를 파괴한 주인공이 바로 인류, 인간이기 때문이죠.

차클   '인류세'는 언제부터 언제까지를 말하는 것인가요?

이   처음에는 신생대 최후의 시대인 약 200만 년 전부터 현재까지를 의미하는 홀로세 정도로 정의했어요. 쉽게 말해 신석기 시대부터 지금까지로 보면 됩니다. 이때부터 농사를 짓기 시작했는데요. 지구의 입장에서 보면 최근 1만 2000~1만 3000년은 정말 황당한 시기예요. 그 전에는 모든 생명체가 지구 환경에 적응해서 살았거든요. 그런데 갑자기 사람들이 등장해서 농사를 짓겠다고 멀쩡한 들판에 불을 지르고 물길을 끌어왔어요. 지구 환경이 급격하게 변하기 시작했죠.

차클   그 기간 중에도 멸종 속도가 급격히 빨라진 계기가 있을까요?

이   지질학자들 사이에서는 여섯 번째 대멸종의 시작을 신석기 시대, 홀로세부터로 정하자는 이야기가 있었어요. 그래서 시대별로 멸종의 속도를 비교했는데, 오히려 신석기 시대부터 산업혁명 때까지 생명이 멸종

차이나는
클라스

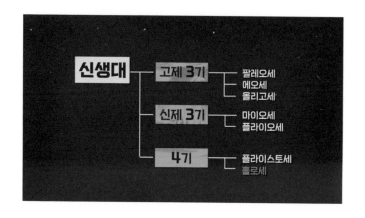

한 속도보다 산업혁명 이후에 멸종한 속도가 급격히 다르다는 것을 발견했죠. 산업혁명 때부터 멸종의 속도가 급격하게 빨라집니다. 그래서 또다시 지질학자들이 대략 1820년대, 산업혁명 때부터 여섯 번째 대멸종이 시작되었다고 정한 거예요.

차클   산업혁명이 그렇게 엄청난 변화를 이끌어낸 사건인가요?

이   산업혁명을 통해서 인구가 급격하게 늘어나고 생물의 양도 늘어났거든요. 만약 산업혁명이 없었다면 지구의 인구는 아마도 6억 명 정도에 지나지 않았을 거예요. 하지만 산업혁명을 통해서 석탄과 석유를 사용하면서 인구가 75억 명까지 늘어났죠. 다시 말해, 앞으로 석탄과 석유 같은 화석연료가 고갈된다면 모든 인구가 지금처럼 평안히 살 수는 없다는 걸 반증하기도 합니다.

차클   지질학자들이 지질 시대를 이렇게 저렇게 구분하면 그대로 정해지는 것인가요?

이   네. 그런데 여섯 번째 대멸종, 인류세가 산업혁명 때부터 시작된 것으로 정하자 또 다른 문제가 발생했습니다. 지질학자들은 지층의 변화를 보고 지질 시대를 구분하거든요. 그런데 생명들이 멸종하긴 했지만, 지층에서는 커다란 변화를 찾을 수 없었어요. 지질 시대를 구분할 때에는 외계인이 오더라도 그 구분법을 보고 새로운 시대의 시작과 끝을 이해할 수 있어야 하는데 말이죠.

차클 그럼 지층의 변화가 발생한 것이 언제인가요?

이 1950년 이후의 지층에서 방사선이 발견되기 시작했어요. 그때부터 핵 실험을 많이 했죠. 핵폭탄이 터지기도 했고요. 이전에도 방사선은 조금씩 있었는데, 급격하게 늘어난 거예요. 또 전 세계 어디를 가도 콘크리트와 플라스틱이 많이 나오기 시작했어요. 누가 보더라도 1950년대 이후의 지층부터 새로운 시대라고 할 수 있겠죠. 또 생물학적인 특징도 있어야 해요. 그런데 전 세계에서 닭 뼈들이 마구 쏟아져 나오기 시작합니다. 한 지층에서 똑같은 생명체들의 뼈가 마구 쏟아져 나오니 누가 보더라도 다른 시대와 구분을 할 수 있게 된 것이죠. 지금 우리는 여섯 번째 대멸종기에 태어나서 여섯 번째 대멸종을 아주 진지하게 목격하고 있는 겁니다.

차이나는 클라스

우리는 지구를 위해
무엇을 해야 하는가

지금 여섯 번째 대멸종이 진행되는 데 많은 일을 하고 있는 것이 인류입니다. 그렇다면 우리에게 희망이 있는 거예요. 여섯 번째 대멸종은 지진이 일어나고 화산이 터져서 진행되는 게 아니라는 거죠. 오로지 사람들이 일으킨 일이거든요. 사람들이 일으킨 일이니까 사람들이 해결할 수 있을 거예요. 우리만 바뀌면 인류세를 훨씬 늦출 수 있을 겁니다.

이	그럼 이번에는 여러분이 여섯 번째 대멸종과 인류세에 어떤 영향을 끼치고 있는지 한번 생각해볼까요?
차클	인간이 소고기를 너무 많이 소비해서 탄소를 많이 배출하게 되었다고 들었습니다. 고기 소비를 줄여야 하는 것인지 궁금합니다.
이	네, 인간이 소를 많이 먹으려다 보니 소를 많이 키우게 되죠. 그런데 소가 방귀를 뀌고 트림을 하면 메탄이 나와요. 그럼 공기 중의 메탄 함유량도 늘어나게 되겠죠. 이산화탄소는 줄지 않고, 메탄은 더 많이 생기고요. 아마 지구 온도가 지금보다 2도쯤 올라가게 되면 아마 법으로 소고기 금지법이 생길지도 모르겠습니다.
차클	요즘에 택배를 많이 이용하잖아요. 그래서 박스가 쌓여 있는 것을 보면 나무를 너무 많이 베고 있는 것은 아닌지 걱정이에요.

이	맞습니다. 인간이 소비를 늘리면 늘릴수록 인류세를 더욱 앞당기고 있는 것이죠. 심지어 책을 많이 보는 것도 인류세를 앞당기는 겁니다. 책을 만들기 위해서 무수히 많은 나무를 베잖아요. 하지만 우리가 기온 상승을 막기 위해서 책을 읽지 말자고 얘기할 수는 없지 않겠어요? 인간의 행동 하나하나에는 어차피 문제가 있을 수밖에 없어요. 그러니 우리가 조금 더 조심스럽게 소비를 해야 하는 겁니다.
차클	에어컨 때문에 죄책감을 느끼는 경우도 많아요. 나 한 사람의 쾌적한 환경을 위해 에어컨을 켜는 것이 지구 온난화에 일조하는 것은 아닌지 걱정이 되기도 하고요.
이	많은 분들이 환경 문제에 대해서 알고 있어요. 그런데 실천하기 참 어려운 문제지요. 일단 의식을 하는 것이 중요한 것 같습니다. 지금 멸종이 진행되고 있지만 우리가 벗어나기 위한 방법을 알고 있잖아요. 무엇보다 지구의 다른 생명체들과 함께 사는 게 중요합니다.
차클	그럼 지구 환경과 관련된 문제를 개개인에게 맡기고 양심에 호소할 게 아니라 법적으로 규제를 해야 하는 것 아닌가요?
이	우리에겐 민주주의라는 좋은 제도가 있잖아요. 사람들이 환경과 관련된 문제에 찬성을 하면 정책을 만들 사람들을 국회에 보내고, 그들로 하여금 법을 만들게 하고, 예산을 확보하게 해서 하나씩 하나씩 개선해나가도록 해야 되는 거죠. 개개인이 마음을 바꾸고 실천하는 것도 중요하지만, 사회적으로 해결해야 할 부분들도 있어요.
차클	생각해보면, 인간이 지구의 다른 생명체들에게 정말 많은 피해를 주고 있는 것 같다는 생각이 드네요.
이	지금 지구에서 살아가고 있는 생명, 동물들은 우리와 똑같은 문제를 겪고 있음에도 불구하고 자기들끼리 다 극복해나가고 있어요. 바로 공

생을 통해서 말이죠. 우리도 동물들로부터 공생의 지혜를 배워볼 필요가 있는 것 같아요. 〈나는 늑대예요〉라는 동화를 하나 소개해드리려고 합니다. 이 동화는 엄마 토끼풀이 아기 토끼풀에게 동물들의 습성을 가르쳐주는 이야기예요. 여러분에게 한번 물어볼게요. 토끼풀의 입장에서 토끼·양·염소·늑대 중 가장 나쁜 동물이 누구일까요?

차클   토끼풀을 뜯어먹는 토끼를 가장 나쁘게 생각하겠죠.

이   맞습니다. 늑대는 크고 무섭게 생겼지만 토끼풀을 먹지 않죠. 토끼풀을 먹어치우는 토끼와 염소, 양을 먹어치우죠. 그러니까 토끼풀에게 늑대는 정말로 고마운 동물인 겁니다. 물고기들도 자기들끼리 공생을 합니다. 쏠배감펭이라는 물고기는 사냥할 때 서로 협력해요. 쏠배감펭 한 마리가 다른 쏠배감펭 앞에 가서 고개를 숙인 다음 등을 세우고 인사를 해요. 그다음에 꼬리를 한 번 흔들고 다시 지느러미를 왔다 갔다 해요. 이게 바로 "우리 같이 협력해서 사냥할래?"라는 표시예요. 이렇게 물고기조차 협력을 하는 거예요.

차클   다른 종끼리 공생하는 동물들도 있나요?

이   물론, 다른 종끼리도 서로 협력을 해요. 그루퍼와 곰치라는 물고기가 대표적이에요. 만약 작은 물고기들이 산호초 속으로 숨어버리면 그루퍼가 그 앞에서 물구나무를 서요. 그러면 곰치가 가서 물고기들을 쫓아내죠. 이렇게 두 물고기가 협력해서 작은 물고기들을 나눠먹습니다. 그런데 신기하게도 두 물고기는 먹이가 없는 곳에서 먼저 합의를 하고 와요.

차클   서로 다른 동물들도 의사소통이 가능하다는 말인가요?

이   그렇죠. 물고기의 기억력이 3초라고 무시하면 안 되는 겁니다. 포유류 중에서도 찾아볼까요? 아마 지구상에서 박쥐가 가장 성공한 동물일 거예요. 그만큼 종수가 가장 많아요. 박쥐들은 남들이 싫어하는 동굴을 삶의 터전으로 선택했죠. 아주 현명한 선택입니다. 다른 생명들에게 부담을 주지 않는 거죠.

차클 박쥐는 어떤 식으로 공생을 하나요?

이 박쥐의 종류에 따라 먹이도 달라요. 큰 박쥐들은 곤충 대신 과일이나 식물을 먹고, 조그만 박쥐들에게 곤충을 양보해요. 곤충을 먹는 박쥐들 같은 경우에 매번 사냥에 성공하는 것은 아니겠죠. 그러면 다른 박쥐들이 사냥에 실패한 박쥐들 새끼들에게 젖을 나눠주기도 합니다. 또 아파서 오랫동안 사냥을 하지 못한 박쥐에게 자기의 피를 나눠주기도 해요. 언젠가 자기도 그런 위험에 빠질 수 있으니 적어도 같은 종끼리는 공생을 하는 거죠.

차클 박쥐 같은 놈이라는 말이 칭찬일 수도 있겠네요(웃음).

이 그럼요. 박쥐 같은 놈보다는 박쥐 같은 분이라고 해야겠죠.

차클 도덕적으로 타락한 사람들을 보고 짐승만도 못한 사람이라고 말하는데 우리가 오해를 하고 있는 것이군요?

이 보통 남자들을 가리킬 때 늑대 같다고 말하잖아요. 그것도 칭찬이 될 수 있어요. 포유류들은 자기 새끼를 잘 돌보지 않습니다. 임신 기간이 너무 길어서 잊어버리기 때문이에요. 자기 새끼인지 잘 모를 수도 있어요. 그리고 자연에서 새끼를 키운다는 건 정말 위험한 일이에요. 그래서 수컷이 양육을 한다는 것은 그만큼 그 동물이 강하다는 뜻입니다. 바로 늑대가 그런 경우예요. 늑대들은 일부일처제로 살면서 암컷이 새끼를 돌보는 동안 수컷이 먹이를 물어와서 키우죠. 다른 포유류도 수컷이 새끼를 키우게 되면 새끼의 생존율이 엄청나게 높아지겠죠.

차클 같은 종들의 공생뿐만 아니라 다른 종들과의 공생도 중요한 것이군요?

이	아주 중요하고 좋은 사례를 미국의 옐로스톤 국립공원에서 찾아볼 수 있어요. 한때 옐로스톤에는 많은 생명들이 살고 있었어요. 그런데 사람들이 그곳을 돌아다니는 늑대 떼를 거슬려 했어요. 염소나 양을 풀어놓을 수 없었기 때문이죠. 그래서 늑대를 멸종시켜버립니다. 그러고서 사람들은 이제 옐로스톤이 평화로운 지역이 될 거라고 생각했어요.
차클	어떤 문제가 발생했나요?
이	늑대가 사라지자 초식동물들이 숲을 완전히 먹어치워버렸습니다. 생태계가 완전히 파괴됐어요. 또 식물들이 사라지니까 강둑이 무너져서 홍수도 났습니다.
차클	그럼 어떻게 해결을 했나요?
이	지역 주민들을 설득해서 다시 늑대들을 풀어놨어요. 그랬더니 초식동물들의 개체 수가 유지되기 시작했습니다. 그래서 먹이 피라미드가 다시 복원되었어요. 사람들이 자신들의 필요에 의해서 늑대를 제거했다가 옐로스톤을 다시 살리기 위해 늑대를 데려다 놓고 살게 해준 것이죠. 이런 식으로 지금 여섯 번째 대멸종이 진행되는 데 많은 일을 하고 있는 것이 인류입니다. 그렇다면 우리에게 희망이 있는 거예요. 여섯 번째 대멸종은 지진이 일어나고 화산이 터져서 진행되는 게 아니라는 거죠. 오로지 사람들이 일으킨 일이거든요. 사람들이 일으킨 일이니까 사람들이 해결할 수 있을 거예요. 우리만 바뀌면 인류세를 훨씬 늦출 수 있을 겁니다.

너와 나는
별에서 온 그대

이명현

초등학교 5학년 때 아마추어 천문가 모임에 최연소 회원으로 가입,
네덜란드 흐로닝언 대학교에서 천문학 박사를 마치고
현재는 외계 지적 생명체를 탐색하는 세티(SETI)연구소 한국 책임자로 활동하고 있다.
별을 찾아 헤매는 과학계의 보헤미안,
우주와 사랑에 빠진 우주 최고의 뇌섹남.

우리는 우주를
얼마나 알고 있나

많은 사람들이 진공 상태의 우주에 나가면 우리 몸이 터진다고 알고 있어요. 그런데 몸이 터져서 죽기보다 일단 얼어서 죽어요. 우주 공간에 나가면 온도가 영하 270도이기 때문에 얼어 죽을 수밖에 없어요.

차클	초등학생 때부터 천문가 모임 회원으로 활동할 만큼 별을 좋아하시게 된 계기가 무엇인가요?
이	어린 시절, 어머니와 아버지가 모두 일을 하셨어요. 동네에서 놀다 보면 저녁 시간에 부모님들이 아이들을 하나둘씩 데려가시잖아요. 저는 꼭 마지막까지 남는 아이였어요. 그러다 보니 해가 질 무렵 하늘에서 별을 자주 보게 되었죠. 그때 자주 봤던 별이 금성이었어요. 저도 굉장히 외로운데 금성도 혼자 떠 있는 것을 보면서 감정이입을 많이 했었죠.
차클	별을 보려면 종종 밤을 지새워야 했을 텐데, 부모님께서 흔쾌히 허락해주셨나요?
이	자녀가 아마추어 천문에 관심을 갖거나 별을 보는 취미를 가지면 엄마들이 좋아해요. 학구적인 활동을 하는 것 같잖아요. 그 덕분에 초등학

교 때부터 3박 4일 동안 별을 보러 갔다 오기도 했었죠.

차클   우스갯소리로 연인에게 "하늘의 별을 따다 주겠다."고들 하는데, 교수님도 그런 이야기를 하신 적이 있나요(웃음)?

이   아마추어 천문가들에게는 무기가 몇 개 있어요. 프러포즈할 때 별자리를 활용하기도 하죠. 그때 많이 알려지지 않은 별자리를 주로 활용해야 돼요. 북두칠성 끝에서 내려오다 보면 목동자리가 있어요. 목동자리에서 또 내려오다 보면 스피카라는 처녀자리의 별이 있고요. 손짓으로 이런 별들의 위치를 설명하다가 자연스럽게 몸을 돌리면 상대방을 안을 수 있게 돼요(웃음).

차클   별자리를 많이 알수록 상대방을 매료시킬 수 있겠네요(웃음)?

이   별자리는 스토리텔링을 하기에 정말 좋아요. 목동자리 옆에 왕관자리라는 것이 있는데, 자세히 보면 꽃다발처럼 보여요. 목동자리를 보면서 꽃다발을 바치고, 그 옆에 있는 왕관을 씌워주는 거죠. 또 작은 화살자리라는 것을 가리키면서 상대방의 가슴에다 화살을 쏘는 시늉까지 하면 더 없이 완벽한 작업이 될 수 있지 않을까요?

차클   세티(SETI) 한국 책임자라고 들었는데 영화 〈콘택트〉에 나왔던 단체가 맞죠?

이   네, 맞아요. 단체라기보다 외계인을 찾는 과학자들의 활동을 모두 세티라고 불러요. 오늘 우주에 대한 이야기를 하다 보면 자주 등장하게 될 겁니다.

차클   교수님은 외계인의 존재를 믿으시는 거죠?

이   네, 외계인에 대한 이야기도 많이 하게 될 겁니다. 그럼 본격적으로 여러분들이 궁금해할 만한 주제들을 하나씩 소개해볼게요. 먼저 우주에 대한 기초 상식부터 점검해보죠. '우주에 맨몸으로 나가면 터져 죽는

Q) 우주에 맨 몸으로 나가면 몸이 터져 죽는다?

Q) 태양계에서 가장 뜨거운 행성은 수성이다?

Q) 달은 지구와 점점 가까워지고 있다?

Q) 블랙홀은 모든 걸 삼킬 수 있다?

다', 진실일까요 거짓일까요?

차클 가끔 영화에서 보면 몸이 터져 죽는 것을 본 적이 있는 것 같아요.

이 많은 사람들이 진공 상태의 우주에 나가면 우리 몸이 터진다고 알고 있어요. 그런데 정답은 X입니다. 몸이 터져서 죽기보다 일단 얼어서 죽어요. 우주 공간에 나가면 온도가 영하 270도이기 때문에 얼어 죽을 수밖에 없어요. 그럼 다음으로 '태양계에서 가장 뜨거운 행성은 수성이다', 맞는 얘기일까요?

차클 태양과 가장 가까우니까 뜨겁지 않을까요?

이 정답은 X입니다. 태양에서 가장 가까운 건 수성이긴 하지만, 금성은 이산화탄소가 많아서 온실 효과가 발생해요. 그래서 대기에 열을 많이 품고 있죠. 상상하지 못할 온도까지 올라갑니다. 정답은 금성이 제일 뜨겁다, 입니다. 자, 다음으로 '달은 지구와 점점 가까워지고 있다'는 어떨까요?

차클 달이 점점 가까워진다고요? 그럼 지구와 부딪힌다는 말인가요?

이 걱정하실 것 없습니다. 사실 달은 지구를 공전하면서 타원 궤도로 돌

아요. 가까워졌다가 멀어졌다가 해요. 슈퍼문이라고 들어보셨죠? 제일 가까워졌을 때 달이 크게 보이기도 하고 멀어졌을 때 작아져 보이기도 하죠.

차클 언젠가 우연히 창문에서 달을 보고 깜짝 놀란 적이 있어요. 달이 평소보다 정말 크게 보인 적이 있거든요. 슈퍼문보다도 크게 보였던 적이 있는데 제가 잘못 본 것인가요?

이 실제로 그렇게 보일 수 있어요. 착시현상 때문입니다. 우리 뇌는 사물을 있는 그대로 보는 것이 아니라 우리가 해석한 대로 보거든요. 그래서 달이 지평선에서 떠오를 때에는 비교 대상이 있어서 굉장히 크게 보이고, 머리 위에 떠 있을 때는 비교 대상이 없기 때문에 작게 보이는 거예요. 그래서 실제로 떠오를 때 달이 제일 크게 보여요. 게다가 지구와 달은 조금씩 멀어지고 있어요. 김연아 선수가 도는 장면을 한번 상상해보세요. 팔을 벌려서 돌다가 움츠리면 더 빠르게 돌게 되잖아요. 그것처럼 달이 멀어지면서 지구가 천천히 돌게 되는 것이죠.

차클 지구가 천천히 돌면 어떻게 되나요?

차이나는 클라스

이   하루가 길어져요. 지구가 처음 태어났을 때에는 하루가 18시간이었어요. 지금은 24시간이잖아요. 아마 몇억 년 뒤에나 우리가 겨우 느낄 만큼 늘어날 거예요.

차클   시간이 조금씩 천천히 가게 된다는 건가요?

이   시간은 똑같이 가는데 자전하는 속도가 느려지는 것이죠. 자, 다음으로 '블랙홀은 모든 걸 삼킬 수 있다'는 어떨까요. 이것은 바로 설명을 드릴게요. 보통 블랙홀의 중심부는 중력이 세기 때문에 모든 것을 삼킬 수 있다고 하는 말 들어보셨을 거예요.

차클   맞아요. 블랙홀에 빠지면 다른 곳으로 순간 이동한다는 말도 들은 적이 있는데 실제로도 그런가요?

이   간단히 얘기하면 블랙홀과 화이트홀이라는 것이 있고, 그 둘을 이어주는 통로인 웜홀이 있어요. 들어가는 곳(블랙홀)이 있으니까 나오는 곳(화이트홀)이 있어야겠다고 생각을 한 것이죠. 그런데 화이트홀은 아직까지 이론적으로 존재하는 거고요. 블랙홀에 들어간 뒤에 어떤 일이 일어나는지는 아무도 몰라요.

우주의 중심은
어떻게 바뀌게 되었나

지구는 원이 아니라 약간 찌그러진 타원으로 돌고 있잖아요. 그런 지구를 중심에 두고 모든 것들이 원으로 돈다고 생각하면 오차가 생길 수밖에 없어요. 그래서 사람들이 의심을 하기 시작했어요. 그러다가 단순한 것이 진실이라는 생각을 하게 되면서 서서히 천동설에서 지동설로 흐름이 바뀌기 시작합니다.

이	본격적인 강의에 앞서서 여러분에게 알려드리고 싶은 용어가 하나 있어요. 혹시 '창백한 푸른 점'(Pale Blue Dot)이라는 말을 들어보셨나요?
차클	노래 제목으로 본 적이 있는 것 같아요. 혹시 별을 상징하는 것인가요?
이	네, 맞아요. 지구를 의미하는 말이에요. 사진을 한번 보시죠. 작은 점이 보이세요? 사실 저게 지구의 사진입니다.
차클	어디에서 찍은 건데 저렇게 작게 보이나요?
이	1977년에 NASA에서 보이저 1호를 우주로 쏘아 올렸습니다. 보이저 1호가 1990년에 해왕성 궤도쯤을 지나다가 카메라를 태양 쪽으로 돌려서 찍은 사진이에요. 당시의 기술로는 지구를 한 픽셀 정도로밖에 확대할 수 없었어요. 저 사진이 지금까지 제일 멀리서 지구를 찍은 것입니다. 1990년 당시는 걸프전이 일어나고 세계적으로 참 복잡했을

때였죠. 그런데 먼 우주에서 바라본 지구는 그냥 무심한 점 하나로 보일 뿐입니다.

차클   저 사진을 보고 있으니 지구와 인간이라는 존재가 먼지보다 작다고 느껴지네요.

이   네, 저 사진을 보면 기분이 묘해지죠. 우리가 살고 있는 시공간의 크기와 비교하면 너무나 다르게 보이니까요. 그래서 강의 주제도 '공간과 시간과 우주'로 잡은 것입니다.

차클   인간은 언제부터 우주에 관심을 가지게 되었나요?

이   교과서를 통해 옛날 사람들이 그린 우주에 대한 상상도를 보신 적 있죠? 가운데 사진은 이집트의 상상도인데요. 별이 몸에 새겨진 하늘의 여신 '누트'가 땅 위에 있고, 해와 달이 그 주변을 돈다고 생각한 겁니다. 옛날 사람들은 대체로 우리를 중심으로 천체가 떠오르고 진다고 생각했어요. 해도 그렇고 달도 그렇고 우리가 보기에는 우리를 중심으로 도는 것 같잖아요. 그런데 옛날 사람들은 해나 달처럼 움직이는 것과 달리 별들은 안 움직인다고 생각했어요. 그래서 항상 거기에 있다는 의미로 항성이라고 불렀습니다. 그런데 문제는 수성·금성·화성·목성, 토성은 멀리 있지 않고 지구와 가까이 있잖아요. 또 자기들만의 궤도를 돌고 있고요. 어떤 날에는 별이랑 같은 방향으로 움직이는데 또 어떤 날에는 거꾸로 돌기도 하고요. 그래서 이런 것들을 움직이는 별이라는 의미로 행성(planet)이라고 불렀어요. 조선 시대의 〈일월오봉도〉에 대해 배우신 적 있죠? 우주가 해와 달과 다섯 개 행성으로 이뤄져 있다는 의미로 그렇게 그린 겁니다.

차클 그런데 태양계의 행성 순서와 우리가 쓰는 달력의 월화수목금토일의 순서는 조금 다른 것 같은데 왜 이렇게 정해졌나요?

이 옛날에는 태양계가 수금지화목토의 순서로 구성돼 있는지 몰랐어요. 모든 것이 지구를 중심으로 돈다고 생각했잖아요. 바로 천동설이었죠. 당연히 태양을 중심으로 한 지동설의 우주와는 다르게 정해질 수밖에 없었던 거죠. 천동설이 점점 체계화되면서 AD 150년에 프톨레마이오스가 《알마게스트》라는 중요한 책을 펴냈습니다.

차클 프톨레마이오스가 정립한 천동설에 대해 설명해주시죠.

이 우리가 지금까지 말했던 내용뿐만 아니라 지구를 중심으로 다른 행성들이 어떻게 운행하는지를 보여주고 있어요. 프톨레마이오스가 우주를 상상해서 그린 그림을 보시면 가운데에 지구가 있어요. 그리고 그

차이나는 클라스

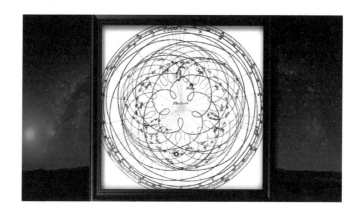

주변을 태양과 행성들이 돌고 있고요. 그런데 동그랗게 원으로 도는 게 아니라 나선형으로 돌아요. 그 이유가 무엇일까요?

차클 행성들이 밝아졌다가 어두워졌다가 하는 움직임을 설명하기 위한 것은 아닐까요?

이 네, 맞아요. 실제로 지구는 원이 아니라 약간 찌그러진 타원형으로 돌고 있잖아요. 그런 지구를 중심에 두고 모든 것들이 원으로 돈다고 생각하면 오차가 생길 수밖에 없어요. 그런 오차를 줄이기 위해서 주전원이라는 것을 도입했어요. 원으로 돌고 있는 경로 위에 또 원을 그리는 거예요. 원으로 돌다가 주전원에서 돌면서 원래의 원을 돌도록 한 것이죠. 이렇게 한 개, 두 개 주전원을 넣었는데 갈수록 관측이 정밀해지면서 오차가 더 생겨난 거예요. 그래서 주전원을 또 넣다 보니까 주전원이 수백 개가 생겼어요. 그렇게 계속 수정되는 것을 보면서 아마도 이게 진실이 아닐지도 모른다는 생각을 하게 되었을 겁니다.

차클 수학 문제를 풀 때 답이 딱 떨어지지 않는 것 같은 기분이었겠군요?

이 그렇죠. 그래서 사람들이 의심을 하기 시작했어요. 그러다가 단순한 것이 진실이라는 생각을 하게 되면서 서서히 천동설에서 지동설로 흐름이 바뀌기 시작합니다. 지동설을 주장한 대표적인 인물들이 바로 갈릴레오 갈릴레이와 코페르니쿠스, 그리고 케플러죠.

차클 그들은 어떻게 지동설을 주장하게 되었나요?

이 코페르니쿠스가 태양을 우주의 가운데에 두기 시작했어요. 그랬더니 주전원이 필요 없어지고 너무 간단한 거예요. 그런데 코페르니쿠스도 여전히 원형 궤도를 고집했어요. 당시만 하더라도 세상을 신이 만들었고, 원을 가장 완벽한 형태라고 여겼거든요. 그러니 지구의 궤도가 찌그러졌을 거라는 상상을 못 한 거예요. 훗날 케플러라는 사람이 화성에 대한 자료를 분석하다가 도저히 원으로는 설명할 수 없다는 것을 알게 됩니다. 그래서 화성이 타원형 궤도를 돈다는 것을 밝혀냈어요. 이런 발견을 하기까지는 갈릴레오 갈릴레이의 역할이 가장 컸고요.

차클 갈릴레이가 화성을 관찰한 건가요?

이 네. 굴절망원경으로 관찰했어요. 사실 굴절망원경을 갈릴레이가 처음 만들었다고 알려져 있지만, 1608년 네덜란드의 안경 제조업자 리프

차이나는 클라스

셰가 발명했어요. 갈릴레이는 그 소식을 듣고 직접 설계를 해서 만든 것이죠.

차클 　갈릴레이가 만든 망원경으로 화성 외에 또 무엇을 관찰했나요?

이 　태양에서 흑점을 발견했습니다. 이게 큰 문제였어요. 당시의 가치관으로는 해와 달은 깨끗해야 했거든요. 신이 만든 세상은 흠집 없이 완전해야 하니까요. 금성도 관찰했는데 금성이 반원이 되었다가 초승달처럼 보이기도 하는 겁니다. 만약 지구가 우주의 중심이고, 금성이 그 주위를 돌고 있다면 그렇게 보일 리 없잖아요. 목성에서는 네 개의 위성을 발견했어요. 지구가 아니더라도 지구처럼 다른 천체를 거느릴 수 있다는 것을 발견하고서 엄청난 혼란에 빠졌습니다. 지구가 유일한 세상이 아니라는 것을 알게 된 거예요. 이런 것들을 갈릴레오 갈릴레이가 망원경을 통해서 발견하게 되었고, 우리가 그동안 알고 있던 시공간을 넓히게 된 계기가 되었죠.

차클 　당시의 기술로도 우주를 볼 수 있는 망원경들을 만들었다는 게 신기합니다.

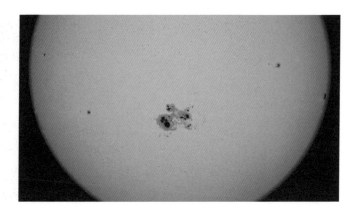

네, 갈릴레이도 망원경을 만들었지만 뉴턴도 망원경을 만들었어요. 갈릴레이는 굴절망원경, 뉴턴은 반사망원경의 방식을 택했죠. 최근에는 전파를 이용한 망원경으로 발전했어요. 아시다시피 전파는 휴대전화·텔레비전·라디오가 송수신을 할 때 사용하는 것이죠. 이런 전파 망원경을 통해서 도저히 눈으로 감지하지 못하는 실제 세상이 저 멀리 있다는 것을 알게 됩니다.

차클 인공위성처럼 생긴 망원경도 있네요?

이 맞습니다. 망원경을 가지고 있는 인공위성이죠. 허블 우주망원경입니다. 우리 눈에 보이는 가시광선과 전파만 지구 대기를 뚫고 들어오기 때문에 특수한 망원경이 필요해요. 나머지 적외선·자외선·감마선·X선은 반사되거나 흡수되어버리거든요. 그런 것들을 관측하기 위해서 우주망원경을 만든 거예요.

차클 적외선 등은 눈에 안 보이는데 누가 발견했나요?

이 윌리엄 허셜이라는 분이 있습니다. 원래 오르간 연주자이고 작곡가였어요. 그런데 취미로 천문학을 하고 있다가 천왕성을 덜컥 발견한 거

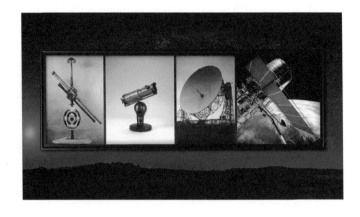

예요. 그리고 또 취미로 세계에서 제일 큰 반사 망원경도 만들었고 적외선도 발견했습니다. 무지개의 빨주노초파남보 스펙트럼에서 빨간색 바깥에 온도계를 댔다가 온도가 올라가는 것을 보고 적외선을 발견하게 됐다고 합니다.

차클 원적외선은 빨간색보다 더 바깥에 있는 것을 말하나요?

이 그렇죠. 원적외선은 적외선보다 더 멀리 있는 것이고, 그다음에 더 멀리 있는 것이 전파예요. 파장이 제일 깁니다. 마찬가지로 보라색의 바깥에는 자외선이 있죠. 자외선의 바깥에는 X선이 있고, 그 바깥에는 감마선이 있습니다. 이제 여러분은 전자기파에 대해 다 알게 되신 겁니다. 이런 식으로 우리가 우주에 대해 점점 더 많은 것을 알게 되면서 우주의 크기도 넓어지고 있는 셈이죠.

우주의 크기는
과연 얼마나 될까

2011년에 관측한 은하지도를 보면 4만 5000개에 달하는 은하가 관측되었어요. 그런데 사실 그 수치는 우리가 관측할 수 있는 전체 우주의 5퍼센트밖에 되지 않아요. 지금까지 파악한 바로는 총 은하의 수는 1조 개에서 2조 개 정도로 추정됩니다. 2조 개 중 하나의 은하, 그리고 그 은하에 속한 수천억 개의 태양계 중 하나의 태양계에 우리 지구가 있는 것이죠.

이   태양계에 있는 행성들은 다 알고 계시죠? 수금지화목토천해. 그런데 저와 비슷한 시기에 학교를 다닌 분들은 수금지화목토천해명으로 배웠었어요. 그 사이 명왕성이 제외된 거죠.

차클   명왕성이 왜 태양계 행성에서 제외된 것인가요?

이   1930년에 명왕성이 처음 발견되었을 때부터 학계에서는 별로 마음에 들어 하지 않았어요. 태양계의 안쪽에 위치한 지구형 행성인 수성·금성·지구·화성은 대체로 조그맣습니다. 그리고 바깥쪽에 위치한 목성형 행성인 목성·토성·천왕성·해왕성은 커요. 지구형 행성은 암석으로 이루어져 있고, 목성형 행성은 기체로 이루어진 거대 행성이에요. 그러다 명왕성이 발견되었는데 크기가 달보다도 작았어요. 게다가 딱딱한 암석질이었고요. 태양계 내 순서를 뒤죽박죽으로 만드는 것 같고

구분하기에도 번거로워서 학자들이 불편해했어요.

또 대부분 행성은 거의 원형인 궤도를 도는데 명왕성은 긴 타원형 궤도를 돌았어요. 심지어 다른 태양계 행성들처럼 평면으로 도는 게 아니라 다른 궤도를 침범하면서 삐딱하게 돌았죠. 그래도 1977년부터 1997년까지 20년 동안은 해왕성 궤도 안쪽에 있어서 명왕성이 태양계 여덟 번째 행성으로 간주됐어요. 그런데 더 큰 문제는 열 번째, 열한 번째 행성 후보들이 발견되기 시작한 겁니다. 행성 후보들이 한두 개가 아니라 수백, 수만 개가 발견될 가능성이 보였어요. 그러자 2006년에 국제천문연맹 천문학자들이 모여서, 이른바 왜소행성이라는 개념을 만들어서 명왕성을 태양계 행성에서 제외시키고는 왜소행성의 범주에 넣어버린 겁니다.

차클   태양계 바깥에 있는 별들은 어떻게 관측하게 되었나요?

이   에드윈 허블의 공로가 컸습니다. 허블은 여러 가지 발견을 했어요. 결정적으로 외부 은하를 입증하고 우주 팽창을 관측했어요. 그동안 우주의 중심에 지구가 있다고 여겨지다가 태양이 우주의 중심으로 바뀌었잖아요. 그러면서 태양계가 곧 우주 전체를 의미한다고 생각했죠. 천왕성이 발견되자 태양계가 두 배 가까이 커졌습니다. 지금은 우리가 속한 은하와 또 다른 은하들이 엄청 많이 있는 것을 우주라고 부르지만, 당시에는 그렇지 않았어요.

차클 은하 바깥에 있는 별들을 관측한 게 우주에 대한 고정 관념을 깨는 계기가 됐나요?

이 20세기 초반에 허블이 안드로메다 은하를 발견했는데 당시에는 성운(星雲)이라고 불렀어요. 우리의 은하를 전체 우주로 생각했으니까 우리 우주 안에 있는 하나의 성운이라고 봤던 것이죠. 그런데 안드로메다 성운이 우리 은하 안에 있는 것인지, 바깥에 있는 것인지에 대해서 논쟁이 붙었어요. 만약 안드로메다 성운이 우주 밖에 있는 것이라면 우리 우주가 유일한 우주가 아닌 게 됩니다. 즉 우주가 여러 개 있을 수 있게 되는 것이죠.

차클 안드로메다 은하의 발견이 결정적 계기가 됐군요.

이 허블이 거리를 재봤더니 당시에 우리가 알고 있던 우리 은하의 최대 크기보다 10배 이상의 거리가 나왔어요. 이런 관측을 통해 도저히 우리 은하 안쪽에 있을 수 없다는 것을, 따라서 우리 은하가 전체 은하가 아니라는 것을 깨닫게 됐죠. 결과적으로 우주 안에 여러 은하가 존재한다는 개념으로 확장되었어요.

차클 우주도, 은하도 너무 크기가 커서 쉽게 이해하기 어려운 개념인 것 같아요. 그건 그렇고 우리 은하는 어떻게 생겼나요?

이 우리 은하는 막대 나선 은하라고 불러요. 가운데가 막대처럼 되어 있고 나선형으로 돌고 있죠. 우리 은하의 구성을 설명해보자면 지구가 속한 태양계가 있어요. 태양이라는 별은 항성이고 항성 옆에 딸린 것을 행

성, 행성에 딸린 것을 위성이라고 부르죠. 이렇게 항성·행성·위성이 모인 집단을 태양 및 태양의 중력에 속한 행성계, 즉 태양계라고 불러요. 이런 행성계가 수천억 개 모인 것이 은하예요. 우리 은하와 같은 은하가 1조 개 정도 모인 것을 우리 우주라고 부르고요. 우리 은하의 그림에서 보면 나선 팔과 나선 팔 사이에 우리가 존재합니다. 태양계는 은하를 중심으로 공전을 하는데 그 속도가 무려 초속 250킬로미터입니다. 이 속도로 은하를 한 바퀴 도는 데 2억 2000만 년이 걸려요.

차클 은하와 우주를 실제로 관측할 수도 있나요?

이 허블 우주망원경을 통해서 허블 딥 필드라는 것을 찍었더니 다양한 모양의 은하계들이 찍혔어요. 그런데 하나 하나가 엄청난 거리만큼 떨어져 있어요. 빛으로 100억 년을 가야 하는 거리죠.

차클 태양처럼 빛나는 항성들이나 지구 같은 행성들이 각 은하계에 있다는 얘기죠?

이   각각의 은하에 태양 같은 별들이 수천억 개가 들어 있는 셈이죠. 2011년에 관측한 은하 지도를 보면 4만 5000개에 달하는 은하가 관측되었어요. 그런데 사실 그 수치는 우리가 관측할 수 있는 전체 우주의 5퍼센트밖에 되지 않아요.

차클   총 은하의 수는 얼마나 되나요?

이   우리가 지금까지 파악한 바로는 총 은하의 수는 1조 개에서 2조 개 정도로 추정됩니다. 2조 개 중 하나의 은하, 그리고 그 은하에 속한 수천억 개의 태양계 중 하나의 태양계에 우리 지구가 있는 것이죠.

차클   정말 우리는 우주의 먼지 같은 존재네요.

이   그렇죠? 지금 우리가 살고 있는 우리의 주소를 우주로 확장해서 써보면 그런 느낌이 더 확실해지죠. 한번 해볼까요?

우주, 물고기자리-고래자리 복합 초은하단, 라니아케아 초은하단, 처녀자리 초은하단, 국부은하군, 은하수 준은하군, 우리 은하, 오리온 팔, 굴드 대, 국부 거품, 국부 성간구름, 태양계, 내행성계, 지구, 아시아 대륙, 동아시아, 대한민국

차이나는 클라스

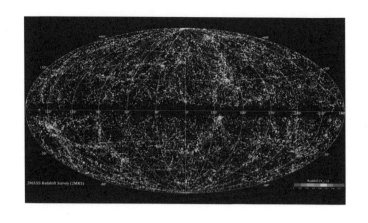

| 이 | 은하가 몇십 개 뭉쳐져 있으면 은하군이라고 해요. 이런 은하군이 수천 개 모여 있으면 은하단이라고 하고, 은하단이 수만에서 수십만 개가 모여 있으면 초은하단이라고 불러요. 저 멀리 우주의 어딘가에서 지구를, 대한민국을 찾아오려면 이런 식으로 우주 주소를 써야 될 거예요. |

차클   교수님, 그러면 현재의 과학 기술로 갈 수 있는 가장 먼 곳은 어디인가요?

이   '창백한 푸른 점'인 지구를 찍은 보이저 1호가 가장 멀리 갔어요. 명왕성을 지나서 성간우주로 나간 상태죠.

차클   1광년쯤 갔나요?

이   아직 못 갔어요. 빛의 속도로 이제 겨우 19시간 36분을 갔어요.

차클   그렇게 멀리 갔는데 1광년도 못 갔다고요?

이   빛은 1초에 30만 킬로미터를 날아갑니다. 우주가 너무 넓기 때문에 빛이 1초 만에 가는 거리를 광초라고 불러요. 그다음에 빛이 1분 동안 가는 거리를 광분이라고 하고요. 빛이 1년 동안 가는 거리를 1광년이라고 부르는 거예요.

차클	그럼 태양계 바깥에서 가장 가까운 별은 얼마나 떨어져 있나요?
이	태양계에서 제일 가까운 센타우르스 자리 알파는 빛의 속도로 4.3년 정도 가야 돼요. 보이저 1호로 간다면 5만 년에서 7만 년을 가야 되는 거죠. 우리 생애 안에는 못 가는 겁니다.
차클	이렇게 은하가 많다면 정말 외계인이 있을 수 있겠다고 생각할 수밖에 없겠네요?
이	이제 곧 외계인 이야기를 나누겠지만, 엄청나게 광활한 우주 속에서 실제로 외계 생명체가 있을 가능성을 찾는 게 바로 과학자들의 역할입니다.

차이나는
클라스

우주의 생명들은
어떻게 탄생하는가

우리 몸속에 있는 원소들은 지구에서 만들어진 게 아닙니다. 우주 공간에서 태양보다 훨씬 먼저 살고 죽었던 별들 속에서 만들어진 원소들이 재활용되고 있는 것이에요.

이　　그럼 이번에는 '우주와 생명'에 대한 이야기로 넘어가도록 하겠습니다. 우주와 우리를 연결시키는 단어로 스타더스트(Star dust), 즉 별먼지가 있습니다. 들어보신 적이 있나요?

차클　　별이 만들어질 때 발생하는 먼지 같은 것인가요?

이　　비슷합니다. 천문학자들이 우리 인간이 얼마나 소중한 존재인지를 이야기할 때 스타더스트란 말을 써요.

차클　　철학적인 의미인가요? 아니면 실존적인 의미인가요?

이　　실존적인 의미입니다. 우리 몸은 산소·질소·탄소·황·인으로 이루어져 있어요. 그러면 이런 원소들이 어디서 왔을까. 처음에 우주라는 공간이 생기면서 수소와 헬륨이 생겨나요. 수소는 우주의 나이가 38만 년일 때 만들어진 거예요. 그리고 수소는 그때 이후로 한 번도 사라지지 않았어요. 제가 물, 즉 H_2O를 마실 때마다 우주의 나이가 38만 년일 때 만들어진 수소를 지금 마시는 거예요.

차클 그럼 산소·질소·탄소·황·인은 어떻게 만들어졌나요?

이 그것들을 설명하기 전에 성운이라는 것을 주목해야 해요. 성운은 우주에 있는 구름입니다. 먼지와 기체로 이루어져 있어요. 성운이 뭉쳐져서 밀도가 굉장히 높아지면 별이 탄생하죠. 그런데 우주의 먼지와 기체가 뭉쳐서 별이 된다는 것은 빛을 낸다는 말이기도 하거든요. 그 원인은 바로 핵융합이에요. 수소와 수소가 뭉치는 것이죠. 태양은 지금도 끊임없이 수소와 수소를 결합시키면서 빛을 만들어내고 있습니다.

차클 그럼 저희가 보는 밤하늘의 별들이 모두 핵융합으로 만들어진 것인가요?

이 네, 모든 별들이 다 그렇게 빛을 내는 거예요. 그런데 수소와 수소가 핵융합으로 합쳐져서 양성자가 되면 더 이상 수소가 아니에요. 헬륨, 즉 다른 원소가 되는 거예요. 산소·질소·탄소도 모두 그렇게 탄생하는 거예요.

차클 우주 이야기를 하다가 원소 이야기를 하니 이해하기가 어려워요.

이 네, 정말 어려운 얘기예요. 간단하게 설명하자면, 우리 몸속에 있는 원소들은 지구에서 만들어진 게 아니라는 겁니다. 우주 공간에서 태양보다 훨씬 먼저 살고 죽었던 별들 속에서 만들어진 원소들이 재활용되고 있는 것이에요.

차클 그럼 우리 모두 별들의 후손이라는 말이군요?

이 네. 그래서 우리가 별먼지라는 거예요. 우리가 우주 속에서는 점보다도 아주 작은 존재에 불과하지만 139억 년, 모든 우주의 역사가 여기 우리 몸에 담겨 있는 것이죠.

차클 우리가 별먼지에서 탄생한 존재라면 다른 은하나 다른 우주에도 별먼지로 태어난 생명체가 있을 수 있겠네요?

이   네, 맞아요. "드넓은 우주에 우리 같은 생명체가 지구에만 있을 것인가"라는 질문이 나올 수밖에 없죠. 그러면 이제 외계인을 찾아봐야겠다는 생각을 자연스럽게 하게 되죠.

차클   세티에서도 그런 활동을 하고 있는 것이죠?

이   맞습니다. 여러분 영화 〈ET〉를 모두 보셨잖아요? 여기서 ET가 바로 지구 바깥(Extra-Terrestrial)이라는 말이에요. 그리고 외계 지적 생명체(Extra-Terrestrial Intelligence)를 찾는 활동이 바로 세티(Search for Extra-Terrestrial Intelligence)입니다.

차클   교수님은 외계인이 어떻게 생겼을 거라고 생각하세요?

이   많은 사람들이 그런 질문을 합니다. 실제로 세스 쇼스탁이라는 전파천문학자이자 세티 과학자가 외계인의 모습을 예측해봤어요. 바로 외계인 조(Joe)예요.

차클   어떤 근거로 외계인의 모습을 이렇게 예측한 것인가요?

이   지구와 비슷한 환경이라는 조건으로 시뮬레이션을 해보았어요. 우리

의 키가 만약 2미터가 되면 중력 때문에 척추가 굽는다고 해요. 그렇다면 우리보다 키가 더 크지는 않을 것이라고 예측을 할 수 있죠. 또 눈의 경우에는 눈이 100개가 되면 엄청 잘 보일 것 같지만 들어오는 정보가 너무 많아져서 뇌가 에너지를 너무 많이 소비하게 돼요. 그럼 많이 먹어야 하니까 비효율적이라고 판단을 한 거죠. 그래도 원근을 구분하려면 눈이 2개 정도는 돼야 한다고 예측할 수 있겠죠. 물론 3개가 될 수도 있어요.

차클 발가락과 손가락은 왜 3개씩인가요?

이 손가락은 3개일 수도 있고 5개일 수도 있어요. 우리는 우연히 5개의 손가락을 갖게 된 거예요. 기본적으로 3개만 있으면 집는 행위는 할 수 있죠.

차클 이런 예측을 하는 게 어떤 의미가 있나요?

이 우주에서 우리가 알고 있는 생명체는 지구 생명체밖에 없습니다. 당연히 다른 조건의 생명체가 있을 수 있어요. 하지만 우리는 너무나 많은 변수로 인해서 상상조차 하기가 힘듭니다. 그러니까 과학자들이 일단 지구와 거의 유사한 환경을 가정해서 찾아보는 노력을 하는 것이죠.

차클 그런데 교수님, 〈X파일〉 같은 드라마를 보면 지구에 불시착한 외계인의 사체가 등장하기도 하는데 그런 것들이 실제로 존재할까요?

이 미확인비행물체, UFO라는 개념이 등장하기 시작한 게 2차 대전 이후입니다. 그 당시에는 다양한 실험도 많이 했고, 전쟁을 위해 비행체가 많이 늘어났었어요. 냉전시대에 접어들자 그런 정보들이 기밀에 부쳐졌고 이후 시간이 지나 기밀서류들이 모두 풀려나게 됐습니다. 그래서 2차 대전 당시의 실험들을 살펴보니 당시에 UFO라고 알려져 있던 것들이 UFO가 아닌 것으로 대부분 밝혀졌어요. 요즘에는 UFO가 잘 발

차이나는 클라스

견되지 않잖아요. 그건 워낙 많은 카메라들이 도처에 있기 때문에 어느 특정 지역 한 곳의 목격담만으로는 성립이 될 수 없기 때문이에요.

차클　최근에 유튜브에 올라온 영상 중엔 밤하늘에 빛이 하나가 됐다가 다섯 개가 됐다가 다시 세 개가 되는 움직임이 목격된 게 있는데요. 이건 어떤 현상인가요?

이　그런 현상은 쉽게 만들 수 있어요. 저한테 돈만 좀 주시면(웃음). 그런 일들은 특히 어린이날에 많이 발생해요. 놀이동산에 가보면 아이들이 은박지 풍선을 많이 들고 다니죠. 저녁 6시경이면 아이들이 일제히 그 풍선들을 놓아버리곤 해요. 버스 타고 집에 가야 할 시간이니까요. 그러면 그 풍선들이 해질 무렵에 날아다니다가 빛이 반사되는 각도에 따라 다섯 개로 보였다가 세 개로 보였다가 열 개로 보였다가 하죠. 그래서 어린이날에 UFO 신고가 엄청 들어온다고 해요.

차클　그럼 과학자들도 인정하는 UFO의 증거는 없나요?

이　과학자들은 기본적으로 의심을 하는 사람들이잖아요. UFO 증거를 발견했다면 엄청난 사건일텐데 아쉽게도 지금까지 단 한 건도 없어요.

차클　그럼에도 불구하고 교수님은 왜 외계인이라는 존재를 믿으시나요?

이　최근에 와서 화성 같은 행성이나 위성에서 생명체가 존재할 가능성이 굉장히 높아지기 시작했어요. 어떤 사람은 태양계 내에 적어도 네 곳, 많게는 열 곳에서 생명체가 살 수 있는 가능성을 찾을 수 있다고 해요. 여기서 말하는 생명체는 박테리아 같은 것들이에요.

차클　외계 생명체가 살 수 있는 조건은 무엇인가요?

이　지구 생명체가 탄생한 조건으로 미뤄 생각해보면, 액체 상태의 물이 있어야 될 것 같아요. 다음으로 태양과 같은 에너지원이 있어야 합니다. 생명의 재료가 되는 유기화합물도 필요하죠. 그런 조건을 갖춘 지

화성　　　유로파　　　엔셀라두스　　　타이탄
Past water　Ocean under ice　H2O jet　Liquid CH4
CO₂ and N₂　Surface organics?　Organics　Organics
Cold preservation.　　　　N2　　Energy
Organics?　　　　　　Energy　Active cycles
　　　　　　　　　Liquid water?　Life?

역을 살펴보면 화성, 목성의 위성인 유로파, 토성의 위성인 엔셀라두스와 타이탄으로 좁혀져요.

차클　　가장 가능성이 높은 곳은 어디인가요?

이　　우선 토성의 위성인 타이탄이 태양계의 위성 중에서 제일 커요. 지구가 처음 태어났을 무렵의 모습이랑 거의 흡사해요. 바다도 있고 강도 있고 연못과 호수도 있어요. 문제는 그 액체가 메탄이라는 것이죠.

차클　　다른 후보들은 어떤가요?

이　　목성의 위성인 유로파의 표면을 보면 얼음에 균열이 생겨서 금이 간 것을 확인할 수 있어요. 거기다가 목성의 위성이다 보니 밀물과 썰물이 생기는 것처럼 물이 생길 때마다 지각이 30센티미터 정도 들썩들썩해요. 그럼 자전과 공전을 할 때마다 위성 내부의 물질이 뒤집힐 테고 마찰이 생겨서 지열이 발생할 겁니다. 에너지원이 생기는 것이죠. 또 겉은 얼음이지만 그 아래에는 물이 녹아서 바다를 이루고 있어요.

차이나는
클라스

지구의 물과 비교하면 유로파의 물이 훨씬 더 많아요. 최근에는 그 물이 짠물이라는 것을 관측하기도 했어요. 어쩌면 물고기 같은 동물이 있을 수도 있어요.

차클 언제쯤 그 실체를 확인할 수 있을까요?

이 한 20~30년 내로 가능할 것 같아요. 지난 오바마 정부 때 유로파 탐사선의 승인이 나기도 했었죠. 지금 기획 중이라고 해요.

차클 엔셀라두스는 어떤 특징이 있나요?

이 엔셀라두스에서는 표면을 뚫고 물이 솟구치는 것이 관측되기도 했어요. 정말 중요한 발견입니다. 옐로스톤 국립공원 같은 곳에서 물이 뿜어져 나오는 것 아시죠? 간헐천(間歇泉)이라고 부르는데요. 물론 엔셀라두스의 극지방이 추워서 금세 얼어붙어버려요. 하지만 태양계 내에서 물이 표면을 뚫고 튀어나오는 걸 목격한 첫 번째 사례입니다. 2005년에 발견이 되었고, 2006년에는 수능에도 출제가 됐죠(웃음).

차클 최근에는 화성으로 유인 탐사선을 보내는 영화도 등장했는데, 실제로도 탐사가 이루어지고 있나요?

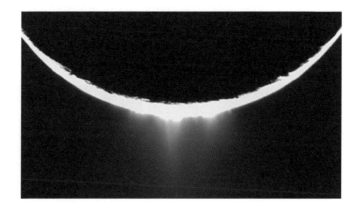

이	맞아요. 화성은 지구와 가장 비슷해요. 대기가 있어서 바람이 불고 폭풍우도 발생하고 진눈깨비 눈도 내려요. 땅을 파보면 얼음도 있고요. 북극과 남극이 있어서 계절에 따라 커졌다 작아지기도 하고 물이 흘렀던 흔적들도 볼 수 있어요. 그리고 계절에 따라서 표면에서 물이 스며 나오기도 해요. 생각보다 온도도 괜찮고 자외선도 약해서 생명이 살 조건이 굉장히 잘 갖춰져 있는 편이에요. 그래서 그동안 많은 탐사선들이 화성으로 발사되었고, 2012년 화성에 착륙한 큐리어서티라는 탐사선이 화성에서 활동하고 있어요. 2016년에 진행되었던 '엑소마스'라는 화성 탐사 프로젝트도 곧 재개될 예정이에요.
차클	화성 탐사가 특히 중요한 이유는 무엇인가요?
이	예를 들어서 지적 생명체는 아니더라도 박테리아와 DNA 구조가 똑같은 걸 발견했다고 가정해보죠. 하나가 아닌 두 개의 사례만 발견돼도 천문학자들이 그 사례를 온 우주에 적용할 수 있게 돼요. 태양계에 있는 모든 생명체는 DNA가 똑같다는 식으로 이론을 세울 수 있는 것이죠.
차클	그렇게 확대 해석을 해도 괜찮은 거예요?
이	그만큼 용감하게 얘기를 할 수 있는 거죠. 토성의 경우에도 마찬가지예요. 제가 어릴 때만 해도 토성이 우주에서 유일하게 고리를 갖고 있

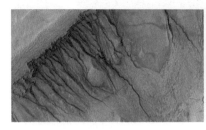 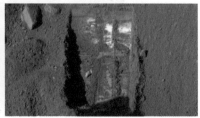

는 행성이라고 알고 있었어요. 그런데 보이저 1호가 목성에도, 천왕성에도, 해왕성에도 고리가 있는 것을 관측했어요. 심지어는 소행성에도 있어요. 그래서 지금은 커다란 기체 행성이 띠를 갖지 않으면 오히려 이상한 거라고 생각해요. 그리고 교과서도 그에 따라 바뀌었죠. 이처럼 하나의 발견과 두 번째 발견은 천문학에서 엄청나게 다른 해석을 낳을 수 있어요.

차클 화성에서 아직까지 발견된 생명체는 없죠?

이 네, 지적 생명체는 없는 것 같아요. 그러면 "도대체 외계인을 어디서 찾겠다는 것인가"라고 물을 수 있겠죠. 그래서 범위를 넓혀서 태양계가 속한 우리 은하에서 찾는 시도를 하고 있습니다. 수천억 개의 또 다른 태양계 행성들이 있잖아요. 그중에서 지구와 비슷한 행성을 찾는 관측을 여전히 하고 있죠.

인류는 우주로
나아갈 수 있는가

세티 프로젝트의 효시가 되는 논문을 보면 이런 구절이 나와요. "우리가 성공 확률을 측정하는 건 어렵지만, 만약에 우리가 아무것도 시도하지 않으면 성공의 기회조차 없다." 비단 외계 생명체를 찾는 것뿐 아니라 과학의 정신이기도 한 말이에요.

차클	언제부터 본격적으로 태양계 바깥 우주를 관측하기 시작했나요?
이	세티를 창설한 프랭크 드레이크 박사라는 분이 1960년에 외계 지적 생명체 탐색의 첫 번째 작업을 시작했어요. 오즈마 계획이라고 합니다. 그때 태양과 비슷한 두 별을 골랐어요. 드레이크 박사는 외계인이 존재하고 그들이 지구를 관측한다면 우리가 방송을 하는 것처럼 지구를 벗어나는 전파를 발송할 것이라고 예상을 했어요. 그래서 외계인들이 만들어냈을지 모를 인공적인 전파를 전파망원경으로 찾는 작업을 시작했어요.
차클	세티가 'CETI'에서 'SETI'로 바뀌었다고 하는데, 그 이유는 무엇인가요?
이	처음에는 CETI였어요. 외계 지적 생명체(Extra-Terrestrial Intelligence)

와 커뮤니케이션(Communication)을 한다는 의미였죠. 그런데 실제로 프로젝트를 진행해 보니 커뮤니케이션이 실시간으로 되지 않는다는 것을 금방 깨달았죠. 현재 기술로 태양까지 통신하는 데 8분 20초가 걸려요. 그럼 16분 40초 후에 답신을 들을 수 있겠죠. 4광년 걸리는 곳이라면 가는 데 4년, 오는 데 4년이 걸리고요. 그러니까 실시간 커뮤니케이션이 될 수 없죠. 그래서 커뮤니케이션이란 말을 빼버리고 서치(Search), 즉 탐색으로 바꾼 것이죠.

차클 지금까지 우리가 보낸 신호에 답신이 온 것이 있나요?

이 초기에 대략 네 달 동안 하루 4시간씩 관측을 했는데 놀랍게도 인공적인 전파 신호가 들어오는 것이 잡혔어요. 당시 사람들은 너무 쉽게 외계인을 발견했다고 놀랐었죠. 그런데 몇 시간 만에 그 근처 공군기지에서 나오는 레이더 신호로 판명이 됐죠.

차클 아직까지 외계에서 들어온 시그널은 없다는 얘기죠?

이 후보가 되는 신호들이 몇천 개가 있는데 그중에서 '와우(Wow) 시그널'이 가장 유명해요. 아래 그림을 보시죠. 빈칸은 잡음을, 숫자는 전

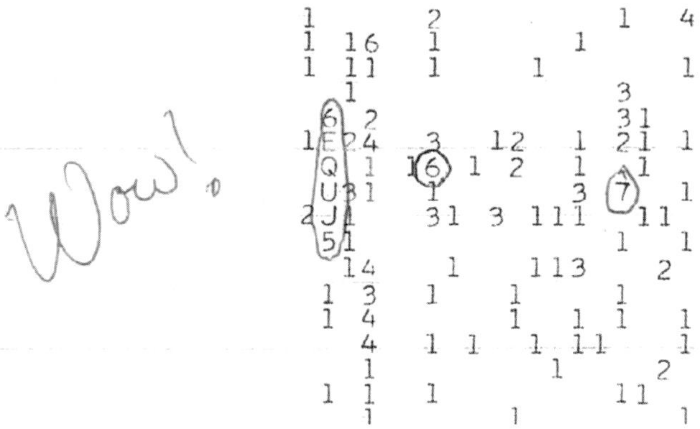

파의 세기를 나타내요. 1, 2, 3 같은 것들은 약한 것이지만, 6, 7 정도 되면 굉장히 강한 거예요. 9 이후부터는 A, B, C로 올라가고요. 그런데 동그라미가 그려진 부분은 72초 동안 굉장히 강한 전파가 연속으로 온 거예요. 더구나 지구상의 레이더나 자연전파 신호를 제외했는데도 강력한 전파가 잡힌 거죠. 이 신호를 발견한 후에 일제히 전파망원경으로 관측을 시작했어요. 그런데 반복 관측이 되질 않았어요.

차클   어쩌면 100년이나 200년 전에 보낸 것일 수도 있겠네요?

이   네. 그럴 수도 있죠. 그래서 해프닝으로 끝났어요. 반복 관측으로 확인이 되질 못해서요. 암튼 이 신호를 발견한 천문학자가 놀라서 써놓은 와우를 따서 '와우 시그널'이라고 부릅니다.

차클   외계인이 실제로 존재하는 확률은 얼마나 될까요?

이   '드레이크 방정식'이라는 게 있어요. 이 방정식은 외계인이 얼마나 많을지를 따져보는 방법이에요. 예를 들어 우리 은하 안에 있는 별의 수, 그 별이 행성을 갖고 있을 확률, 태양계 안의 행성 수, 생명체가 발생할 확률, 지적 문명으로 진화할 확률을 곱하는 거예요.

차클   복잡하기 짝이 없네요.

이   네, 그게 끝이 아니죠. 그들도 전파망원경을 갖고 있을 확률도 필요해요. 그런데 우리가 멸종을 하면 지적 생명체로 고작 100년을 살다 만 거잖아요. 그러니까 제일 마지막 변수로 이들이 문명을 얼마나 지속할지까지 다 곱하면 숫자가 나와요. 이게 드레이크 방정식이에요. 그런데 들으며 느끼셨겠지만 대부분 변수가 알 수 없다는 게 문제예요.

차클   변수도 정확하지 않은 방정식을 구하는 게 무슨 의미가 있을까요?

이   이 방정식은 그만큼 우리가 뭘 모른다는 걸 알려주는 데 목적이 있어요.

차클   실제로 저 방정식을 계산해보긴 했나요?

차이나는 클라스

이	1961년 칼 세이건이나 드레이크 박사 같은 분들이 모여서 논의를 해 봤어요. 그랬더니 적게는 50개에서 많게는 수조 개까지 나왔다고 해요. 왜냐하면 우리의 문명이 얼마나 지속 가능한지에 대해서도 수많은 변수가 발생하기 때문이죠. 비관적인 사람은 핵전쟁 때문에 100년 안에 망한다고 하고, 또 어떤 사람은 굉장히 평화롭게 살게 돼 우리가 1억 년을 존재한다고 해요. 100 대 1억이면 엄청난 차이잖아요.
차클	세티 과학자들은 언제쯤이면 외계인을 만날 수 있다고 예측하나요?
이	아까 외계인 조를 예측한 세스 쇼스탁이라는 학자가 미국 국회에서 열린 우주생물학 청문회에서 외계인의 신호를 포착할 거라고 예측한 시기가 있어요. "25년 내에 외계인을 찾을 것이다."라며 모든 사람과 커피 내기를 제안하기도 했죠. 그 시기가 바로 2035년이나 2040년 경이에요.
차클	어떤 근거로 예측을 한 건가요?
이	먼저 외계 행성 중에 지구와 비슷한 행성이 얼마나 많은지를 찾아야 되겠죠. 그때 사용하는 도구가 바로 2009년에 우주로 올라간 케플러

우주망원경이에요. 케플러 우주망원경에는 무수히 많은 카메라가 달려 있어서 지구와 비슷한 외계 행성을 찾아요. 지금까지 약 3500개가 넘는 외계 행성을 발견했어요. 그중에는 지구와 비슷한 크기와 질량을 갖고 있는 행성이 수백 개 정도 돼요. 또 그중에서 표면에 물이 있을 행성들을 추려서 지금까지 53개를 발견했죠.

차클   지구와 비슷한 대표적인 외계 행성은 무엇인가요?

이   지구 태양계로부터 4.3광년 떨어져 있는 행성계에서 프록시마B라고 하는 행성이 발견됐어요. 이게 가장 가까운 것이에요. 지구와 환경도 굉장히 비슷해요. 또 로스 128B라고 하는 행성도 발견됐어요. 저두 개가 특별한 건 지구랑 거리가 비교적 가깝기 때문이에요. 하나는 4.3광년이고 또 다른 하나는 한 20광년 정도죠. 이렇게 하나씩 찾아가면서 드레이크 방정식의 변수 중 하나인 행성의 개수들을 알아가는 겁니다.

차클   전파망원경은 전 세계에 몇 대나 있나요?

이   미국 캘리포니아 북쪽에 가면 외계 지적 생명체만을 탐색하는 전용 망원경이 있어요. 마이크로소프트의 공동 창업자인 폴 앨런이 기증을 해서 앨런 텔레스코프라고 부르죠. 또 중국에서 만든 세계 최대의 망원경도 있습니다. 중국이 전 세계 인류 중 처음으로 외계 생명체를 발견

하는 민족이 되겠다는 포부를 가지고 만들었어요. 외계 생명체를 발견하기 위한 인공전파 신호 포착을 최우선 목표로 하고 있죠.

차클 우리나라에는 전파망원경이 없나요?

이 우리나라에도 한국 우주 전파 관측망이 있어요. 크기는 작아도 외계 신호를 포착하는 프로젝트를 추진했어요. 지금은 멈춰 있는 상태예요.

차클 안타깝네요. 아까 말씀하신 외계 행성 탐사 프로젝트는 지금도 진행 중이죠?

이 네. 작고한 스티븐 호킹 박사를 비롯해 다양한 학자들이 4.3광년이 걸리는 프록시마B 행성을 20년 만에 가겠다는 프로젝트를 추진해 왔어요. 유리 밀너라는 분이 1300억 원을 투자해서 가능해졌죠. 이 분은 세티 프로젝트를 진행할 때 전파망원경을 설치할 수 있도록 1300억 원을 기부하기도 했어요.

차클 어떻게 4.3광년을 20년 만에 가겠다는 거죠?

이 방패처럼 생긴 우주 돛대라는 것이 있어요. 스타샷 프로젝트인데요. 초소형 나노 우주선 1000개로 외계 행성을 탐사하는 계획이에요. 가격은 아이폰 한 대 값 정도이고, 크기는 손바닥만 한 칩을 단 우주 돛대를 띄우는 거죠. 지구에서 레이저를 쏘면 쉽게 가속을 시킬 수 있어요. 그래서 아까 보셨던 프록시마B라는 행성으로 보내서 사진을 찍어 지구로 보내겠다는 계획이에요. 20년을 준비하고, 20년 동안 가고, 4년 동안 사진을 찍어 보내면 2056년 무렵에 사진을 받아볼 수 있다는 계획을 세운 거예요.

차클 희박한 가능성에 많은 돈을 쓴다고 비판하는 사람들은 없나요?

이 엄청나게 많은 비판을 받죠. 그런데 세티 프로젝트에 국가나 민간인들, 인텔과 같은 큰 기업에서도 지원을 해요. 세티에서는 정말 희미한

신호를 찾는 것이잖아요. 그렇다면 그런 작업에 필요한 장비는 이 세상에 어디도 존재하지 않는 장비여야 돼요. 세계 최고의 분광기, 세계 최고의 수신기, 그리고 세계 최고의 데이터베이스가 필요하죠. 실제로 분산 컴퓨팅이라는 것도 세티에서 비롯되었어요.

차클　최첨단 기술을 검증받겠다는 목적도 있겠네요?

이　　그렇죠. 아직까지 검증되지 않았던 자신들의 기술과 기기들을 테스트하는 거예요. 그렇게 군사화되고 산업화된 기술과 기기들이 나중엔 우리 일상까지 적용되는 거죠. 실제로 아폴로 우주선에 탔던 우주인들은 화장실을 쓸 수 없어서 모두 기저귀를 차고 있었거든요. 그 기저귀가 일회용 기저귀로 산업화됐고요. 또 음식튜브를 데워서 먹어야 하니까 전자레인지가 개발되었고요. 또 MRI나 GPS, 내비게이션 등이 모두 우주선을 위해 개발되었다가 우리 일상에 적용된 것들이죠. 기능성 옷들도 다 우주복에서 온 거예요. 그래서 미국에서는 이런 사실을 알고 있으니 몇십 년을 내다보고 우주 산업이나 기초과학에 많이 투자를 하죠.

차클	우주여행 산업도 등장하고 있는 것 같은데 실제로 가능한 일인가요?
이	네, 요즘 우주 공간을 직접 개발하겠다는 아이디어를 내기 시작한 사람들이 등장했어요. 예를 들어 6500만 년 전에 소행성이 지구와 충돌해서 공룡을 멸종시켰으니 우리에게 소행성은 위험한 존재잖아요. 그런데 어떤 사람들 눈에는 소행성이 돈을 벌 수 있는 기회로 보였던 거죠. 실제로 2015년에 지구 근처를 지나간 소행성의 경우에 백금이 굉장히 많이 들어 있었다고 해요. 금액으로 계산을 해봤더니 6000조 원의 가치가 있었다고 해요. 말하자면 광산이 우주에서 찾아온 것이죠.
차클	실제로 채굴을 하겠다는 계획을 세웠나요?
이	2012년에 플래니터리 리소스라는 회사를 비롯해서 소행성 채굴회사가 만들어지기도 했어요. 황당한 이야기 같지만 구글의 에릭 슈미트 회장, 영화 〈아바타〉를 만든 제임스 카메론 감독 같은 사람들이 투자를 한 회사예요.
차클	누구나 소행성에서 채굴한 물질을 소유할 수 있는 건가요?
이	물론 남극조약처럼 우주에도 외기권 우주조약이라는 것이 있어서 어떤 한 나라가 독점하지 못하도록 금지돼 있어요. 그런데 다국적 기업을 설립해서 그런 경계를 허무는 로비들을 하고 있죠. 또 우주여행에도 엄청난 투자가 이뤄지는데 테슬라 자동차를 만든 엘론 머스크가 대표적입니다. 2018년에 달 탐사를 하는 패키지를 내놓았죠. 3일 동안 달을 몇 바퀴 돌고 돌아온다는 계획이에요. 그러자 문 익스프레스라는 회사에서도 패키지를 내놓고, 아마존에서도 '블루 오리진'이라는 패키지를 내놓겠다고 했어요.
차클	정말 달에 가면 우주정거장에서 우주인들이 찍은 사진처럼 지구가 보일지 궁금합니다.

이	국제 우주정거장에서는 지구가 동그랗게 보이지는 않아요. 대륙 정도만 보이죠. 조금 더 멀리 가야 비로소 동그란 지구 전체가 보여요. 그걸 본 사람은 아폴로 우주인밖에 없어요.
차클	화성으로 이주하는 계획도 나오지 않았나요?
이	네, 화성 이주 계획도 있죠. 화성까지 가는 데는 지구와 제일 가까울 때 8개월이나 9개월 정도 걸려요. 그리고 지구로부터 멀어지면 못 돌아오니까 한 달을 더 머물다 돌아와야 해요. 제일 빠르게 다녀온다고 해도 총 520일 정도 걸리는 거죠. 엘론 머스크가 화성 여행에도 뛰어들었죠. 2020년대 중반에 사람들을 태워서 이주를 하겠다고 희망자를 모집도 했어요. 마스원이라는 회사도 있죠. 이 회사도 2020년대 중반에 사람들을 화성으로 보내겠다고 하고, 아마존에서도 보내겠다고 했어요. 그런데 이들 업체가 내건 공통점은 모두 편도 여행이라는 거예요. 화성에 가서 돌아오지 않는 겁니다. 그러면 훨씬 일이 쉬워지니까요.
차클	실제로 지원하는 사람들이 많았나요?
이	네. 60만~70만 명이 지원을 했어요. 지구에 다시 돌아올 수 없는데도요. 놀랍죠? 자 그럼, 이제 정리를 좀 해볼게요. 오늘 많은 얘기를 했는데 결국은 우리는 모두 별먼지에서 만들어진 지적 생명체라고 할 수 있다고 했잖아요. 어떤 의미에서는 우리가 별을 관측하는 이유가 고향에 대한 그리움이 우리에게 각인되어 있기 때문인지도 몰라요. 그래서 계속 우주로 가겠다는 생각을 하는지도 모르고요. 하지만, 그런 생각을 한다는 게 너무 멋지잖아요. 우리는 우주 속에서 굉장히 하찮은 존재 같지만 이런 생각들을 할 수 있는 존재고, 실천도 하고 있어요. 세티 프로젝트의 효시가 되는 논문을 보면 이런 구절이 나옵니다. "우리

가 성공 확률을 측정하는 건 어렵지만, 만약에 우리가 아무것도 시도 하지 않으면 성공의 기회조차 없다."

지금 우리가 외계인을 찾는다고 하지만 아직 발견한 건 없잖아요. 없는 존재를 찾아나서는 거니까 확률이 어떻게 될지 가늠할 수 없죠. 하지만 그렇다고 시도조차 하지 않으면 확률은 0인 거죠. 비단 외계 생명체를 찾는 것뿐 아니라 과학의 정신이기도 한 말이에요. 여러분이나 저 같은 사람들이 세상을 대하는 태도가 될 수도 있을 겁니다. 오늘 강의는 여기서 마치겠습니다.

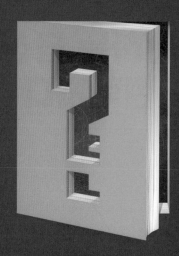

차이나는
클라스

3장

사회

질문하는 당신이
철학자다

이진우

공대생들에게 철학을 전파하는 포스텍(포항공대) 인문사회학부 교수.
신을 의심했던 니체처럼, 역사를 의심했던 마르크스처럼,
존재를 의심한 하이데거처럼 우리의 삶을 성찰하게 만들 의심의 철학자.

나는 어떤 삶을 살아야 하는가

성찰을 하지 않으면 질문도 던지지 않겠죠. 질문을 던지지 않으면 철학도 하지 않는 거예요. 제 직업의식 때문인지 몰라도 철학하지 않는 사람은 살 만한 가치가 없다고 생각해요.

차클　공과대학에서 철학을 가르치고 계신데 특별한 이유가 있나요?

이　제가 몸담고 있는 포스텍은 미국의 칼텍이나 MIT처럼 이공계의 전문가를 양성한다는 목적으로 설립되었습니다. 그런데 단순하게 공학이나 자연과학적 지식만으로는 이공계의 리더가 될 수 없어요. 인공지능이나 로봇 등이 등장하면서 인문학자나 철학자들처럼 공학도들도 우리 인간의 삶이 어떻게 변화할 것인지에 대해서 성찰할 필요가 커졌기 때문이죠.

차클　실생활에서 철학이나 인문학이 무슨 소용인지 잘 모르겠어요. 철학을 제대로 배운 적도 없어서 막연히 어렵게 느껴지기도 하고요.

이　많은 사람들이 철학을 어려운 학문이라고 생각해요. 그러면 여러분께 한번 질문을 해볼게요. 각자가 생각하는 철학은 무엇인가요?

차클	어떻게 살아야 하고 어떻게 하면 잘 살 수 있는지를 탐구하는 인간의 본능이나 욕구를 배우는 학문 같습니다.
이	만약 그런 것을 철학이라고 답한다면, 소크라테스 같은 경우에는 이렇게 질문을 던질 거예요. "철학의 목표가 잘 사는 것이라고? 그럼 잘 사는 게 무엇인가?"라고요.
차클	아마도 '고통이 적은 삶'이 아닐까요?
이	혹시 마라톤 해보셨나요? 예를 들어 10킬로미터 마라톤을 했을 때 숨이 가쁘고 힘들지 않겠어요? 그런데 완주를 하고 나면 기쁘겠죠. 단순히 우리에게 고통이 없다고 해서 그것이 잘 사는 삶일까요? 아니겠죠? 그렇게 간단치가 않아요.
차클	설명을 들으니 더 어려운 것 같습니다. 철학이라는 학문을 쉽게 이해할 수 있는 방법은 없나요?
이	철학은 정답을 가르쳐주는 것이 아니라, 어떻게 질문하는 것인지를 알려주는 학문이라 할 수 있어요. 플라톤은 철학이 놀라움으로부터 시작한다고 했어요. 여러분들도 그랜드캐니언 같은 곳을 가게 되면 자연이 만들어놓은 작품에 놀라곤 하잖아요. 놀라움 다음에는 의심이 생겨나죠. "누가 저런 것을 만들었을까?" 그러면 이제 질문이 생기는 거죠. "우리가 살고 있는 우주의 섭리는 무엇인가?" 이런 질문을 연구하면 자연철학이 되는 것이죠. 사람으로 시선을 돌렸을 때에도 놀라움의 대상이 있을 수 있어요. "왜 세상은 이렇게밖에 살 수가 없을까? 이게 공평한 것인가?" 이런 질문을 던지게 되면 그때부터 사회철학이 시작되는 것입니다. 그러니까 사실 철학은 어려운 학문이 아니죠.
차클	누구나 철학을 할 수 있다는 말씀이신가요? 아무 질문이나 던진다고 해서 철학자라고 할 수 없지 않을까요?

이	좋은 질문과 나쁜 질문을 구분할 수 있는 법이 있는가를 묻는 거겠죠? 모든 질문은 의미가 있을 수 있습니다. 그런데 예를 들어 우리가 외국 여행을 할 때, 어디로 가면 역에 갈 수 있는지를 묻는 질문을 철학적 질문이라고 할 수는 없어요. 이처럼 단순한 지식을 탐구하는 질문은 금방 대답을 찾을 수 있습니다. 그런데 철학적 질문에는 정답이 없어요. 그런 의미에서 좋은 질문이란 다른 질문을 계속 유발시키는 질문이라고 할 수 있어요.
차클	역시 철학이라는 학문은 쉽게 접근할 수 없는 것 같아요.
이	그래서 제가 여러분이 갖고 있는 철학에 대한 몇 가지 편견부터 지워보려고 해요. 혹시 여러분은 철학하기에 제일 좋은 장소가 어디라고 생각하세요?
차클	화장실이나 침실처럼 혼자 있을 수 있는 곳이 아닐까요?
이	제가 이런 질문을 던진 이유는, 많은 사람들이 철학이라고 하면 은둔의 학문이라고 생각하기 때문입니다. 구체적인 현실에 매이게 되면 철학적인 사유를 하지 못하기 때문에 은둔할 필요가 있다는 인식이 강한 거예요. 거기다 철학이 삶에 아무런 쓸모가 없고, 유용한 지식도 전달해주지 않기 때문에 비현실적 학문이라고 생각을 하죠.
차클	그렇다면 예전 사람들은 철학에 대해 어떻게 생각했나요?
이	2500년 전 철학이 처음 등장할 때에도 사람들은 철학에 대한 편견을 갖고 있었어요. 플라톤의 대화편 《테아이테토스》에 유명한 사례가 하나 등장해요. 탈레스라는 그리스의 철학자가 하늘의 별을 열심히 연구하고 있었어요. 하루는 밤하늘의 별만 바라보고 걸어가다가 발밑에 있는 웅덩이를 보지 못해서 빠져버리고 말았습니다. 옆에서 그것을 지켜보던 트라키아의 하녀가 "하늘에서의 일을 너무나 알고 싶은 나머지,

바로 자기 발 앞에서 일어난 일은 모르네."라고 했어요. 눈앞에서 벌어지는 현실적인 문제에는 철학자들이 문외한이라는 것을 조롱한 것이죠. 그래서 많은 사람들이 철학은 현실을 떠난 상태에서 자연의 본질을 탐구하는 학문이라는 생각을 하게 된 것이죠.

차클   철학이 언제 등장했다고 보시나요?

이   기원전 5세기의 아테네에서 태어났다고 할 수 있어요. 그 당시의 아테네는 정치와 경제의 중심지, 즉 지금의 뉴욕과 같다고 볼 수 있습니다. 한마디로 철학은 대도시에서 태어났어요. 그럼 왜 대도시에서 탄생했을까요? 대도시의 특징은 다양한 사람들이 모일 수 있는 광장과 같다는 것이죠. 그러니까 소크라테스도 광장에 모인 사람들을 찾아다니면서 사회의 문제에 대해 질문도 하고 토론을 했던 거예요. 그렇게 서로 질문과 대답을 하게 되면서 생겨난 것이 철학입니다. 그런 그리스의 광장을 아고라라고 하고요. 지금도 우리가 인터넷상에서 접할 수 있는 아고라라는 토론방이 바로 그리스의 광장과 같은 역할을 하는 것이죠.

차클   당시의 아테네와 뉴욕이 비슷하다는 것도 놀랍네요.

이   뉴욕이라고 하면 마천루만 떠오를지 모르겠지만, 전 세계에서 다양한 인종들이 가장 많이 모여드는 곳이기도 하죠. 또 전 세계에서 화랑의 숫자가 제일 많은 곳이기도 하고, 전 세계에서 뮤지션들이 제일 많이 활동하는 곳이기도 해요. 따라서 뉴욕은 다양성(diversity)의 장소라고 할 수 있습니다.

차클   도시와 다양성, 그리고 철학 사이엔 어떤 관련이 있는 것인가요?

이   철학은 도시에서 이루어진다고 했습니다. 그럼 왜 도시일까요? 바로 도시는 다양성의 장소이기 때문입니다. 그리고 그 핵심에는 각양각색의 사람들을 서로 연결하는 네트워크가 있어요. 다양성이 네트워크를

차이나는 클라스

형성하려면, 내부적으로 움직임이 있어야 해요. 만약 어떤 도시에서 움직임이 느껴지지 않는다면, 그곳은 죽은 도시예요. 또 어떤 수업에 들어갔는데 질문이 없으면 그 수업은 죽은 수업이죠. 학생들의 생각이 다양하지 않으면 질문도 없어요.

차클 생각이 다양하면 다양할수록 각자 자기 생각만 말하는 결과를 초래하지 않을까요?

이 세포가 모여서 생명체를 이루고, 다양한 생명체가 모여서 종을 이루고, 종이 모여서 에코 시스템, 즉 생태계를 구성하죠. 물질적 세계나 정신적 세계나 기본적으로 다양성이 어떻게 연결되어 있는가를 봐야 합니다. 사람들도 모두 다양한 생각을 가지고 있어요. 카오스 상태라고 할 수 있겠죠. 그런 다양한 의견들을 어떻게 합의에 이르게 할 것인가. 이게 바로 인류 역사상 처음으로 철학이 탄생할 때의 출발점이었어요. 그래서 저는 '철학은 다양성을 경영하는 것이다(Philosophy is managing diversity)'라고 정의를 해요.

차클 교수님이 소개해주실, '다양성을 경영한' 철학자들은 누구인가요?

이 어떻게 다양성을 경영할 것인가, 다양성 속에서 어떻게 합의에 도달할 것인가에 대해서 두 사람의 철학자를 다루려고 합니다. 바로 소크라테스와 니체입니다.

차클 많은 철학자들 가운데 소크라테스와 니체를 선택하신 이유가 있나요?

이 철학자가 한 말 중에서 한 문장만 꼽는다고 한다면 저는 소크라테스의 변론에 나오는 "성찰하지 않는 삶은 살 만한 가치가 없다(The unexamined life is not worth living for a human being)."는 문장을 꼽고 싶어요. 우리가 성찰을 하지 않으면 질문도 던지지 않겠죠. 질문을 던지지 않으면 철학도 하지 않는 거예요. 제 직업의식 때문인지 몰라

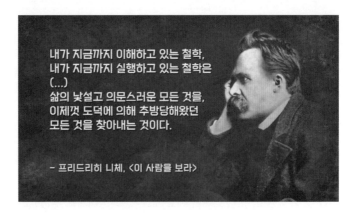

도 철학하지 않는 사람은 살 만한 가치가 없다고 생각해요. 이게 바로 소크라테스의 말입니다. 또 니체 같은 경우에는 그 사람의 사상이 우리가 살아가는 삶과 너무나 직결되어 있다는 것이 매우 매력적입니다. 물론 소크라테스는 서양철학의 기초를 놓은 사상가이고 니체는 서양 형이상학의 전통을 철저하게 비판한 철학자라는 상징적 의미도 있습니다.

니체 같은 경우에는 삶에서 낯설고 의문스러운 것들을 찾아내는 것, 즉 기존 도덕이나 전통이 감히 제기하지 않았던 것들을 다시 찾아내는 것을 철학이라고 말합니다. 그래서 프리드리히 니체는 전복의 철학자라고 불려요. 그럼 소크라테스와 니체에 대해 조금 더 알아보도록 하겠습니다.

우리는 어떻게
진리에 도달하는가

소크라테스의 문답법이 형성되려면, 먼저 질문을 던져야 해요. 그리고 질문을 던
질 때에는 내가 알고 있는 것이 아닌 것을 질문해야 합니다. 그러니까 나도 모르
고 너도 모른다는 무지의 평등주의를 인정해야만 질문을 던질 수 있다는 거예요.

이 자크 루이 다비드라는 프랑스 화가가 1787년에 그린 〈소크라테스의
  죽음〉이라는 작품을 한번 보시죠. 독배를 건네받고 있는 사람이 소크
  라테스고, 그다음에 황색 망토를 입고 있는 사람이 플라톤이에요. 뒤
  에서는 소크라테스의 부인인 크산티페가 그 광경을 바라보면서 상당
  히 애통해하고 있죠. 혹시 소크라테스가 한 말 중에 기억하고 계신 게
  있나요?

차클 "너 자신을 알라." "악법도 법이다."

이 소크라테스가 사형 선고를 받고 독배를 받아들면서 "악법도 법이다."
  라는 말을 했다고 하지만, 실제로 소크라테스가 직접 한 말은 아니에
  요. 잘못 알려진 거죠. 부인인 크산티페가 악처였다고 하는 것들도 전
  부 다 지어낸 이야기들이고요.

차클	소크라테스는 왜 사형 선고를 받게 된 것인가요?
이	권력자들은 소크라테스가 자기들의 생각과는 다르게 생각함으로써 사회를 혼란스럽게 만들었다고 판단한 것이죠. 플라톤이 쓴 《소크라테스의 변명》에 사형 선고 죄목이 등장해요. 그 내용을 살펴보면, "소크라테스는 젊은이들을 망치고, 국가가 믿는 신들을 믿지 않고 다른 새로운 신령스러운 것들을 믿음으로써 불의를 행하고 있다."는 것이었어요. 그러니까 간단히 말해서 기존의 권위와 전통을 따르지 않고 끊임없이 질문을 하게 만들었기 때문에, 소크라테스가 젊은이들의 영혼을 유혹했다는 것이죠.
차클	최고 권력자들이 정말 싫어했겠군요?
이	자신들이 명령하는 것을 따르지 않고 왜 이것을 해야 되는지, 다르게 하는 게 더 좋지 않은지를 계속 물어봤으니 그럴 수밖에요. 1511년에 라파엘로가 그린 〈아테네 학당〉이라는 유명한 그림을 보면 플라톤과 아리스토텔레스가 가운데에 있고, 좌측으로 소크라테스가 보일 거예요. 바로 소크라테스가 젊은이들에게 끊임없이 질문을 하면서 유혹하

차이나는 클라스

는 장면입니다.

차클   그렇다면 소크라테스는 사람들에게 어떻게 질문을 하라고 했나요?

이   소크라테스의 문답법이라는 것이 있어요. 즉 집요하게 질문을 하면서 상대방이 가지고 있는 신념이 논리적으로 모순되는 것을 증명하고, 질문을 하게 만드는 것이죠. 소크라테스의 문답법이 형성되려면, 먼저 질문을 던져야 해요. 그리고 질문을 던질 때에는 내가 알고 있는 것이 아닌 것을 질문해야 합니다. 그러니까 나도 모르고 너도 모른다는 무지의 평등주의를 인정해야만 질문을 던질 수 있다는 거예요.

차클   당시에 다른 학자들은 문답법을 활용하지 않았나요?

이   당시에는 소피스트가 주류를 형성하고 있었어요. 그들은 자신의 생각에 확신을 갖고 있고, 자신들이 가진 지식이 절대적이라고 주장하는 사람들이었죠. 소피아(sophia)는 지혜, 지식을 의미해요. 따라서 소피스트는 지혜를 갖고 있는 자, 즉 지식인들이라 볼 수 있죠. 하지만 소크라테스는 자신이 확신을 가지고 있는 게 아니라, 단지 지혜를 사랑할 뿐이라고 말하죠. 사랑이 필로스(philos), 지혜가 소피아니까 둘을

합쳐서 필로소피아, 필로소퍼, 필로소피(philosophy, 철학)라는 개념이 나온 것이죠. 그래서 소크라테스의 개념에 따르면 모든 질문에는 정답이 없는 것이죠.

차클 토론을 할 때 상대의 말을 경청하고, 언제든 설득당할 준비가 되어 있어야 한다는 이야기를 들은 적이 있는데 지금 말씀해주신 소크라테스의 문답법과 비슷한 것 같아요.

이 비슷하죠. 그러니까 결과적으로 내가 알고 있는 것이 진리가 아닐 수도 있다는 오류의 가능성을 인정해야 토론을 할 수 있는 겁니다. 소크라테스의 유명한 패러독스가 있죠. "나는 아무것도 모른다는 사실만을 안다." 이것이 전제가 되어야만 대화가 가능하다는 겁니다.

차클 소크라테스는 어떻게 이런 생각을 하게 되었나요?

이 개인의 성격보다는 시대적 배경에서 찾는 게 좋을 것 같습니다. 스파르타와 아테네 간의 펠레폰네소스 전쟁이 27년간 지속되면서 고대 그리스의 아테네 문명이 몰락하게 되는 시점에 소크라테스, 플라톤, 아리스토텔레스와 같은 걸출한 사상가들이 나왔어요. 흥미로운 것은 문

차이나는
클라스

명과 문화의 전성기에는 사상이 위축된다는 사실입니다. 오히려 위기의 시대에 사상가들이 많이 등장하게 됩니다. 세상이 혼란스럽고 어지러울 때, "세상이 왜 이 모양인가"를 생각하기 때문이죠.

차클 고대 중국에서 춘추전국시대에 사상가들이 많이 등장한 것도 같은 이유겠네요?

이 네. 노자, 맹자, 법가 같은 제자백가 사상이 등장한 것도 마찬가지죠. 또 전쟁이 심해지고 내부가 불안정해지면 독재의 유혹을 받게 됩니다. 그때 아리스토텔레스가 등장해서 무너져가는 전통을 어떻게 다시 되살릴지에 대해 생각을 하게 된 것입니다. 이쯤에서 제가 질문을 하나 드려보죠. 소크라테스가 독배를 건네받은 손은 어느 쪽 손일까요?

차클 그림을 보면 오른손으로 받아들고 있어요.

이 그렇죠. 그런데 오른손을 관장하는 것은 좌뇌입니다. 좌뇌는 이성과 논리적 판단을 담당하죠. 오늘날 인지과학적 지식이 반영된 그림이에요. 한편 당시에 제자들은 간수들에게 뇌물을 준 뒤 소크라테스에게 도망을 치라고 제안을 했어요. 감옥에서 개죽음을 당하지 말고 스승님의 뜻을 다른 섬, 다른 도시국가에 가서 펼치라고요.

차클 그때 바로 "악법도 법이다."라는 말을 했다고 알려진 것이군요?

이 당시에 소크라테스는 "내가 만약 죽음이 두려워서 도망을 간다면 내가 이제까지 추구했던 것이 아무런 의미가 없는 것이 되고 따라서 이 공동체에서 정해진 법을 내가 따르는 것이 좋겠다."는 식의 말을 했다고 해요. 그래서 "악법도 법이다."라는 말이 나온 거죠. 그런데 이 말을 주로 악용하는 사람들이 독재자예요. 하지만 맥락은 전혀 다른 거죠.

차클 그럼 소크라테스가 왼손을 하늘을 향해 올리고 있는 것도 어떤 의미를 담고 있을까요?

이	왼손은 우뇌가 담당하죠. 우뇌는 감정과 직관을 담당해요. 즉 "내가 여기서 죽는다고 하더라도 진리는 있다."는 뜻을 의미하는 것이죠.
차클	소크라테스가 죽음까지 불사한 이유는 과연 무엇이었을까요?

내가 생각하고, 또 이해한 바에 따르면,

내가 지혜를 사랑하면서

그리고 나 자신과 다른 사람들을 검토하면서

살아야 한다고 신이 나에게 명령하고 있는 상황에서는

죽음이든 다른 어떤 일이든 두려워해서

배치된 자리를 떠난다고 한다면

난 무서운 일을 저질러버린 게 될 거예요.

그건 그야말로 무서운 일일 것입니다.

_플라톤, 《소크라테스의 변명》

이	이 말은 더 이상 검토하지 않는 삶을 산다면 오히려 그것이 신에게 불경죄를 저지르는 것이라는 의미예요. 그래서 소크라테스는 죽음을 담담하게 받아들이겠다고 한 것이죠. 또 자기 삶을 끊임없이 검토하고 질문하고 성찰하면서 신에게 봉사한다고 했어요. 자신이 알고 있는 것을 바로 실천하는 지행합일(知行合一)을 주장했습니다. 무엇이 옳다는 것을 안다면 바로 실천해야 한다는 것을 주장한 사람이 소크라테스예요.

어떻게 다양성을 인정할 것인가

누구나 태어날 때부터 선입견, 특정한 문화의 전통, 또 권위에 예속되어 있잖아요. 이런 것들로부터 해방되어야 다른 사람의 의견을 받아들이고 합의에 이를 수 있겠죠. 그러려면 내가 갖고 있는 선입견과 편견을 조금씩 지워야 해요. 그것이 바로 동굴의 비유 속 사슬을 끊는 것입니다.

이   앞서 소크라테스를 통해서 질문을 하는 것이 철학적 삶에 얼마나 중요한지를 알아봤죠. 그럼 이제 어떻게 다양한 의견들을 토대로 합의에 이를 것인지에 대해 알아보도록 하죠.

차클   설득이나 양보 같은 것을 말하나요? 마음을 열어 상대방의 말을 듣고 토론을 해야 하는 필요성은 느끼지만, 막상 상대방을 설득하거나 내 의견을 양보하는 것은 어려운 일인 것 같아요. 예를 들어 저는 전쟁이 일어나면 안 된다고 생각하는데, 누군가는 국가의 번영을 위해서 필요하다고 하고, 또 누군가는 상대 국가의 잘못을 벌하기 위해서 응징을 해야 한다는 입장이 있을 수 있잖아요. 그런 경우에는 양보를 하기 어려울 것 같아요.

이   그럴 경우 각자의 내면에서 어떤 변화가 생길까요?

차클   서로 자기가 하고 싶은 말만 하면서 상대방의 말을 듣지 않으려고 하면 분노하게 될 것 같아요.

이 그건 다른 사람에게 초점을 맞추었기 때문이에요. 그 사람은 왜 그럴까, 왜 자기 의견만 고집할까 라고 생각하는 것이죠. 반대로 자기 자신에게 초점을 맞추면 내가 어떻게 변화를 해야 합의에 이를 것인지를 생각하게 되죠.

차클 그럼 너무 주관이 없어지는 것이 아닌가요?

이 보통 사람들은 주관이 분명해야 한다고 말을 해요. 그런데 역설적으로 주관이 너무 강하면 각자의 주관이 부딪히게 되겠죠. 주관이라는 것은 지금껏 내가 생각해온 신념, 부모로부터 들었던 생각, 그리고 편견, 선입견, 고정관념들을 포함합니다. 이런 것들로부터 벗어나는 과정을 보여주는 좋은 예가 있습니다. 바로 워쇼스키 감독의 〈매트릭스〉라는 영화예요.

차클 〈매트릭스〉가 신념과 편견, 고정관념에 관한 영화였다고요?

이 영화의 내용을 간략히 소개해볼게요. 1999년, 평범한 회사원으로 살고 있는 네오는 모피어스로부터 우리가 살고 있는 현재가 1999년이 아니고 2199년이며, 인간이 느끼고 생각하는 모든 것들이 컴퓨터로부터 통제받고 있다는 말을 듣게 되죠. 매트릭스가 "진짜 현실을 보지 못하게 인간들의 눈을 가리는 또 다른 현실이다."라는 얘기를 들어요. 그 대신 현실보다 더 현실 같은 세상이 매트릭스 속에 펼쳐져 있는 것이죠. 그리고 모피어스는 네오에게 "이제까지 살아왔던 대로 편안하고 안정적으로 살아가려면 파란 약을 먹고, 고통스러운 현실을 보고 싶다면 빨간 약을 먹어라."라고 제안을 하죠. 여러분이라면 어떤 선택을 하시겠어요?

차클 현실이 너무 끔찍하다면, 차라리 가상현실 속에서라도 인간답게 사는 것이 낫지 않을까요? 너무 자기기만적인 행동일까요?

이	우선 컴퓨터에 의해서 주입된 프로그램에 따라서 생각하고 느끼는 것이기 때문에 엄밀한 의미에서는 자기 생각과 자기 감정이 아니라고 할 수 있어요. 노예처럼 살아가는 거죠.
차클	〈매트릭스〉 속 내용이 철학과도 관련이 있나요?
이	〈매트릭스〉는 플라톤에게서 영감을 받은 것입니다. 플라톤은 소크라테스가 진실을 말하다가 위정자들에게 사형 선고를 받은 것을 보고 엄청난 충격을 받았어요. 플라톤의 《국가론》을 보면 아주 유명한 비유가 나와요. 바로 동굴의 비유입니다. 동굴의 안쪽만 바라보도록 사슬에 묶여 있는 죄수들이 있었어요. 그런데 죄수들은 앞만 바라볼 수 있으니 벽에 비치는 수많은 그림자들을 바라보면서 그것이 현실이라고 굳게 믿고 있었습니다. 그런데 어느 날 갑자기 알지 못할 힘에 의해서 죄수 한 명이 사슬을 끊었어요. 제가 질문을 하나 드리죠. 이 죄수는 제일 먼저 무엇을 할까요?
차클	진실이 무엇인지를 확인해보고 싶었을 것 같아요.
이	사슬에서 풀려난 죄수가 가장 먼저 무엇을 하는지가 중요합니다. 앞만

바라보도록 쇠사슬에 묶여 있었잖아요. 뒤를 돌아보았겠죠. 그러자 여러 가지 사물들이 실재하고 자신들이 보고 있던 것은 모두 그림자놀이에 불과했다는 것을 알게 되겠죠. 그럼 이제 그동안 자신이 보았던 그림자가 진짜 현실이 아니었다는 의심을 하게 됩니다.

차클   다른 죄수들에게도 알려주려고 하지 않았을까요?

이   동굴을 나와서 현실을 보니 나무들이 정말 싱싱하고, 하늘은 푸르고, 태양은 붉게 떠오르고 있었겠죠. 이게 진짜 현실인 것이죠. 그럼 당연히 다른 죄수들이 생각날 겁니다. 그러고서 다시 동굴로 내려가서 다른 죄수들이 보고 있는 것들은 진짜가 아니라고 말해주겠죠.

차클   다른 죄수들이 그의 말을 쉽게 믿을 것 같지는 않네요.

이   바로 모피어스가 네오한테 얘기한 부분과 같아요. "네가 보고 있는 것은 컴퓨터가 통제하는 가상현실일 뿐이야. 진짜가 아니야." 동굴의 비유와 똑같은 거예요. 동굴의 비유에서도 사슬에서 풀려난 죄수는 여전히 편견과 선입견에 가득 차 있고 자기 독단에 가득 차 있는 사람들에게 가서 "너희들이 보고 있는 건 그림자일 뿐이야. 환상이야. 허상이야."라고 말해요. 그럼 다른 죄수들은 어떤 반응을 보였을까요?

차클   이제까지 계속 보았던 그림자가 가짜라고 했으니 쉽게 믿을 수 없을 것 같아요. 그리고 사슬에서 풀린 죄수가 거짓말하는 거라고 몰아붙일 수도 있을 것 같아요.

이   플라톤은 딱 한 문장으로 설명을 했어요. "만약 네가 강제로 죄수들에게 그들이 보고 있는 것이 진짜가 아니라 가짜라고 거듭 주장한다면 너는 그 죄수들에게 죽임을 당할 수도 있다."

차클   그 문장도 혹시 소크라테스를 염두에 두고 쓴 것인가요?

이   네, 맞아요. 그러니까 플라톤은 우리 인간이 모두 동굴에 갇혀 있는 존재라고 본 것이죠. 우리가 동굴의 비유 속 죄수들이라고 가정한다면 우리가 푹 빠져 있는 허상 중에는 어떤 것들이 있을까요?

차클   가장 충격적인 경험 중 하나는 황우석 박사 사건이에요. 많은 사람들이 그 뉴스를 듣고 대한민국의 미래를 열어갈 위인이 등장한 것처럼 생각했었죠. 그런데 어느 순간 그 모든 것들이 다 가짜라는 것이 드러나고 엄청난 비난이 쏟아졌어요. 도대체 미디어는 무엇이고 뉴스란 무엇인가에 대해서 생각을 많이 하게 된 계기였어요. 미디어라는 존재도 동굴의 비유 속 허상과 닮았다고 할 수 있는 것이겠죠?

이   그렇죠. 동굴의 비유는 우리가 살고 있는 21세기의 현실에도 반영이 될 수 있는 것이죠. 우리에게 전달되는 지식을 너무 맹목적으로 따르는 것은 문제가 있어요. 설령 과학자가 전해주는 지식이라 할지라도 비판적인 시선으로 바라볼 필요가 있습니다.

차클   플라톤이 동굴과 죄수를 연결 지을 수 있었던 계기가 있나요?

이   실제로 아테네에서 북동쪽으로 25킬로미터 가다 보면 동굴이 하나 있어요. 그곳에서 플라톤이 죄수 50여 명을 직접 데려다놓고 어떤 반응을 보이는지 실험을 했어요. 그러자 죄수들은 사슬에서 풀린 죄수의 말을 믿지 않고 분노하더니 자신들이 믿는 게 진짜라는 식으로 이야기를 했다고 해요.

차클   그런 실험을 실제로 해봤다니 플라톤이 너무 잔인한 것 아닌가요?

이   (웃음) 물론 있을 수 없는 일이죠. 앞서 제가 플라톤의 동굴의 비유를 설명해준 것 때문에 지금 여러분들은 제 말을 의심하지 않았어요. 그러니까 여러분들은 지금 교수가 지닌 권위 때문에 저를 믿게 된 것이에요. 플라톤이 그런 일을 했을 리가 없죠. 제가 여러분을 한번 시험해본 거예요.

차클	감쪽같이 속았네요. 그럼 실제론 동굴의 비유 실험은 없었군요?
이	네, 없었지요. 여러분 중에서 제 말을 진실이라고 믿은 사람은 여전히 권위에 복종을 하고, 아무런 의심 없이 받아들인 것이에요. 조금이라도 의심을 했다면, "어떻게 그럴 수가 있나요?"라고 질문을 했어야 하는데 말이죠. 제가 여러분께 드리고 싶은 말은 어떤 선생님이라도 곧이곧대로 믿으면 안 된다는 것입니다. 아무리 훌륭한 선생님이 지식을 전달하고 있다고 해도 스스로 질문을 던지고 의구심을 품어야 합니다. 선생님이 전달하는 지식이 맞다는 것을 확인한 뒤에 믿는 것이 중요해요. 선생님이 말했다고 해서 무조건 옳다고 믿는 것과는 차이가 있죠.
차클	아무래도 지식을 전달받는 입장에서는 상대방의 권위나 편견, 선입견으로부터 자유롭지 못할 것 같아요.
이	동굴이라는 것은 우리 인간이 처해 있는 기본적인 인간의 조건이에요. 누구나 태어날 때부터 선입견, 특정한 문화의 전통, 또 권위에 예속되어 있잖아요. 이런 것들로부터 해방되어야 다른 사람의 의견을 받아들이고 합의에 이를 수 있겠죠. 그러려면 내가 갖고 있는 선입견과 편견을 조금씩 지워야 해요. 그것이 바로 동굴의 비유 속 사슬을 끊는 것입니다. 제일 먼저 해야 할 일은 다양성을 인정할 줄 아는 겁니다. 다양성의 기본 전제조건은 스티브 잡스가 말한 것처럼 다르게 생각하기(different thinking)라고 할 수 있어요. 또 그리스어로는 페리아고게(periagoge)라고 하죠. 이는 '눈을 돌리다', '시선을 돌리다'라는 의미예요. 죄수들이 눈을 돌려보니 지금껏 봤던 것이 그림자이고, 실물이 있다는 것을 알게 되었잖아요? 이제 바깥으로 나가서 태양에 비쳐지는 사물들을 보면서 모상이 아닌 진상을 보게 된 것이죠. 이것을 바로 '진실을 깨닫는다'고 말하는 것입니다.

차이나는 클라스

차클	그럼 자신이 깨달은 진실을 다른 사람들에게 전달할 때에는 어떤 것을 주의해야 하나요?
이	철학적 인식 이후에는 정치적 실천의 길이 펼쳐집니다. 진실을 깨닫고 나면 하강의 길을 가는 거예요. 동굴에 묶여 있는 죄수들에게 "네가 믿는 것이 진짜인가?" "무엇이 그런 것들을 진실이라고 생각하게 만드는가?"라고 직접적으로 얘기하면 오히려 반발을 불러일으키죠. 따라서 그들의 언어와 눈높이에서 대화를 전개해야 합니다.
차클	그래서 〈매트릭스〉에서도 모피어스가 네오에게 바로 얘기를 꺼내지 않고 이상한 경험들을 시키면서 스스로 모순들을 깨닫게 하는 것이군요?
이	그렇죠. 직장에서도 마찬가지겠죠. 특히 우리나라에서는 부하가 상사에게 "어떻게 그렇게 말도 안 되는 이야기를 하십니까?"라고 이야기를 한다면 보나마나 잘리겠죠. 그러면 어떻게 얘기해야 될까요? "상무님의 말씀도 맞는 것 같아요. 그런데 말입니다. 이렇게 볼 수도 있지 않을까요?"와 같은 식으로 이야기를 해야 하는 것이죠.
차클	그렇군요. 그런 식의 소통 방식이 플라톤이 얘기한 이상향, 즉 이데아와는 어떤 관계가 있을까요?
이	이데아란 우리가 추구해야 할 공동의 목표, 공동의 가치라고 할 수 있습니다. 예를 들어서 자유로운 국가라는 공동의 목표를 설정했다고 생각하고 무엇이 자유로운 국가인지에 대한 구체적인 문제로 들어가게 되면 사람들의 입장이 모두 달라질 수 있겠죠. 그런데 다양한 의견을 모아서 함께 가는 것과 강제로 끌고 가는 것과는 엄청난 차이가 있어요. 철학적 인식의 길과 철학적 실천의 길은 서로 맞물려 있어서 두 가지를 결합시키기 위해서는 기본적으로 다양성을 인정하는 과정이 필요합니다.

우리는 어떤 세상을
만들어야 하는가

어떤 과에 들어가는 순간 인생이 이미 결정돼버려요. 그리고 조금이라도 그 길에서 벗어나면 일탈자가 되고 낙오자가 돼버리죠. 더구나 패자부활전의 기회조차도 쉽게 얻을 수 없죠. 그래서 저는 늘 학생들에게 조금이라도 일탈을 해본 경험이 없으면 성인이 될 수 없다고 말해줘요.

이	이제 2500년을 훌쩍 건너뛰어서 프리드리히 니체에 대해 알아보도록 하겠습니다. 여러분들은 니체를 생각하면 무엇이 떠오르세요?
차클	"신은 죽었다."라는 말을 남긴 사람이요. 그리고 굉장히 차가운 사람 같아요. 21세기 현재, 가장 인기 있는 철학자가 아닐까 생각합니다. SNS를 보면 니체의 인용구들이 굉장히 많이 쓰이고 있어요.
이	니체는 체계적인 사상가는 아니에요. 논리적으로 생각을 풀어가지 않고, 아포리즘, 즉 몇 마디 문장의 잠언 형식으로 생각을 써내려갔죠.
차클	짧은 문장으로 생각을 표현한 이유가 있나요?
이	젊은 시절부터 병을 심하게 앓아 고통을 겪었던 탓도 있어요. 심한 두통과 위경련은 물론이고, 시력도 매우 나빠져서 실명에 이를 정도였죠. 그러다 보니 일반적인 학자들처럼 책상에 앉아서 하루에 6~8시간

씩 집필을 할 수가 없었어요. 니체는 "내가 1시간이라도 하루에 온전하게 사유할 수만 있다면 너무나 행복하겠다."는 말을 종종 남겼어요. 그래서 니체는 다른 사람들이 책 한 권에 쓰는 메시지를 한마디의 문장으로 전달하겠다고 결심한 것이죠. 그 덕분에 짤막하지만 주옥같은 명제들이 많이 나온 것이고요.

차클   니체와 함께 허무주의를 많이 말하는데, 허무주의란 무엇인가요?

이   "신은 죽었다."라는 명제를 생각해보죠. 신이라는 것은 유럽 사람들이 지향하고 추구했던 최고의 가치를 의미해요. 도덕적 가치나 종교적 가치를 상실해버리면 세속적 가치가 득세를 하겠죠. 돈·명예·권력 등의 가치가 세상을 흔들게 되면 방향 설정을 할 수 없는 시대가 되어버려요. 무엇 때문에 내가 살아야 되는지가 불투명해진 시대. 이것을 허무주의라고 합니다.

차클   조금 더 자세히 설명을 부탁드립니다.

이   허무주의에는 두 가지 종류가 있어요. 하나는 수동적 허무주의, 다른 하나는 능동적 허무주의예요. 수동적 허무주의는 쉽게 말해서, 가치가 없으니 되는 대로 살아가는 것을 의미해요. 능동적 허무주의는 가치가 없으니까 가치를 스스로 만드는 것을 의미해요. 그런데 니체가 매력적인 것은 그의 말이 양면성을 갖고 있기 때문입니다. 소크라테스라고 하면 질문의 중요성, 문답법 같은 것을 떠올리게 되는 것처럼 프리드리히 니체라고 하면 기존의 가치를 파괴한 사람, 전복의 철학자를 떠올리게 된다고 말할 수 있어요.

차클   당시에는 종교가 진리라고 여기던 때이고, 그것을 어기는 사람은 죽음을 면하지 못했을 텐데, 니체가 어떻게 기존의 가치를 파괴할 생각을 할 수 있었던 것이죠?

이	더욱 놀라운 것은 프리드리히 니체가 목사 집안에서 태어났다는 사실입니다. 어렸을 때 별명도 꼬마 목사였어요.
차클	오히려 목사 집안이라 신이나 믿음에 대해 많이 접하다 보니 신을 부정하게 된 건가요?
이	그렇죠. 니체는 믿음이 실천을 담보하지 않는다는 것을 일찍부터 깨달은 거죠. 예를 들어 독실한 종교인의 말과 행동이 다르다면, 믿음을 강요할 때 거부감이 들지 않겠어요? 하지만 니체도 기독교가 의미를 지니고 타당성을 가졌던 시대를 부정하진 않아요. 그러면서 이 세상에는 진정한 기독교인이 두 명 있다고 말하죠. 한 명은 예수 그리스도이고, 또 다른 한 명은 바로 자신 프리드리히 니체라고 해요.
차클	두 명의 진정한 기독교인 중에 자신을 왜 포함시킨 것이죠?
이	니체는 최소한 자신이 생각하는 것과 자신이 살아가는 삶을 일치시키며 살고 있다고 여긴 거죠. 그러니까 니체는 정직성을 최고의 덕성으로 생각한 거예요. 사람들을 속이고 사기도 치고 온갖 불량한 짓을 다 하면서 성당에 들어가 기도하면 모두 면죄된다고 생각한다면 진정한 기독교인이 아니라는 것입니다. 그래서 기존의 가치관, 즉 신이 죽었다고 말하는 것입니다. 그래서 니체는 인간이 중심이 될 수 있는 새로운 가치가 무엇일지 고민을 한 것입니다.

세상에는 진짜보다 우상들이 더 많다.

이것이 이 세계에 대한 나의 '사악한 시선'이자,

나의 '사악한 귀'이다.

여기서 한번 망치를 들고서 의문을 제기해본다.

_니체, 《우상의 황혼》

차클	니체가 파괴하려 한 기존의 가치관에 대해 좀 더 설명해주세요.
이	니체는 사람들이 추구했던 이상이 저물어가고 어떤 신도 우상도 존재하지 않는다고 말했어요. 그리고 세상에는 진짜보다 가짜가 더 많다는 말을 하고 있습니다. 사람들이 왜 진짜가 아닌 가짜를 믿고 있는 것인지에 대해서 믿음의 근원까지 쫓아가서 망치를 가지고 때려 부숴보겠다고 비유적으로 표현한 것이죠. 기존의 가치관들이 존경하고 복종하고 순종할 만한 것들인지를 두들겨본다는 의미인 것이죠. 도자기를 굽는 도공들도 자신들이 바라는 진짜 작품이 나오지 않을 경우에는 깨부숴버리잖아요.
차클	기존의 가치를 부수고 새로운 가치를 전달하려는 니체의 생각을 사람들이 쉽게 따를 수 있었을까요?
이	니체는 전복의 철학자, 혁명의 철학자, 파괴의 철학자라고도 불려요. 젊은이들에게 "위험하게 살라."고 말하는 철학자였습니다. 기존의 어른들, 기득권층과는 전혀 다른 말을 한 거예요. 보통 사람들은 통상 다른 사람들에게 위험한 일을 하지 말라고 말하잖아요. 그런데 니체는 반대였던 것이죠.
차클	위험하게 살라는 의미를 다르게 설명하면 어떻게 말할 수 있을까요?
이	모험을 하라는 것이죠. 예를 들어 음악을 하는 사람이 인디밴드를 하려고 하면 돈도 많이 벌지 못하고 엄청나게 힘이 들 거라고 예상할 수 있잖아요.
차클	맞아요. 사람들은 누군가가 새로운 것을 시작하려고 하면 일단 걱정부터 하거나 말리기 바쁘죠. 안정된 회사에 취직이나 하라고 만류하는 게 대부분이에요.
이	어느 사회에서나 발견되는 보편적인 성향일 수도 있지만 한국 사회는

유달리 더 심하죠. 그래서 저는 자기가 꿈꾸고 있는 삶을 실현할 수 있는 가능성을 조금이라도 제공하는 사회가 좋은 사회라고 생각합니다.

차클   다양성이 중요한 이유가 있었군요?

이   네, 맞아요. 예컨대 서구의 사회에서라면, 제가 철학을 공부하다가 저의 길과 맞지 않는다는 생각이 들면 다른 길을 갈 수 있는 가능성이 열려 있다는 거죠. 반면 우리나라의 경우에는 어떤 과에 들어가는 순간 인생이 이미 결정돼버려요. 그리고 조금이라도 그 길에서 벗어나면 일탈자가 되고 낙오자가 돼버리죠. 더구나 패자부활전의 기회조차도 쉽게 얻을 수 없죠. 그래서 저는 늘 학생들에게 조금이라도 일탈을 해본 경험이 없으면 성인이 될 수 없다고 말해줘요.

차클   기존의 가치관을 깨부수는 역할을 한 니체의 글들을 조금 더 자세히 알려주세요.

사람들은 내 책을 의심의 학파, 나아가서는 경멸의 학파
그리고 다행스럽게도 용기의 학파, 즉 대담함을 가르치는 학파라고 불렀다.
일찍이 어느 누구도 악마의 적절한 변호인으로서 뿐만 아니라,
신학적으로 말해서 신의 적이자 신을 소환하는 자로서
이렇게 깊은 의심을 품고 세상을 바라보았다고
실제로 나 스스로도 믿지 않는다.

_니체, 《인간적인 너무나 인간적인》

이   니체의 철학적 사유의 동기는 기존의 가치를 전복시켜야만 새로운 가치를 창조할 수 있다는 것입니다. 그럼 어떻게 기존의 가치를 전복시키고 새로운 가치를 창조할 수 있을 것인가에 대한 질문이 따라오게

되죠. 니체가 쓴 《차라투스트라는 이렇게 말했다》의 머리말을 보면 세 가지 변신에 대한 이야기가 등장해요. 인간의 정신이 세 가지 형태로 변신을 한다는 것입니다.

정신의 세 가지 변신을
나는 그대들에게 말한다.
어떻게 정신이 낙타가 되고,
낙타는 사자가 되고,
사자는 어린아이가 되는가.

_니체, 《차라투스트라는 이렇게 말했다》

차클　낙타와 사자와 어린아이가 무엇을 의미하는 것인가요?

이　니체는 사람이 태어나면 일단 낙타가 된다고 말했어요. 낙타는 무거운 짐을 지는 짐승을 의미합니다. 그리고 여기서 짐은 바로 의무·윤리·도덕 등을 말해요. 예를 들어 부모들이 어린아이를 키울 때 가장 많이 하는 말이 "안 돼!" "하지 마!"와 같은 것들이죠. 바로 사회적으로 통용되는 규범을 강제하는 것입니다. 그러니까 니체는 우리가 엄청난 관습이라는 무게를 지고 태어난다고 본 거예요. 이 시기를 거쳐야 할 때, 단순하게 순종하고 복종만 해서는 성장을 하지 못하죠. 그러니까 아까 제가 말씀드렸듯이 부모가 시킨 대로 따라 하기만 하면 성인이 되지 못하는 것이죠. 이때 낙타의 정신이 자기 자신에게 "제일 무거운 것이 무엇인가?"라는 질문을 던지지 않으면 낙타의 단계를 벗어나지 못한다는 것입니다.

차클　다른 사람에게 강요받는 규범이나 관습이 아닌 열등감 같은 것도 포함이 되나요?

| 이 | 제가 학생들한테 가장 힘든 게 무엇이냐고 물었더니, 학생들은 완전히 적나라한 경쟁이라고 답했어요. 실제로 우리나라에서 우수하다고 소문이 난 대학에 갈수록 학생들은 콤플렉스와 열등감을 더 많이 느낀다고 해요. 고등학교에서 1등 하던 친구가 대학에 와서 하위권으로 밀려나버리면 견디질 못하는 것이죠. |

외경심이 깃들어 있는 강하고 인내력 있는 정신은
많은 무거운 짐을 지고 있다.
정신의 억센 힘은 무거운 짐,
가장 무거운 짐을 요구한다.
무엇이 무거운가.
인내력 있는 정신은 이렇게 묻고
낙타처럼 무릎을 꿇어 짐을 충분히 싣고자 한다.

_니체, 《차라투스트라는 이렇게 말했다》

| 차클 | 자기 자신에게 주어진 무거운 짐이 무엇인지를 묻는 질문만으로 그 짐을 떨쳐버릴 수 있을까요? |
| 이 | 자신에게 무엇이 제일 무거운 것인지를 묻는다는 것은 결과적으로 자기에게 무엇이 문제가 되는지를 파악할 수 있다는 말이에요. 트라우마를 겪고 있는 사람이 트라우마를 망각하도록 치료하는 것이 아니라 그것을 스스로 되짚고 재구성함으로써 오히려 트라우마를 극복하는 것과 같아요. 따라서 사람은 누구나 자기에게 최대한의 부담이 되는 것을 한 번 겪고 나서야 다음 단계로 성장할 수 있다는 겁니다. |

차클	낙타의 정신이 사자의 정신으로 변신하는 것은 어떤 단계인가요?
이	사자라고 하면 육식동물, 밀림의 왕, 우월성 같은 것을 떠올리게 되죠. 사자들은 배가 고플 때만 사냥을 하는 습성이 있어요. 그러니까 어떤 것에도 예속되지 않고 자기가 원하는 대로 살아갈 수 있는 정신을 의미해요. 그래서 사자의 정신은 의무에서 벗어난 자유의지를 가진 정신입니다. "너는 이렇게 하라"라는 명령에 복종하는 것이 아니라 "나는 이렇게 할 것이다."라는 의지의 정신입니다.
차클	사자의 정신에서 필요한 질문은 무엇인가요?
이	사자의 단계에서는 "내가 도저히 받아들일 수 없는 게 무엇인가?" "내가 파괴해야 될 것이 무엇인가?"와 같은 질문을 해야 합니다. 그래야 삶의 중심을 잡을 수 있어요. 다른 모든 것은 용납해도 자신의 삶을 지키기 위해 받아들일 수 없는 단 한 가지가 있어야만 영원한 노예가 되지 않아요. 도덕규범의 노예가 되지 않는 거예요. 그러려면 자기만의 가치가 있어야 하죠.

새로운 가치의 창조.

이것은 사자도 아직 이루지 못한 일이다.

그러나 새로운 창조를 위한 자유의 획득.

이것은 사자의 힘이 할 수 있는 일이다.

자유의 획득과 의무 앞에서도 서슴지 않는 신성한 부정.

이를 위해서, 나의 형제여, 사자가 필요하다.

_니체, 《차라투스트라는 이렇게 말했다》

차클	신성한 부정이라는 것이 무엇을 의미하나요?

이   요즘 출판되는 자기계발서 같은 책들을 보면 긍정의 힘을 많이 강조하죠. 하지만 긍정을 하려면 부정할 수 있는 능력이 있어야 해요. 우리나라 사람들이 거절을 잘 못하죠. 싫은데도 불구하고 좋은 게 좋은 거지라고 하면서 살아가잖아요. 프랑스의 철학자 장 자크 루소는 "자기가 하고 싶지 않은 것을 하지 않는 것이 진정한 자유다."라고 말했어요. 그래서 저는 자신이 하고 싶지 않은 것을 하지 않겠다는 사자의 정신을 가진 사람들이 많아질수록 우리 사회가 훨씬 더 다양해질 거라고 생각해요. 자 그럼 이제 마지막 어린아이의 정신을 이야기해보죠. 어린아이를 떠올리면 무엇이 떠오르시나요?

차클   순수함과 무한한 가능성. 무엇보다 질문을 많이 하는 어린아이가 떠올라요.

이   어린아이들을 보면 정말 순진무구하죠. 새로운 시작을 떠올릴 수도 있고요. 그리고 정말 놀이를 하듯이 살아가잖아요. 삶과 놀이를 구별하지 않죠. 사람들이 직업을 가질 때 좋은 직업의 조건으로 놀이하듯이 일하는 것을 떠올리기도 하잖아요? 이런 것을 영어로 표현하면 'I am as I am'이라고 해요. 나는 있는 그대로 나라는 말입니다. 좋거나 싫거나를 따지지도 않아요. 이 단계에서는 "나는 무엇이 될까?" "나는 무엇을 창조해야 되는가?" "나는 어떤 삶을 살고 싶은가?"가 주요 관심사입니다. 그래서 어린아이는 가치를 창조할 수 있는 최고의 정신인 것입니다. 니체의 말 중에 망각은 새로운 창조를 가능케 하는 힘, 즉 자기를 잊지 않으면 자기를 얻지 못한다는 것과 동일한 것이죠.

어린아이는 순결이며 망각이고 하나의 새로운 출발,
하나의 유희, 스스로 돌아가는 수레바퀴, 최초의 운동, 신성한 긍정이다.

차이나는 클라스

이제 정신은 자신의 의지를 원하고 세계를 상실한 자는 자신의 세계를 획득한다.

_니체,《차라투스트라는 이렇게 말했다》

차클	마음을 비워야 한다는 것과 비슷한 것인가요?
이	그렇죠. 그런데 과정을 보면 참 흥미롭습니다. 플라톤의 동굴의 비유에서는 처음부터 순진무구하게 시작한 것이 아니라 편견으로 가득한 죄수의 상태에서 우리가 진실을 깨우치는 것이었잖아요? 니체도 어린아이에서 시작하는 것이 아니라 낙타로부터 시작해요. 낙타는 도덕의 복종을 상징하고, 사자는 도덕의 파괴를 비유하고, 어린아이는 새로운 도덕의 창조를 의미하는 것이죠. 이런 변신의 과정을 거쳐야 삶을 긍정할 수 있는 것이라고 볼 수 있습니다.

개인주의적으로
살아도 괜찮은가

개인이 없는 사회는 개인 혐오사회와 마찬가지예요. 함께 살아가려면 혼자 잘난 척하지 말라는 식의 말들을 수없이 듣게 되죠. 저는 이런 행태가 사라져야 한다고 생각해요. 개인이 개성을 가진다는 것은 좋은 거잖아요. 반면 집단적 사고를 하게 된다는 것은 사람을 판단하는 기준이 획일화되는 것을 의미하죠.

차클   선생님이 강조하시는 개인과 개인주의라는 것이 정확히 무엇을 의미하나요?

이   2014년 〈사이언스〉에 실린 심리학 보고서 내용으로 시작해보죠. 당시의 실험은 어떤 사람에게 개인주의 성향이 있는지 없는지를 검증하는 실험이었어요. 실험 방법은 나와 다른 사람의 관계를 그려보게 하는 것이었고요. 이때 개인주의적인 성향이 있는 사람들은 나를 크게 그린다고 해요. 미국 사람들은 보통 자신을 남들보다 6밀리미터 정도 크게 그리고, 유럽 사람들은 3.5밀리미터 정도 크게 그렸어요. 서양 사람들은 개인주의적인 성향이 크다고 알려져 있죠. 반대로 관계와 공동체 같은 것을 중요하게 생각하는 문화권에서 성장한 사람들은 자신을 다른 사람과 거의 비슷하게 그리거나 아니면 0.03밀리미터 정도

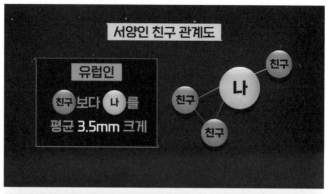

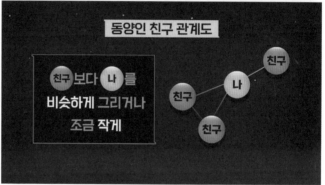

작게 그리는 경향이 있었어요. 자신과 다른 사람이 비슷하다는 것은 비교적 관계지향적인 사고를 한다고 생각할 수 있는 것이죠.

차클 개인주의는 이기주의와 비슷한 것 아닌가요?

이 많은 사람들이 개인이나 개인주의 같은 말을 꺼내면 제일 먼저 이기주의를 함께 떠올리죠. 지금부터 제가 그런 편견을 깨뜨려 드리겠습니다. 개인주의는 이기주의가 아니에요. 저는 더 많은 개인주의가 우리에게 필요하다고 생각해요. 더욱이 우리나라는 집단주의적이고 공동체 중심적인 사고방식이 너무나 뿌리 깊게 박혀 있기 때문에 개인적 사고를 하기가 힘들어요.

차클   어릴 때부터 개인적으로 행동하지 말라거나 조직에 순응해야 사회생활을 잘할 수 있다는 말을 많이 들었던 것 같아요.

이   그렇죠. 그런 얘기를 많이 하죠. 우리는 유교적 가치관에 지배를 받고 있기 때문에 자신들도 모르게 전통적 가치관에 묶인 말과 행동을 많이 하고 있어요. 특히 '우리'를 너무 많이 강조하죠. 간단하게 개인주의 성향을 알아볼 수 있는 실험이 있어요. 자, 토끼·개·당근을 두 개씩 한 쌍으로 묶는다면 어떻게 묶을지 각자 생각해보세요.

차클   토끼랑 당근을 묶을 수 있을 것 같고, 토끼와 개도 한 쌍으로 묶을 수 있고요.

이   이 실험은 개인주의 성향을 테스트하는 세 가지 실험 중에서 두 번째 실험이에요. 토끼와 당근을 묶은 사람들은 토끼가 당근을 좋아한다는 점에서, 즉 관계의 관점에서 판단을 한 거예요. 따라서 집단주의적이고 공동체적인 성향이 강하다고 볼 수 있어요. 반면 토끼와 개를 묶은 사람들은 범주로 판단을 한 거죠. 분석적인 사고를 한다는 말입니다. 대부분의 동양권 사람들은 토끼와 당근을 묶어요. 그리고 이렇게 토끼와 당근을 묶는 사람들은 남을 먼저 생각한 뒤 나의 판단을 내리죠. 반면에 토끼와 개를 묶은 사람들, 즉 분석적 사고를 하는 사람들은 나를 중심으로 생각을 하는 거예요.

차클   그렇게 개인주의 성향으로 구분을 지을 수 있다니 신기하네요. 또 다른 예가 있을까요?

이   혹시 〈뉴욕타임스〉에 실린 불고기 광고를 보신 적이 있나요? 추신수 선수가 자신이 혹독한 트레이닝을 견딜 수 있었던 비법이 바로 불고기였다고 알리는 광고인데요. 당시 미국 내에서는 도저히 이해할 수 없는 광고라는 말들이 많았어요. 도대체 추신수라는 야구 선수와 불고기가 무슨 관계가 있느냐는 반응이었죠. 하지만 우리나라 사람들은 쉽게 연관을 지을 수 있었죠. 이처럼 불고기와 추신수라는 야구 선수를 연결시킨 것은 토끼와 당근을 연결시키는 것과 똑같아요. 그만큼 우리가 관계지향적 사고를 한다는 것입니다. 반면 서양 사람들은 야구 선수와 야구 선수를 연결시키는 식의 범주적 사고, 분석적 사고를 하죠. 우리에게는 당연하게 받아들여지는 것도 다른 문화권에서는 전혀 다른 식으로 받아들여지는 거예요.

차클　무엇이 이 같은 사고방식의 차이를 만드는 것인가요?

이　자, 여기 지도를 한번 보시죠. 이것 역시 〈사이언스〉에 실린 논문에서 다루고 있는 실험이에요. 녹색으로 칠한 지역은 쌀농사 지역. 검게 칠한 지역은 밀농사 지역이에요. 그런데 벼농사 지역의 사람들은 전체적인 사고, 관계지향적인 사고를 하는 반면, 밀농사 지역 사람들은 개인중심적인 사고를 하는 걸로 드러났어요. 그 이유를 찾아보니, 벼농사 지역에서는 여럿이 협동을 해서 경작을 해야 농사를 지을 수 있기 때

문에 품앗이 같은 문화가 발전했던 것이죠. 반면 밀농사는 협동을 하지 않아도 경작을 할 수 있었죠. 그래서 관계 지형도를 그려보라고 하면 북부의 밀농사 지역 사람들은 자신을 1.5밀리미터 정도 크게 그리는 경향이 있어요. 그런데 벼농사 지역 사람들은 0.03밀리미터 정도 작게 그리는 경향이 있었고요.

차클   생활 환경에 따라 사고방식이 달라질 수 있다는 말인가요?

이   그렇죠. 10세기로 한번 돌아가볼까요? 10세기에서 15세기까지는 서양보다 중국이 더 잘살았었습니다. 문명도 훨씬 더 많이 발전했고 상당히 복잡한 행정체계도 가지고 있었죠. 그런데 왜 중국이 아닌 서양에서 산업혁명이 일어나 서양이 더욱 발전하게 된 것일까에 대해서 많은 연구가 이루어졌어요. 그랬더니, 서양에서는 개인주의가 발전해서 사회를 발전시키는 근본적인 동력이 되었다는 결론에 이르게 됩니다.

차클   개인주의가 어떻게 사회를 발전시킬 수 있다는 말인가요?

이   앞서 이야기한 것처럼 개인이 자기의 의견을 자유롭게 표출하고 질문을 던지지 않는다면 호기심이 없는 것이죠. 그러면 다양성이 보장되지 않아요. 그런 사회에서는 혁신도 일어나지 않아요. 울리히 벡이라는 독일의 사회학자는 '21세기의 전 세계를 휩쓸고 있는 메가 트렌드는 개인화'라고 말하기도 했어요. 물론 어떤 사회는 여전히 전통주의적인 사회로 존재하고, 또 다른 사회는 서구 사회처럼 상당히 급진적이고 자유주의적이고 개인주의적인 사회로서 함께 공존할 수 있지만, 전체적인 흐름은 개인화의 경향으로 가고 있다고 말한 것입니다.

차클   1인 가구가 급증하고 있는 우리나라도 개인주의로 가고 있는 것이라고 볼 수 있는 것인가요?

이   네, 맞아요. 2017년 통계청에서 발표한 사회동향 추계자료에 따르면

1인 가구가 2017년도에 28.5퍼센트에서 2025년에는 31.9퍼센트로 늘어날 거라고 예측하고 있어요. 쉽게 말하면 3명 중 1명이 혼자 산다는 의미죠. 또 이렇게 혼자 살아가는 단독 세대, 싱글턴(singleton)이라고 불리는 사람들을 상징하는 다양한 말들이 등장했죠. 졸혼, 휴혼, 해혼, 각거, 혼밥, 혼영 등등이 있어요. 그럼 제가 하나 물어볼게요. 혹시 혼밥을 해보셨나요? 그럼 주로 무엇을 드시나요? 혼자서 식사를 하시는 것은 친구가 없기 때문인가요?

차클   시간을 함께 맞추기 어려워서 혼자 먹기도 하고요, 혼자 먹는 게 익숙해져서 혼밥을 하기도 합니다.

이   여러분에게 혼밥을 해보셨냐고 물어보는 것은 당연히 던질 수 있는 질문이죠. 또 혼밥을 하면서 주로 무엇을 먹느냐고 물어보는 것도 취향에 관한 질문이니까 당연히 할 수 있죠. 그런데 제가 질문의 강도를 높여서 친구가 없거나 애인이 없는 거냐고 물으면 그것은 프라이버시를 침해하는 질문이에요. 만약 개인주의적인 사고를 하는 사람이라면 당연히 그 질문에 대해 반발을 해야 해요. 내가 친구나 애인이 있건 없건 무슨 상관이냐고 되묻는 질문이 나와야 하는 것이죠.

차클   프라이버시 침해의 기준이 무엇인가요?

이   예를 들어 결혼을 했는지 안 했는지를 물어보는 것도 프라이버시를 침해하는 질문이에요. 교원이 되기 위해서 학교에 지원을 한다거나 회사에 취직을 하기 위해 지원을 할 경우에 지원자가 결혼을 했든 하지 않았든 직무와 무슨 관련이 있겠어요. 아무런 관련이 없죠. 그러니까 그런 질문을 하면 안 되는 거죠.

차클   하지만 우리나라에서는 개인적인 것에 대한 질문을 받았을 때 왜 궁금해하는지 되묻는 사람을 굉장히 까칠한 사람이나 성격에 문제가 있는 사람으로 보는 경향이 있어요. 그것에 대해서는 어떻게 생각하세요?

이　그렇죠. 우리나라에는 그런 경향이 너무 강해요. 그럴 때에는 자신의 생각을 돌려서 말할 수 있는 어법이 필요합니다. 물론 돌려서 말하더라도 자기 의견은 꼭 전달해주는 것이 좋아요. 우리 사회에서 이런 반발들이 자꾸 많아져야 우리 사회가 바뀔 수 있습니다. 그런 반발들이 없으면 우리 사회가 프라이버시에 대한 문제를 해결할 가능성은 없어요. 우리라는 것이 먼저 있는 것이 아니라 사회를 구성하는 개인이 먼저 있어야 개인으로 구성되는 우리가 존재하는 겁니다.

차클　특히 우리나라에서는 누군가가 튀는 행동을 하면 굉장히 거슬려 하는 경향이 센 것 같아요. 이런 집단주의 문화가 사회의 발전을 방해한다는 말씀이신가요?

이　"우리는 하나다." "뭉치면 살고 흩어지면 죽는다."와 같은 말들을 많이 하죠. 이런 구호를 들으면 뭐가 떠오르세요?

차클　군대, 집단주의, 학연이나 지연 같은 단어들이 떠오르죠.

이　그렇죠. 이렇게 집단 중심적인 사고를 하다 보면 문화가 발전을 할 수 없어요. 평균치 정도에 머무를 수밖에 없어요. 누군가 튀어나오는 것을 허용하지 않잖아요. 이렇게 아무렇지도 않게 집단을 강요하는 관용어들이 자꾸 유통되면 우리 머릿속에는 개인은 나쁜 것이고 공동체가 좋은 것이라는 의식이 자리를 잡게 됩니다. 내가 살기 위해서는 일단 우리가 먼저 살아야 된다는 식으로 강요를 하게 되는 것이죠.

차클　우리는 하나고, 내가 곧 회사라는 식의 말을 들으면 정말 숨이 막히는 것 같아요. 그렇게 집단을 강요하다가도 회사가 어려우면 개인들을 내치고 말잖아요.

이　우리나라는 중앙집중적인 경제 정책에 의해서 발전했기 때문에 집단주의적으로 생각하는 경향이 강해요. 사람들을 일사불란하게 동원하고 움직이는 과정에서 개인의 개성을 죽였어요. 또 목표를 설정했으면 모두 따라와야 하는 분위기가 지배적이었기 때문에 개인이 성장할 수 있는 틈이 없었던 거죠.

차클 최근에 와서는 집단주의적인 생각을 하는 사람들이 많이 줄어들긴 한 것 같아요.

이 오늘날 구직자들에게 가장 들어가고 싶은 회사를 꼽으라고 하면 구글이나 애플처럼 자신의 개성을 최대한으로 발현할 수 있는 직장 분위기가 갖춰진 곳을 선택하는 것도 그런 맥락이죠. 그러니까 결과적으로 개인은 자기 자신을 위해서 일할 때 제일 잘한다고 할 수 있어요.

차클 그럼 지금 한국 사회는 집단주의 성향과 개인주의 성향 중에서 어떤 쪽에 더 기울어져 있다고 보시나요?

이 앞서 한국 사회에 질문이 없다고 했었죠. 질문이 없는 사회는 개인이 없는 사회이기도 해요. 21세기 대한민국의 문화적 자화상을 그려본다면 개인화의 경향이 확산되고 있긴 하지만, 실질적으로 자기 자신의 행위에 대해서 책임질 줄 아는 진정한 개인은 없다고 저는 진단하고 있습니다. 이것이 바로 한국 사회의 역설적인 단면입니다. 오늘날 전통적 집단주의는 붕괴되어버렸어요. 한때 우리나라에서 맏아들들은 집안을 일으키기 위해 자신보다는 가정을 먼저 생각했었죠. 또 딸들은 대학을 가지도 못하고 공장에 가서 일을 하던 시절이 있었습니다. 오늘날 남성과 여성의 관계를 보면 이 같은 유교적 가치관들은 붕괴됐어요. 하지만 여전히 권위주의적 잔재가 남아 있죠. 전통적 집단주의가 붕괴가 되었다면 개인주의가 성장하는 게 정상인데, 한국에서는 오히려 이기주의가 발달했어요. 그것도 집단적 이기주의, 가족 이기주의,

님비현상 같은 것으로 발달을 했습니다.

차클 그게 한국만의 특별한 현상이라고 할 수 있는 것인가요?

이 가장 극심한 기형적 집단주의 사례는 연고주의라고 생각해요. 연고주의는 학연, 혈연, 지연 같은 것들을 통해서 자신의 정체성을 규정하고 개인적 이득을 얻으려고 하는 태도를 말해요. 제가 가장 싫어하는 질문 중에 하나가 어느 학교를 나왔냐는 것이에요. 제가 어느 대학을 나왔건 그게 무슨 관계가 있겠어요. 또 다음으로 본이 어디냐고 많이 물어보죠. 그래서 제가 경주 이가라고 소개하면 자기 조카뻘이라면서 하대를 해요. 또 몇 학번이냐고 물어서 대답해주면 자기보다 동생이라면서 자연스럽게 말을 놓죠. 이런 문화가 전부 연고주의에서 오는 것입니다.

차클 외국에서는 네트워킹도 능력이라고 말하지 않나요?

이 네트워킹과 연고주의는 다릅니다. 만약 어디 출신임을 강조하면서 긍정적 의미에서 같은 전통과 역사와 기억을 공유하고 있는 사람들이 네트워킹을 한다면 부정할 이유가 없죠. 그런데 우리 문화에서는 어떤 모임에서 서로 관계없이 지내다가도 사후 모임이나 2차에서 끼리끼리 모이려고 해요. 그런 것들이 제가 보기에는 완전히 집단 중심주의, 공동체 지향주의, 나쁘게 얘기하면 변질된 연고주의예요. 같은 학교, 같은 고향 출신이라는 이유만으로 특정한 이익을 주고받는 것은 문제가 심각한 것이죠.

차클 최근에 사회적으로 이슈가 되고 있는 '관피아'도 연고주의라고 할 수 있는 것인가요?

이 관피아뿐만 아니라 금피아(금융기관), 원피아(원자력), 소피아(행정안전부), 세피아(국세청), 군피아(군대) 등도 모두 자신들의 이익을 위해 연고

차이나는
클라스

주의로 뭉친 집단들이죠. 이들이 공공의 이익을 위해 규제와 견제를 해야 하는 집단으로 존재해야 하는데 반대로 자기네들의 이익을 챙기거나 영향력을 확대하기 위해서 동종 업종에 들어간다면 어떻게 될까요? 규제와 견제가 불가능해지는 거죠. 그런데 이런 일들이 우리나라에는 너무나 많아요. 그러다 보니 권력 유착에 의한 부정부패는 당연한 거죠. 전 세계의 공직자 투명도 조사를 해보면 우리나라가 부정부패가 가장 심한 나라 중에 하나로 꼽혀요. 그런데 이런 것들은 결과적으로 내부 조직이 건강하지 않기 때문이라고 생각해요. 저는 이러한 조직의 내부에서 견제 장치가 존재하려면 개인이 성장해야 된다고 생각합니다.

차클   한국의 집단주의가 얼마나 심각하다고 보시나요?

이   직장인들을 대상으로 조사한 스트레스의 원인을 통해 집단주의가 얼마나 개인을 위협하는지 보죠. 50퍼센트가 넘는 사람들이 가장 큰 스

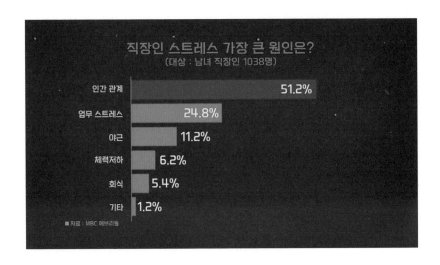

트레스 원인을 인간관계라고 꼽았어요. 사람이 제일 힘들다는 거예요.

차클 가족도 매일 얼굴을 마주치면 싸우기도 하는데, 우리나라의 회사들은 공간 자체도 자기 공간이 없고 매일매일 출근해서 얼굴을 맞대고 생활을 하니까 당연한 것 같아요.

이 그렇죠. 공동체 생활이라는 것은 특정 업무로 인해서 연결된 인간관계잖아요. 여기서 제일 중요한 건 업무예요. 업무를 위해서 서로 관계도 맺고 소통도 하는 것이죠.

차클 회사를 다녀보신 분들은 공감하실 거예요. 개인 업무만 체계적으로 하면 스트레스를 별로 받지 않을 것 같은데, 불필요한 회의가 지나치게 많거나 눈치를 보느라 오랫동안 회사에 매여 있으니까 스트레스를 받을 수밖에 없어요.

이 한국 기업문화의 나쁜 점에 대한 자료도 한번 살펴보죠. 야근이 당연시되는 분위기를 가장 우선으로 꼽았죠. 다음으로 집단주의. 여기서

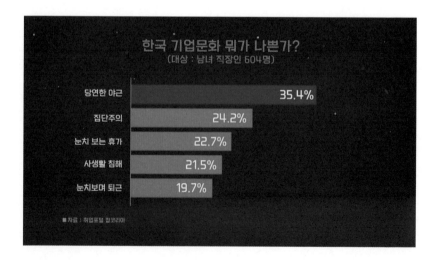

집단주의라는 것은 예를 들어 회식 같은 것이죠. 그런데 회식을 하면서도 꼭 상사들은 단합을 위해서라고 단서를 달죠. 이런 회식도 집단주의의 발현인 것입니다.

차클 회식처럼 주말에도 산행으로 직원들을 불러 모으는 경우가 많아요. 이런 것들도 집단주의적인 것 아닌가요? 또 직장 상사의 취향이나 결정에 따르고 싶지 않은데 말을 꺼내기가 어려운 것들도 있는 것 같아요.

이 우리나라의 직장문화를 보면 신입사원 단합대회, 등산, 해병대 체험 같은 행사들을 많이 하죠. 그리고 또 행사를 마치면 회식 자리를 통해서 같이 술을 마시면서 결국 가까워진다고 말을 해요. 그런데 더 가까워진다는 말을 생각해보면 결국 개인의 프라이버시가 조금씩 다 훼손된다는 것이나 마찬가지예요. 서로 공유하는 부분이 더 많아질 뿐이죠. 이렇게 집단주의적인 사고가 강해지다 보면 결과적으로 개인이 없는 사회가 돼요. 그리고 개인이 없는 사회가 되면 능력이나 개성이 뛰어난 사람들을 자연스럽게 비난하고 시기하게 되겠죠.

차클 개인이 없는 사회가 되지 않으려면 어떻게 해야 하나요?

이 개인이 없는 사회는 개인 혐오사회와 마찬가지예요. 다른 사람과 함께 살아가려면 혼자 잘난 척하지 말라는 식의 말들을 수없이 듣게 되죠. 저는 이런 행태가 사라져야 한다고 생각해요. 개인이 개성을 가진다는 것은 좋은 거잖아요. 반면 집단적 사고를 하게 된다는 것은 사람을 판단하는 기준이 획일화되는 것을 의미하죠.

차클 한국에 집단주의적 잔재가 남아 있다고는 해도 다양한 개성을 표출하는 사람들이 많아진 것은 희망적이라고 볼 수 있지 않나요?

이 제가 미국에서 연구년을 보낼 때의 경험을 말씀드리죠. 당시에 덴버에서 머물고 있었는데, 도심에 워싱턴 파크라는 공원이 있었어요. 그곳에서 저녁마다 산책을 하면서 한 할아버지를 자주 보게 되었어요. 70~80세 정도 되신 분이었는데, 매일같이 인라인 스케이트를 타며 발레를 하시는 거예요. 그렇게 할아버지를 바라보고 있다가 순간적으로 깜짝 놀랐어요. 그곳에 있던 미국 사람들은 할아버지를 아무도 쳐다보지 않는 것이었어요. 할아버지를 쳐다보는 사람은 전부 동양인이었죠. 그러니까 동양인들에게는 그 할아버지가 낯설고 튀어 보였던 거예요. 누가 인라인 스케이트를 타건 무엇을 하건 나의 삶과는 관계가 없는 거잖아요. 그런 면에서 저 자신조차도 놀랐던 경험이에요.

차클   우리도 외국에 나갈 때에는 조금 자유로워지는 것 같은데, 다시 한국으로 돌아오면 옷가짐을 단정하게 한다거나 튀지 않으려고 하는 것 같아요.

이   그만큼 우리가 남의 시선을 많이 의식한다는 것입니다. 우리가 너무 정해진 틀 안에서 사고하는 경향이 있기 때문에 나타나는 부작용이 아닌가 하는 생각이 들어요.

차클   어떤 문화적 차이 때문일까요?

이   미국 메릴랜드대학 심리학 연구팀에서 33개국의 문화를 비교한 연구 자료를 보면 엄격한 사회(tight culture)와 느슨한 사회(loose culture)로 나눕니다. 그렇게 사회를 나누는 기준은 우리의 행동을 구속하는 규범의 강도예요. 그중에서 우리나라와 일본이 가장 엄격한 사회로 조사되었다고 해요. 중국은 오히려 한국이나 일본보다 개인주의적인 성향이 강하다고 해요. 이 결과를 보고 저도 깜짝 놀랐어요. 우리나라가 너무 남에 대해서 관심이 많다는 것이니까요.

차클   선진국일수록 느슨한 사회라는 것인가요?

이   대체로 그런 편이에요. 느슨한 사회일수록 규범으로부터의 일탈에 대

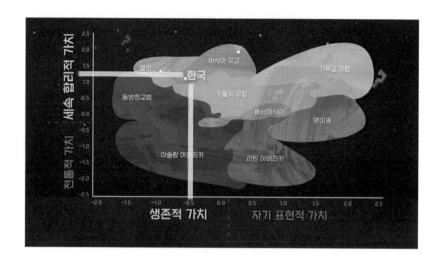

한 관용도가 높아요. 예를 들어 프랑스의 사르코지 전 대통령만 해도 이성과 관련된 스캔들이 났어도 프랑스 사람들은 개인의 사생활일 뿐, 공직의 수행 능력과는 상관없다고 보잖아요. 반면 우리나라 같은 경우에는 정치인들이나 권력자들의 도덕성을 검증한다는 이유로 사생활을 낱낱이 파헤치죠.

차클　나라별로 가치관이 달라서 그런 것이 아닐까요?

이　미국의 로널드 잉글하트라는 사회학자가 전통적 가치와 세속·합리적 가치, 생존 가치와 자기 표현적 가치를 축으로 하는 문화지도를 제시했어요. 이슬람 국가들처럼 종교 전통을 중시하는 사회는 전통적 가치가 강하다고 할 수 있죠. 그리고 물질적 가치를 중시하는 사회는 세속·합리적 가치가 지배적인 사회죠. 그리고 또 경쟁 중심의 사회는 생존적 가치가 강한 사회, 개인 중심의 사회는 자기 표현적 가치가 강한 사회라고 할 수 있어요. 이러한 네 가지 잣대 위에서 한국은 세속·합리적 가치와 생존적 가치가 높은 것으로 나타났습니다. 조금 거칠게 말하면 돈을 벌기 위해서는 물불 가리지 않는 이기적인 사회라는 말입니다.

차클 그런데 그만큼 힘들게 살아왔기 때문에 지금의 발전을 이룰 수 있었던 것 아닌가요?

이 저는 IMF 사태가 우리나라에 미친 영향이 상당히 크다고 생각해요. IMF 사태 직전만 해도 우리나라의 문화가 조금씩 바뀌려고 했었어요. 그런데 중산층이 붕괴되면서 무엇보다 물질적 안정, 돈이 최고라는 가치가 더욱 강화되었죠. 유럽이나 영어권 사회를 보면 자기 표현적 가치가 크다는 것을 알 수 있어요. 그들의 사회는 내 생각, 내 취향, 내가 생각하는 바람직한 사회 등의 자기 표현적 가치가 큰 데 비해 우리 대한민국 사회는 개인은 없고 상당히 변질된 집단주의가 너무 강하다고 볼 수 있죠.

차클 우리 사회가 성과를 나누는 방식이 합리적이지 않아서 남들에게 관심을 많이 갖게 된 것은 아닐까요? 그래서 남들이 나보다 더 많이 받았는지 궁금해하고, 저 사람은 왜 잘나가는지 궁금해하는 것 같아요. 그러니까 잘나가는 사람들 곁에 줄을 서는 사람들이 많아지는 거죠.

이 맞습니다. 줄을 선다는 것도 연고주의를 나타내는 참 나쁜 표현이에요. 이런 것들이 보편화되면 결과적으로는 그냥 한 줄만 있게 되는 거잖아요. 여러 줄이 있는 것이 아니에요. 그렇다면 사회적으로 볼 때에 너무 표준화되고 획일화될 우려가 있어요. 한 가지 가치만 지배적인 사회가 되는 것이죠.

프라이버시를 지키는
삶이란 무엇인가

첫째, 내가 있어야 우리가 있다. 둘째, 개인이 없는 사회가 위기를 초래하고 사회를 왜곡시킨다. 셋째, 그렇기 때문에 개인의 자유와 프라이버시를 보호하는 것이 자유민주주의의 토대다.

이   많은 사람들이 개인의 프라이버시라고 하면 조금 부정적으로 생각하는 경향도 있습니다. 하지만 실질적으로 프라이버시는 민주주의의 출발점이고 토대라고 생각해요. 서구의 역사를 보면 민주주의는 개인의 탄생과 함께 시작했다고 해도 과언이 아닙니다. 중세까지만 해도 서구에서도 개인이라는 것이 없었어요. 우리와 마찬가지로 종교적인 가치관이 지배적이었고 집단적이고 공동체적인 분위기였죠.

차클   어떤 계기로 개인이 탄생하게 된 것인가요?

이   14세기에서 16세기에 걸친 르네상스 시대에 접어들면서 조금씩 개인을 발견하기 시작했어요. 또 마르틴 루터가 일으킨 종교개혁이 상당한 영향을 미쳤죠. 종교개혁의 핵심적인 메시지는 모든 개인이 성서를 통해서 하나님과 직접 소통할 수 있다는 것이었죠. 내가 신을 믿을지 믿지 않을지를 결정할 수 있듯, 개인이 중요하다는 생각이 등장하게 된 것이죠. 그러다가 18세기에 산업혁명이 일어나면서 많은 사람들이 개인의 삶을 실현하기 위해서 부를 축적하고 소유를 늘리는 사회로 진입하게 됩니다. 여기에서 우리는 서양의 민주주의라는 것이 하늘에서 뚝 떨어진 것이 아니라 실질적으로는 개인의 탄생과 맥을 같이한다는 것을 간과해선 안 됩니다.

차클 르네상스 시대에 개인을 발견했다는 것은 정확히 무엇을 의미하나요?

이 인간에게서 몸만큼 개인적인 것이 없죠. 과거에 사람들은 몸을 굉장히 경시했어요. 죄악의 근원이라고 보았죠. 종교가 지배하는 사회이기 때문에 몸보다 영혼을 중시했어요. 내 육신은 죽더라도 영혼은 영원히 살아남을 수 있을 것이라고 믿었던 거예요. 그런데 르네상스 시대에 접어들면서 사람들이 몸을 발견하기 시작했습니다. 예전에는 성모 마리아를 그릴 때 몸의 골격이 드러나지 않게 성스럽게만 그렸었어요. 그런데 조토 디 본도네의 〈옥좌의 마리아〉를 보면 사람의 모습, 예컨대 여성의 가슴 같은 것들이 드러나기 시작하죠.

차클 영혼에서 몸으로 가치의 기준이 옮겨간다는 것에 그렇게 큰 의미가 있는 것인가요?

이 몸이라는 것은 우리가 개인이 될 수 있는 과정에서 출발점이자 가장 기본적인 원칙이라고 할 수 있어요. 우리가 우리 몸을 가꾼다는 것은 개인의 존엄을 가꾼다는 것과 동일한 것입니다. 자기 몸을 지킨다는 것은 자기 보존의 권리를 실천한다는 것과 밀접한 관련이 있어요. 그래서 민주주의 사회에서 제일 먼저 내세우는 기본권 중 하나가 바로 몸, 신체의 자유입니다. 우리가 자유롭게 산다는 것은 외부의 권력에 의해서 우리 신체가 훼손되지 않을 권리를 가지고 있다는 말이기도 합니다. 그러니까 몸이 훼손되면 인격도 훼손되는 것이나 마찬가지고요. 예를 들어 직장 상사가 어깨를 툭툭 치는 것처럼 자신이 원하지 않은 신체 접촉을 하게 되면 그것은 분명 제압행위이고 폭력행위입니다. 서로 동의해서 허그를 하는 것과 갑자기 다가와서 허그를 하는 것은 다른 것이잖아요. 또 내가 원하지 않았는데 손을 잡는다거나 툭툭 치는 행위들도 똑같아요. 우리 사회에는 그런 행태들이 참 많아요.

차클   예전에 할머니나 할아버지들이 아이들을 보면 귀엽다면서 쉽게 머리를 쓰다듬거나 꼬집는 경우가 많았는데, 그런 것들도 문제가 있다는 말씀이신가요?

이   요즘에는 많이 고쳐진 것 같아요. 저 같은 경우에도 이제는 어린아이들의 머리를 쓰다듬지 않아요. 예전에는 사람들이 귀엽다는 의미로 쓰다듬거나 꼬집는 것이 자연스러운 행동이었을지 몰라도 과연 그 아이들이 그것을 유쾌하게 생각할지는 의문인 것이죠.

차클   우리나라에서 특히 어린아이들의 신체를 만지는 게 아무렇지 않은 일이 된 이유는 무엇일까요?

이   '신체발부수지부모'라는 개념이 의식 중에 남아 있었기 때문이죠. 우리의 신체는 부모로부터 물려받은 것이지 나의 것이 아니라는 생각이 크게 작용했을 겁니다. 그 말에는 부모님으로부터 물려받은 몸이기 때문에 고귀하게 생각해야 한다는 속뜻도 있지만, 동시에 내가 너를 이 세상에 태어나게 했으니 너는 나의 소유라고 나쁘게 생각할 수 있는 뜻도 포함되어 있어요. 부모가 아이들과 함께 동반 자살하는 경우가 한국에서 특히 많은 것도 마치 자식을 자신의 소유물인 것처럼 생각하는 경향이 크기 때문입니다.

차클   내 몸에 대한 통제권을 가진다는 것에 정말 큰 의미가 담겨 있네요.

이	내 몸에 대해서 내가 통제권을 가진다는 것이 바로 프라이버시의 가장 기본적인 전제조건입니다. 우리는 몸을 떠올리면서 권리나 민주주의를 연결시켜서 생각하지 않는 경향이 있지만, 실질적으로는 엄청나게 중요한 문제라고 할 수 있어요. 그러한 생각의 단초를 제공한 사람이 바로 17세기의 철학자이자 사회개혁론자 토마스 홉스입니다. 이때부터 자기 보존권, 나는 내 자신의 몸을 스스로 보존할 권리가 있다는 생각이 보편화되기 시작했어요. 나중에는 1789년 프랑스 인권선언에도 반영이 되고, 1948년 유엔 인권선언에도 반영이 되죠.
차클	프라이버시를 지킨다는 것이 곧 나를 지키는 것이라는 의미이기도 하겠네요?
이	몸이 움직이는 공간을 일차적으로 프라이버시라고 합니다. 내 몸이 있는 공간이라고 하죠. 프라이버시는 내 공간 속에서 자기를 발견하고 자기를 표현하는 것을 의미해요. 그래서 보통 프라이버시 공간이라고 하면 자기의 방, 나만의 방을 쉽게 떠올릴 수 있어요. 이외에도 여러분은 나만의 공간이라고 생각하는 것이 있나요? 또는 프라이버시를 지

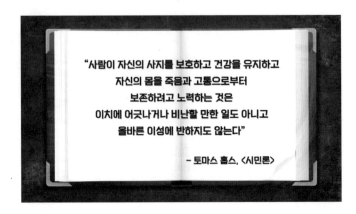

"사람이 자신의 사지를 보호하고 건강을 유지하고
자신의 몸을 죽음과 고통으로부터
보존하려고 노력하는 것은
이치에 어긋나거나 비난할 만한 일도 아니고
올바른 이성에 반하지도 않는다"

– 토마스 홉스, 〈시민론〉

키고 싶다는 욕구를 느낀 적은 없었나요?

차클 　백화점이나 길거리처럼 사람들이 많은 공간에서 서로 부딪히고 지나가면 프라이버시가 지켜지지 않는다고 생각돼요.

이 　공적이라고 여겨지는 공간에서도 사람들은 자기만의 방을 갖고 있다고 볼 수 있어요. 자기만의 공간 없이는 개인의 권리를 보장받을 수 없습니다. 그래서 그런 곳에서도 사람들은 다 자기만의 프라이버시를 지키려고 노력을 해요. 방이나 사무실뿐만 아니라 공간을 구성하는 사물들도 나의 프라이버시에 포함될 수 있어요. 만약 엄마가 방에 들어와서 방이 더럽다면서 방을 정리해버린다면, 그것은 나만의 공간에 펼쳐진 나름대로의 질서를 무시하는 아주 심각한 프라이버시의 침해라고도 볼 수 있는 것이죠.

차클 　만약 프라이버시가 지켜지지 않는다면 우리는 어떻게 될까요?

이 　공간의 프라이버시는 개인이 자신의 정체성을 위해 접근의 통제권을 요구할 수 있는 권리예요. 나만의 공간에서는 어떤 일을 하더라도 다른 사람에게 관찰될 수 있는 가능성이 없잖아요. 그런 것이 프라이버시인 것이죠. 만약 공간의 프라이버시가 없다면, 다시 말해서 나의 사적 공간이 완전히 투명하다고 생각해보세요. 나의 일거수일투족이 다 관찰되고 있는 사회는 바로 전체주의 사회죠. 예를 들어 유대인 수용소에 수용되어 있는 사람들도 일체의 사적 공간 없이 365일 24시간 감시되고 통제받았어요. 이때 그들은 이미 인격을 상실한 것이죠. 그래서 가스실에 가서 죽기 전에 이미 인격적으로 죽은 상태라고도 할 수 있어요. 이러한 생각을 가장 잘 드러낸 소설이 바로 조지 오웰의 《1984》입니다. '빅 브라더'라는 감시체제에 의해서 모든 개인의 사생활이 통제되고 전체주의가 극도화된 사회에서 주인공이 반란을 일으키고 저항운동을 하지만 결국 다시 전체주의 감시 체제에 예속되어서 살아가게 된다는 비극적인 디스토피아를 그리고 있어요. 소설 속에 등장하는 텔레스크린이라는 장치가 바로 우리가 어떤 곳으로 가건 어떤 생각을 하건 관계없이 우리를 감시하고 끊임없이 두뇌를 세뇌하는 장치입니다. 이런 사회에서는 개인의 사생활이 있을 수가 없어요. 2015년에는 실제로 중국에서 텐왕 프로젝트라는 중국판 빅 브라더가 등장하기도 했어요. CCTV에 안면인식 시스템을 장착해서 거리에서 돌아다니는 사람들의 신원을 즉석에서 파악할 수 있는 장치가 등장한 것이죠. 이러한 감시 체제들이 이미 우리 가까이에 와 있는 것이 현실입니다.

차클 범죄의 예방이나 사회의 안전망을 위해서는 프라이버시를 통제한다는 것이 어쩔 수 없는 선택처럼 느껴지기도 하는데요?

이 네. 그렇게 생각할 수도 있지만, CCTV는 언제나 완전한 감시사회로 바뀔 수도 있다는 것을 의미하죠. 거대한 권력의 감시 체제 아래에서 얼마만큼 개인의 프라이버시가 중요한지를 인식하고 대항하는 것이 쉽지는 않지만, 일상생활에서 각 개인들이 자기 자신의 프라이버시 공간을 스스로 지키기 위해 노력한다면 견제의 역할을 할 수 있어요. 그러면 결과적으로 우리가 전체주의 사회로 빠질 수 있는 위험으로부터 조금은 벗어날 수 있을 겁니다.

차클 프라이버시를 지키기 위해 우리가 또 알아야 할 것이 있을까요?

이 이쯤에서 소유의 문제로 넘어가보도록 하죠. 여기서 또 한 명의 근대 철학자를 소개할까 합니다. 바로 영국의 철학자이자 정치사상가 존 로크입니다. 그로부터 생명, 건강, 자유, 소유의 개념이 등장하기 시작해요. 그러니까 개인의 생명을 보장하기 위해서도 소유가 필요하고, 개

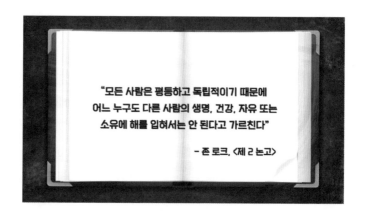

"모든 사람은 평등하고 독립적이기 때문에 어느 누구도 다른 사람의 생명, 건강, 자유 또는 소유에 해를 입혀서는 안 된다고 가르친다"

— 존 로크, 〈제 2 논고〉

인의 자유를 실현하기 위해서도 소유가 필요하다는 것이죠. 실질적으로 소유는 우리가 프라이버시를 보장하기 위해서 반드시 필요한 전제 조건이라고 볼 수 있어요.

차클   어떤 것들에 대한 소유를 의미하는 것인가요?

이   보통 소유라는 말을 떠올리면 물질적 소유물들을 생각하죠. 자동차·아파트 같은 물질적인 것들은 법률적으로 규제가 잘 되는 편입니다. 그런데 가장 중요한 소유물은 내 생각의 결과물이나 창조물처럼 애매모호한 것들이에요. 이런 것들을 개념적으로 설명하면 나에 관한 정보라고 말할 수 있어요. 내가 어떤 생각을 하는지도 나에 관한 정보예요. 내가 어떤 느낌을 가지고 있는지도 나에 관한 정보예요. 이 대목에서 얘기하고 싶은 프라이버시는 바로 정보의 프라이버시입니다. 나에 관한 정보를 내가 언제 누구와 함께 공유할 것인지를 스스로 통제할 수 있는 권리, 그것이 바로 프라이버시예요.

차클   그렇다면 우리나라 사람들은 프라이버시가 이미 다 침해된 것 아닌가요? 수많은 사이트들이 해킹을 당해서 개인정보가 유출되었으니까요.

이	그것 또한 심각한 프라이버시 훼손이죠. 그런 것들을 통제하기 위해서 우리가 지속적으로 민원을 넣어야 되는 겁니다. 그래야 법제화되어서 우리가 견제를 할 수 있게 되는 것이죠. 권리는 국가에 의해서 자연스럽게 주어지는 것이 아닙니다. 아무리 헌법에 명시되어 있어도 권리는 개인이 국가에 대항해 싸워서 쟁취해야 되는 거예요. 적극적으로 의견을 제시하는 사람이 많아질수록 국가도 그런 문제들에 민감해지고, 적극적으로 해결하려는 노력들을 시작할 수 있는 거예요.
차클	정보의 프라이버시를 침해하는 방식에는 어떤 것들이 있을까요?
이	먼저 개인 사생활의 침입이 있어요. 나의 동의가 없는데도 불구하고 나의 정보를 몰래 캐가는 것이겠죠. 둘째, 사적 사실을 폭로하는 것도 있고요. 셋째, 허위로 조작을 해서 있지도 않은 사실을 마치 사실인 것처럼 퍼뜨리는 것도 있죠. 나의 이미지를 합성해서 유포하는 경우겠죠. 넷째, 전유라는 것이 있어요. 다른 사람의 주민등록번호를 훔쳐서 포르노사이트에 접속한다거나 하는 것을 전유라고 해요. 궁극적으로 이야기하자면 내 정보는 나의 것인데 나의 동의와 허락 없이 다른 사람들이 나의 정보를 마음대로 사용하는 것을 모두 프라이버시 침해라고 할 수 있어요. 결국 정보의 통제권은 내가 갖는 것이죠.
차클	누군가 저에 대한 허위 정보를 인터넷에 올렸을 때에는 법적 조치를 취하는 것이 가능할까요?
이	침해의 정도가 심각할 경우에는 법적 조치를 취해야겠지만, 모든 것을 소송과 법적 조치로 해결하려고 하는 사회는 별로 좋지 않은 사회예요. 우리 시민사회에서 프라이버시에 대한 민감도가 높아지고, 다른 사람의 프라이버시를 지켜주고 훼손하지 않으려는 문화가 정착되는 것이 더 중요한 것이죠.

차이나는
클라스

차클	개인의 프라이버시가 보호를 받으려면 어떻게 해야 하나요?
이	민주주의 사회는 가능한 한 사생활을 보장해줘야 해요. 그리고 사생활은 익명화되어야 해요. 비밀이 보장되어야 한다는 말이죠. 개인의 사생활이 익명성으로 보장되지 않고 완전히 투명해지는 사회는 전체주의 사회로 갈 가능성이 크죠. 정작 투명해져야 할 곳은 사적인 영역이 아니라 공적인 영역입니다. 공적인 영역이 투명해지면 투명해질수록 민주주의 사회로 발전해요.
차클	몸과 정보를 지키는 것 외에도 우리가 지켜야 할 것이 또 있나요?
이	우리가 주목해야 할 것은 개인의 인격입니다. 인격은 결정의 프라이버시라고 이야기를 해요. 인격이 발전할수록 결과적으로 개인주의 문화가 보편화됩니다. 그리고 개인주의 문화가 발전해 있는 곳에서는 다른 사람들의 자유를 침해하지 않으려는 태도가 훨씬 더 성숙하다고 볼 수 있어요. 소나무 숲을 한번 떠올려볼까요. 소나무들이 곧게 자랄 수 있었던 이유는 서로 침범하지 않고 자라고 있기 때문이죠. 이런 소나무 숲과 관련해서 임마누엘 칸트가 흥미로운 글을 남겼어요.

숲속의 나무들이 서로가 분리되어 자유로운 상태에서
제멋대로 가지를 뻗어서 비뚤어지고 비틀려서 불구로 성장하는 대신에
한 나무가 다른 나무에게서 공기와 햇빛을 빼앗으려 하고
스스로 성장하도록 압박함으로써 아름답게 똑바로 성장한다.

_임마누엘 칸트, 《세계사적 의도에서의 보편사 이념》

차클	서로 배려하는 것이 아니고 경쟁을 했기 때문에 각자 곧게 자랄 수 있었다는 말인가요?

이　　　네, 그렇습니다. 배려하는 게 아니고 경쟁하는 것이죠. 식물이 서로를 배려하는 것을 본 적이 있나요? 스스로 성장하도록 서로 압박하고 있다는 거예요. 각자 살길을 찾는다는 말이죠. 더 많은 햇빛을 받으려고 자꾸 경쟁적으로 높이 자라다 보니 똑바로 성장했다는 것입니다. 우리 인간 사회도 똑같아요.

인류가 만든 수많은 문화와 예술,
그리고 가장 아름다운 사회적 질서는
스스로를 통해 어쩔 수 없이
규율로 스스로를 훈련시키는 비사회성의 결실이다.

_임마누엘 칸트, 《세계사적 의도에서의 보편사 이념》

이　　　예술가들이라면 각자 독창적인 작품을 만들려고 개인주의적으로 계속 노력해야 좋은 작품이 만들어진다는 말입니다. 자신이 너무 튀어서 상대방이 성장하지 못할 것을 걱정하다가는 평균적인 작품밖에 나오지 않겠죠. 칸트는 바로 그런 것을 피해야 한다고 말한 것입니다. 그래서 비사회적 사회성, 즉 개인이 이기적이고 개인주의적인 성향을 가지고 있기 때문에 사회성을 가질 수도 있다는 얘기가 나오는 것입니다.

차클　개인주의가 그렇게 중요한 것이군요.

이　　　그렇죠. 사회적인 압박과 사회적인 부조리에 순응하면 순응할수록 그것을 고칠 수 있는 가능성은 없어져요. 내가 누구일지는 내가 결정하는 것이거든요. 다른 사람이 결정하는 게 아니에요. 그러니까 우리의 삶을 스스로 결정할 수 있으려면 프라이버시가 가장 필요하다고 볼 수 있습니다.

지금까지 여러분과 함께 고민한 것들을 세 가지 명제로 정리할 수 있습니다. 첫째, 내가 있어야 우리가 있다. 둘째, 개인이 없는 사회가 위기를 초래하고 사회를 왜곡시킨다. 셋째, 그렇기 때문에 개인의 자유와 프라이버시를 보호하는 것이 자유민주주의의 토대다. 마지막으로 제가 좋아하는 존 스튜어트 밀이 말한 프라이버시의 철학을 소개하는 것으로 강의를 정리하고자 합니다. 밀은 프라이버시를 아주 쉽게 이야기했어요. '자신의 방법으로 자신의 선을 추구하는 자유', 그러니까 내 삶을 나만의 방식대로 살아갈 수 있는 자유라는 것이죠. 또한《자유론》에서 "각자가 자신이 좋다고 생각하는 방식대로 살도록 내버려두는 것이 각 개인을 타인이 좋다고 생각되는 방식대로 강제하는 것보다 인류에게 훨씬 더 커다란 혜택을 준다."고 말했습니다. 지금까지 우리가 말한 프라이버시, 개인의 자유, 개인주의와 같은 말들이 아직까지는 우리 사회에서 조금 부정적인 뉘앙스를 띠고 있죠. 하지만 우리 사회가 조금 더 발전하기 위해서 더 많은 개인주의가 대안이라는 생각을 끝으로 전하고 싶습니다.

세대 갈등, 무엇이 문제인가

전상진

'청년들이여 분노하라'는 일각의 주장에 반기를 들고 싶다고 말하는,
세대 문제의 상식 파괴자.
4남매 중 셋째로 태어나 열 살이라는 이른 나이에
이미 불평등한 사회에 불만을 품기 시작했다.
독일로 유학을 떠나 교육사회학을 공부하고
현재는 서강대학교 사회학과 교수로 재직 중이다.

나는 어떤 세대인가

세대라는 것이 단순히 나이로 구분 지어지는 것이 아니라고 생각해요. 경험이나 추억 같은 것과 연결 지어서 생각해보면 결국 정체성과 가장 밀접하게 관련돼 있다고 봅니다. 좀 더 실생활적으로 이야기를 하자면, 내가 어떤 집단에 속하는가에 대한 문제인 것이죠. 결국 정체성이 가장 중요한 틀인 것 같아요.

차클	'청년들이여 분노하라'는 말에 반기를 들고 싶다는 입장이 흥미롭습니다. 어떤 이유 때문에 그런 생각을 하신 것인가요?
전	아마 제 강의를 통해 세대와 관련된 이야기를 나누면서 여러분도 비슷한 생각을 하게 되리라 생각합니다. 본론으로 들어가기에 앞서 요즘 사회적으로 복고 열풍이 일고 있는데, 여러분들도 지난간 시절의 물건들을 보면서 즐거운 상상을 하는 경우가 많지 않나요?
차클	네. 예전에는 가족들끼리 별걱정 없이 지냈었는데 요즘은 너무 많은 문제들이 눈앞에 있어서 그런 것 같아요. 금세 또 새로운 것을 배워야 하는 생활에 지치다 보니 자신에게 익숙한 것들을 더 찾게 되는 것 같아요.
전	여러분이 말씀하신 것들이 오늘의 주제인 세대 또는 세대 갈등과 굉장

히 밀접한 관련이 있다고 생각해요. 복고 열풍이 부는 이유가 무엇인지 많이 이야기를 하는데요. 금방 말씀하셨던 것처럼 이미 알고 있던 것, 익숙한 것을 통해서 얻고자 하는 편안함이 바로 복고적인 상품들의 핵심 성공 요인 중 하나라고 생각합니다.

차클 복고 열풍과 세대 갈등이 관련 있다고요?

전 과거에 대한 향수나 복고 열풍이 세대 문제의 핵심적인 동기·이유·근거들을 직간접적으로 건드리고 있다고 생각해요. 이런 것들로 인해서 세대 간에 싸울 일이 많아질 수 있기 때문이죠. 세대라는 문제가 갈등의 대상이 될 수 있다는 것에 대해서 우리가 관심을 가져야 한다고 생각합니다. 특히 요즘 세대 문제가 정치·사회적으로 중요한 이슈로 부상하고 있고, 경제와도 연결되는 부분이 많잖아요. 그렇기 때문에 세대 문제가 다방면으로 굉장히 중요한 화두가 될 겁니다. 여러분은 세대라고 하면 무엇이 떠오르시나요?

차클 요즘에는 SNS세대란 말이 주목을 받지 않나요? 세상에서 무슨 일이 일어나고 있는지 SNS에서 다 알 수 있으니까요. 그리고 예전에 유행했던 것, 많은 사람들이 좋아했던 것들을 그 세대만의 추억이라고 생각해요. 그래서 세대라고 하면 추억이라는 말이 떠오르기도 하고요.

전 결국 세대란 사람들을 묶어주는 어떤 것들이라고 할 수 있다는 얘기군요.

차클 세대 간의 차이는 당연한 거라고 생각해요. 처음부터 차이에 대해서 인정하고 서로 다르다고 생각하면 되는데, 나이 드신 분들은 젊은이들이 다른 생각을 한다면서 꾸짖기 바쁘신 것 같아요. 서로를 인정하지 않는 데서부터 갈등이 생기는 거잖아요. 다른 것이 아니라 틀리다고 생각하는 게 잘못된 것 같아요.

차이나는
클라스

전	굉장히 중요한 지적을 해주셨어요.
차클	서로 공유하는 문화가 다른 것도 한몫하는 것 같아요. 각자가 어떤 문화를 경험했는지에 따라서 세대를 구분할 수 있다고 생각해요. 중장년층이 즐기는 오락거리와 청년층이 즐기는 오락거리는 분명히 다르잖아요.
전	네, 흥미로운 지적입니다. 그럼 중장년층이 즐기는 프로그램과 청년층이 보는 프로그램이 다른 것을 세대 차이라고 봐야 하나요, 아니면 세대 갈등이라고 봐야 하나요?
차클	그저 차이가 아닐까요? 청년층이 중장년층이 즐기는 프로그램을 억지로 보면서 즐거워할 필요는 없는 것 같아요. 그냥 차이라고 생각해요.
전	지금까지 세대에 대해 많은 이야기를 해주셨는데요. 세대라는 개념에 대해서 좀 더 구체적으로 알아보도록 하죠.
차클	세대를 나타내는 말이 다양하던데 대표적인 세대 명칭인 386세대는 누구를 말하나요?
전	60년대에 태어나서 80년대에 대학을 다니면서 민주화 운동을 많이

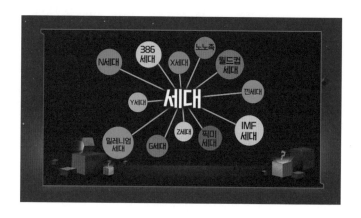

했던 세대가 30대가 되었을 때에 지칭하던 표현입니다. 그런데 그들이 30대를 지나 40대가 되고 50대가 되면서 이제는 3자를 쓰지 않는 추세예요. 그래서 보통 86세대라고 말하죠. 그런데 혹시 68세대라는 말을 들어보셨나요? 68세대는 60년대 후반 즈음에 서구 유럽과 미국, 일본 같은 국가에서 기존 사회에 대한 저항 투쟁을 했던 사람들을 지칭하는 말이에요.

차클   그럼 X세대는 누구인가요?

전   원래 X세대라는 말은 1950년대 영미권에서 등장한 말이에요. X는 알 수 없는 존재, 규정할 수 없는 존재라는 뜻을 포함하고 있어요. 그리고 미국의 X세대는 소비를 회피하고 기피하는 특성을 갖고 있어요. 문제는 한때 우리나라에서 유행한 X세대의 의미가 그와는 정반대라는 점입니다. 아마도 소비라는 면에서 보면 가장 피크를 쳤던 때였다고 생각해요.

차클   X세대는 서울에만 한정되어 있었던 것 같아요. 텔레비전에서 압구정 로데오 거리를 늘 보여주면서 외제를 지향하는 퇴폐문화 식으로 비춰졌거든요. 서울이 아닌 다른 지역 사람들은 X세대가 출현했다는 소식을 들으면서 그런 사람들이 외화를 낭비하고 있다고 반응을 했었어요. 예를 들어 오렌지족 같은 사람들이요.

전   제가 보기에 오렌지족은 계급의 개념이 포함되어 있는 것 같아요. 이렇게 세대에 따른 명칭에 중요한 포인트가 있다고 생각합니다. 여기에 등장한 명칭 중에서 자기를 표현하기 위한 세대 개념과 다른 사람들을 표현하기 위한 세대 개념을 구분할 수 있어요. 만약 자신들의 세대를 스스로 규정한다고 한다면 특정 세대의 특성에 대해 주도적으로 판단할 거예요. 그런가 하면 자신들이 아닌 다른 사람들을 오렌지족 같은

차이나는 클라스

특정 세대로 규정한다면 그 말에는 선망의 표현이 담길 수도 있지만, 비하의 표현이나 경멸의 표현도 조금 섞여 들어갈 수 있겠죠.

차클 자신의 목적에 따라 세대를 구분 지을 수 있다는 말인가요?

전 여러분 자신이 속해 있다고 생각하는 세대의 명칭을 스스로 부여한 것인지 아니면 다른 누군가가 여러분들을 구분하기 위해 부여한 것인지 구분할 필요가 있다는 거예요. 그렇다면 누가 세대라는 말을 가장 많이 사용할까요?

차클 경영과 관련된 수업에서 기업이 모든 사람에게 보편적으로 팔릴 수 있는 물건을 만들 수 없기 때문에 특정 연도에 해당하는 사람들을 구분해서 공통된 정체성을 부여하고 이를 광고로 보여줌으로써 소비욕구를 만들어낸다고 배웠던 기억이 나네요.

전 마케팅에서 활용하는 세대의 개념은 상품을 팔기 위한 목적이라고 볼 수 있는 것이죠. 그럼 경제 분야에서만 그런 예를 찾을 수 있을까요? 문화의 새로운 트렌드를 이야기할 때, 자신들의 독특한 스타일을 표현하기 위해서 세대라는 표현들을 많이 썼었죠. 한국 사회에서는 '서태지와 아이들'에 열광했던 새로운 집단들이 가지는 의미가 있기 때문에 서태지 세대로 구분하기도 했어요. 또 힙합신에서는 세대라고 하는 명칭을 통해서 서로 세대 간 전쟁을 벌이는 경우를 종종 보게 되죠.

차클 같은 또래인데 누군가는 자신을 Y세대라고 하고, 또 다른 누군가는 자신을 Z세대라고 할 수 있잖아요. 자기 나이에 상관없이 자기 생각에 따라서 세대를 구분할 수도 있나요?

전 그렇죠. 자신의 연령에 상관없이 자신이 어떤 세대에 속한다고 본인 스스로 느끼면 되는 것이죠. 세대를 구분하는 심판관이 따로 있는 것이 아니니까요.

차클	그럼 교수님만의 세대 규정 방법을 갖고 계신가요?
전	그때그때 다르다고 말씀드릴 수 있겠네요. 각자의 영역마다 나름대로 세대가 존재하죠. 이를테면 저는 마흔을 넘겨서 교수가 처음 되었어요. 그런데 마흔이라고 하면 꽤 많은 나이라고 생각을 하잖아요. 그런데 교수로서 마흔은 많은 나이가 아니에요. 이 말은 곧, 각각의 영역마다 연령에 대한 판단 방식이 다르다는 것을 의미해요. 그렇다면 세대도 각각의 영역마다 다를 수 있다는 말이기도 하죠.
차클	세대가 마치 물건들을 정리하는 서랍장 같다는 생각이 드네요. 비슷한 물건들끼리 한데 모아두면 정리하기 쉬워지잖아요.
전	그렇죠. 맞습니다. 저는 세대라는 개념이 많은 비판을 받음에도 불구하고 널리 쓰이는 이유가 있다고 생각해요. 세대의 매력은 단순성, 그리고 애매모호성에 있다고 봅니다. 그만큼 다방면으로 쓰일 수 있다는 것입니다.
차클	단순하고 애매모호하다고요?
전	세대를 구분할 때 가장 많이 쓰이는 두 가지 방법이 있어요. 나이로 구분하는 연령 집단 세대와 경험으로 구분하는 추억 공유 세대입니다. 하나는 경험이나 추억이 강조점이 되는 것이고, 또 다른 하나는 연령 집단이나 나이가 강조점이 되는 것이죠. 물론 그렇게 구분을 해도 실제로는 서로가 서로를 교란하고 간섭하고 있다고 봅니다.
차클	나이와 경험을 따로따로 구분하는 이유는 무엇인가요?
전	정치적 세대와 연결시켜서 이야기해볼게요. 청년은 진보적이고, 나이가 들면 보수적이라는 식의 말을 많이 하죠. 그런데 제가 보기에는 청년은 진보, 노인은 보수라고 하는 구분은 그리 명확하지 않은 것 같아요. 예를 들어 일본에서는 보수 정당이 집권당인 자민당이죠. 자민당

차이나는
클라스

지지자 중엔 특히 청년들도 많아요. 청년은 진보, 노인은 보수라는 세대 구분법에 얽매인다면 '왜 청년들이 보수를 지지할까'라고 생각할 수 있겠죠. 결국 우리가 일반적으로 생각하기 쉬운 나이로 세대를 구분하는 것은 맞지 않을 수도 있다는 것을 보여주는 사례입니다. 결국 세대라고 하는 것은 연령만 보는 것과 경험만 보는 것으로 구분할 수 있지만, 현실에서는 두 가지 구분이 서로를 교란시키고 간섭하고 있다는 것이죠. 이렇게 보는 게 올바른 것이라고 생각해요.

차클 세대를 구분할 수 있긴 하지만 실제로는 각 세대가 서로 교란을 하고 있다는 거죠?

전 그렇죠. 저는 세대라는 것이 단순히 나이로 구분 지어지는 것이 아니라고 생각해요. 경험이나 추억과 연결 지어서 생각해보면 결국 정체성과 가장 밀접하게 관련돼 있다고 봅니다. 좀 더 실생활적으로 이야기를 하자면, 내가 어떤 집단에 속하는가에 대한 문제인 것이죠. 결국 정체성이 가장 중요한 틀인 것 같아요.

차클 그렇다면 정체성은 어떻게 설명할 수 있을까요?

전 일반적으로 보게 되면 정체성에는 중요한 두 가지 기둥이 있어요. 하나는 국적이나 민족. 또 다른 하나는 직업이나 계급. 이렇게 두 가지로 나누는 게 적절하다고 생각합니다. 그런데 요즘 상황들이 많이 바뀌고 있죠. 국적을 예로 들어봅시다. 한 번 한국인이면 영원한 한국인이라고 생각했었죠. 이건 숙명이니까 벗어날 수 없다고 여겼어요. 그런데 요즘에는 이민을 가는 경우도 많고, 또 다른 일로 제3국으로 갈 수도 있죠. 결국 더 이상 국적은 숙명이 아니라는 말입니다. 어떤 의미에서 보면 국적이라는 것은 선택 사항이 됐다고 말할 수 있어요.

차클 직업이나 계급은 국적보다 훨씬 더 쉽게 바꿀 수 있잖아요.

전	1990년대 미국에서 대학생들을 대상으로 실시한 연구 결과가 있었어요. 미국 대학생들이 앞으로 자신의 원천기술을 세 번 내지는 네 번 바꿀 것이라고 추정을 했어요. 즉 지금 제빵사로 일하고 있지만, 언젠가 약사가 됐다가, 또 언젠가 의사가 됐다가, 또 언젠가 경비원이 될 거라는 것이죠. 우리도 그렇게 생각할 수 있잖아요. 지금은 제빵사로 일하지만, 앞으로 계속 이 일을 하지 않을 수 있다는 가능성을 열어두고 있지요. 바로 사회학자들이 직업의 불안정성이 증가했다고 하는, 바로 그 얘기입니다.
차클	국적과 직업을 쉽게 바꿀 수 있다는 게 위험 요인일까요?
전	기존 정체성의 중요한 기둥이 흔들리고 있다는 것에 주목을 해야 합니다. 만약 그렇다면 또 다른 정체성의 기둥이 필요하지 않은지 생각해 봐야겠죠. 저는 그러한 정체성 중 하나가 세대라고 주장합니다. 지금껏 정체성이라는 면에서 국적과 직업이라는 두 개의 힘이 너무 강했는데 그게 흔들리기 시작하고 있는 것이죠. 이때 세대가 등장하게 된다고 생각해요. 그러면 왜 굳이 세대일까요? 아까 세대를 구분하는 데 있어서 추억을 이야기했었죠. 그와 관련해 질문 하나 해보죠. 우리가 생각하는 고향은 어디일까요?
차클	저는 제가 태어나 자란 곳인 한국이 고향이지만 프랑스 파리를 더 고향처럼 생각합니다. 제가 태어난 고향은 예전의 모습들이 하나도 남아 있지 않은 반면, 파리에 가면 배낭여행을 갔을 때의 모습에서 별로 달라지지 않았거든요. 그래서 오히려 파리에서 더 익숙한 것들을 많이 발견하게 되어서 그곳이 고향 같다고 느낄 때가 많아요.
전	저도 삼각지에서 태어났는데, 지금은 예전 모습을 찾아볼 수 없어요. 그래도 지리적으로나 공간적으로 많이 변했어도 고향이라고 하면 뭔

가 느껴지는 것이 있죠. 결국 고향이라는 것이 땅에 매여 있는 것인지, 우리들의 관념에 있는 것인지 따져볼 필요가 있다는 말입니다. 아까 젊은 시절의 경험과 관련해 추억 공유 세대라는 말을 했죠. 고향이 그래요. 공간으로서의 고향은 없어질 수 있지만 추억 속의 고향은 남아 있는 거잖아요. 그래서 나온 표현이 '시간의 고향'이라는 말이에요. 독일 문학계의 거장인 W. G. 제발트라는 문필가가 쓴 말입니다.

차클 그가 '시간의 고향'이라는 말을 꺼내게 된 계기는 무엇인가요?

전 1942년부터 1945년까지 독일의 많은 도시들은 연합군의 공중 폭격에 의해서 완전히 주저앉아버렸어요. 그런데 제발트는 자신이 목격한 폐허 속 건물들이 자신의 시간 고향이라고 한 것이죠.

차클 좋은 의미의 고향인 줄 알았는데, 어떻게 보면 트라우마가 될 수도 있는 시각적 경험을 고향이라고 여긴 것이군요?

전 내 고향이 싫다고 해서 고향을 부정할 순 없는 것이죠. 자신에게 영향을 미친 것이 고향이라고 한다면, 기존의 체계가 흔들리는 상황에서 시간의 고향이 정체성에 중요한 기둥이 될 수 있다는 것이에요. 그런

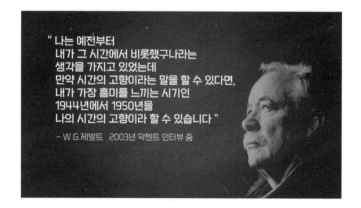

"나는 예전부터
내가 그 시간에서 비롯했구나라는
생각을 가지고 있었는데
만약 시간의 고향이라는 말을 할 수 있다면,
내가 가장 흥미를 느끼는 시기인
1944년에서 1950년을
나의 시간의 고향이라 할 수 있습니다"

– W.G.제발트 2003년 악첸트 인터뷰 중

면에서 보면 세대라는 것은 내가 누군지를 알려고 하는 사람들에게 앞으로 상당히 오랜 기간 동안 중요한 기틀을 제공해줄 수 있을 거라는 생각이 들어요.

차클 세대라는 개념도 어차피 시간이 지나면서 바뀌지 않을까요?

전 맞아요. 세대학자들은 세대를 활용하는 방식이 시대가 변함에 따라 바뀌었다고 말해요. 예컨대 영웅적 세대와 포스트 영웅적 세대를 구분하곤 합니다. 과거의 세대는 보통 영웅적 세대의 모습을 많이 띠었죠. 예를 들면 산업화를 위해서 자신의 인생을 바치고 민주화를 위해서 목숨을 바치는 영웅적인 행태를 보면서 그들에 대해 동료 의식을 느끼는 사람들이 많았어요. 요즘에는 그런 경향이 많이 사라진 것 같아요. 그 대신에 대중문화에서 동료 의식을 느끼는 사람들이 많아졌죠. 바로 그런 의미에서 지금 우리가 세대 문제를 고민할 땐 역사적으로 중요한 사건들이 시간의 고향을 이루었던 시대에서 그것을 다른 방식으로 채우려는 시대로 변화했는지 여부를 살펴봐야 합니다.

차이나는 클라스

촛불과 맞불은 왜 갈등하는가

혹시 촛불집회와 맞불집회도 세대 갈등으로 이끌어가려는 세력이 있는 것은 아닌가라는 생각을 하게 되죠. 그렇게 함으로써 촛불과 맞불이 맞붙은 이유들, 즉 민주냐 반민주냐, 법치냐 반법치냐 하는 문제를 흐리게 되는 겁니다.

차클   세대 갈등의 가장 대표적인 사례가 무엇일까요?

전   최근 한국에서 세대에 대해 이야기를 할 때 빼놓을 수 없는 중요한 사건이 있죠. 바로 촛불집회와 맞불집회입니다. 그런데 저는 맞불집회를 태극기 집회라고 부르는 표현에 조금 부정적이에요. 저 나름대로의 이유가 두 가지 있어요. 첫 번째는 태극기가 특정한 정파나 세력의 상징이 되기엔 너무 중요한 국가의 상징이라는 것이죠. 두 번째로는 시기적으로 볼 때 촛불집회가 먼저 시작을 했고 다음에 나타난 게 이른바 태극기 집회예요. 즉, 맞불은 촛불에 대응하기 위해서 나온 거라는 얘기죠. 맞불이라고 해야 양자의 대응 양식도 볼 수 있고, 흐름도 더 적절히 볼 수 있지 않은가 하는 관점에서 태극기 집회라는 말에 부정적인 입장입니다.

차클	촛불집회와 맞불집회를 세대 갈등으로 보는 것엔 동의하시나요?
전	여러 가지 생각들이 있을 수 있죠. 촛불집회에는 굉장히 다양한 연령대의 사람들이 참여했어요. 나이 드신 분부터 아이들의 손을 잡고 나온 가족들도 볼 수 있었죠. 그런 풍경을 보면서 과연 세대 갈등으로 봐야 하는가 하는 의구심이 들었어요. 여러분 생각은 어떤까요?
차클	맞불집회에 나오신 분들을 보면 정말 몇몇 언론과 종북세력의 선동에 의해서 탄핵 사태가 일어났다고 생각하시는 것 같아요. 또 누군가는 계속 가짜 뉴스를 만들어서 맞불집회에 나온 어른들이 믿게 만들고 말이죠. 그렇긴 해도 한쪽에선 촛불을 들고 다른 한쪽에선 태극기를 들고 폭력 사태 없이 각각 평화롭게 집회를 한다는 것 자체가 우리나라 역사에서 정말 기념비적인 사건이라고 생각해요.
전	중요한 지적이에요. 더디긴 해도 조금씩 나아지고 있는 것 같죠. 그럼 이제부터 제 생각을 좀 더 얘기해볼게요. 맞불집회에 나간 어르신들이 왜 집회에 나갔을까요? 여기에서 물론 전제는 국정 농단 사태가 사실이라는 겁니다. 그럴 경우 맞불집회를 인지부조화라는 사회심리적인 과정으로 설명을 할 수 있어요.
차클	당시의 집회 참가자들이 인지부조화에 빠졌다는 건가요?
전	잘못된 결정으로 인해 스트레스를 받는 상황을 인지부조화라고 하죠. 예를 들어 누군가 어떤 결정을 했는데, 그 결정이 잘못된 것으로 밝혀지면 스트레스를 받겠죠. 그때 우리가 대처할 수 있는 방식은 두 가지예요. 하나는 결정을 되돌리는 것이고, 또 다른 하나는 잘못된 결정임을 알게 됐어도 합리화를 하는 것이죠. 저는 이 두 가지 대처 방식을 맞불집회 시민들에게 적용할 수 있다고 보는 거예요.
차클	그들에게 잘못된 결정이란 무엇을 말하나요?

전	본인들이 전 대통령을 지지했다는 것이죠. 잘못된 결정을 했다는 걸 아니까 스트레스를 받았을 거예요. 그러면 자신의 결정을 되돌릴 수 있는 방법은 대통령에게 물러나라고 외치면서 촛불을 들고 광장으로 나가는 방법이 있을 수 있죠. 이게 첫 번째 대처 방식이에요. 그런데 맞불집회 참가자들은 그러지 않았어요. 자신의 잘못된 결정을 고치려고 하지 않죠. 그 대신 자신의 결정을 합리화시킵니다. 바로 두 번째 대처 방식입니다. 잘못된 결정을 합리화하는 과정도 두 가지로 나눠볼 수 있어요. 하나는 정보의 편식, 또 다른 하나는 동조자의 확대예요. 누구나 잘못된 결정을 할 수 있어요. 그런데 그것 때문에 스트레스를 받고 있으니, 합리화를 시키려고 정보를 편식하는 거예요. 그런데 그마저도 불안하면 동조자들을 자꾸 만드는 것이죠. 인지부조화라는 개념을 정치적 사안으로 확대해서 맞불시민의 행동을 이해하는 가설로 내세워본 겁니다.
차클	세대 갈등의 문제점을 알아보자고 하시더니 방금 전에 하신 말씀은 오히려 세대 갈등을 더 유발시킬 수도 있겠다는 생각이 드는데요? 그분들을 모두 다 인지부조화라고 매도할 수는 없을 것 같아요.
전	물론 인지부조화만으로 설명하면 안 되죠. 저도 우리 사회가 맞불집회에 나온 어르신들의 말에 좀 더 귀를 기울여야 한다고 생각해요. 그들의 과격한 구호 뒤에 뭔가가 숨겨져 있을 겁니다. 그걸 알아보기 위해 먼저 한국 사회의 노인들이 어떤 삶을 살고 있는지를 살펴볼 필요가 있어요. 지금 한국 사회는 온통 청년들에게 관심이 쏠려 있죠. 노인들의 고통보다 청년들의 고통에 주목하는 경향이 강해요. 제가 만약 노인이라면 굉장히 섭섭할 것 같아요.
차클	노인층을 소외시키고 있기 때문에 세대 갈등이 벌어지고 있다는 말씀

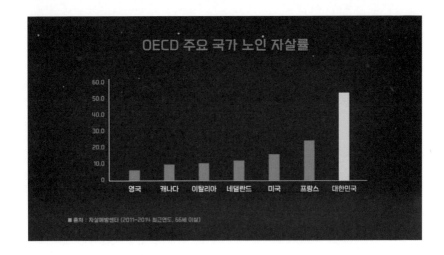

OECD 주요 국가 노인 자살률

■ 출처 : 자살예방센타 (2011~2014 최근연도, 66세 이상)

이신가요?

전   저는 여기에서 세대라는 말보다 시간의 고향이라고 하는 개념을 끌어들이는 게 좋지 않을까 생각해요. 왜냐하면 시간의 고향이 설정되면 그 주변으로 사람들을 모을 수 있다는 생각이 들기 때문이에요. 특히 맞불집회에 나가는 어르신들이 공유하고 있는 시간의 고향에서 가장 중요한 역사적 인물이 누굴까요?

차클   박정희 전 대통령 아닐까요.

전   이분들이 이야기하는 레퍼토리를 보면 공통적으로 과거에 행복했던 시절, 아니면 찬란했던 시절에 대해서 말씀을 하세요. 내일은 오늘보다 나을 거라고 믿으면서 살아온 시절에 대해 말씀하시죠. 실제로도 그런 시절이 있었고요. 미래에 대한 비전을 가지고 희망을 가질 수 있었던 시기예요. 하지만 요즘은 그렇지 않죠. 게다가 이분들은 여전히 적극적인 사회 활동을 원하지만 사회로부터 배제당한 분들이에요. 그

차이나는
클라스

런데 촛불집회가 연이어 열리더니 대통령을 탄핵하는 일이 벌어졌어요. 자, 그럼 이로 인해 맞불집회에 나가는 어르신들이 상실한 것은 무엇일까요. 현실적인 고통과 사회적인 소외에 이어 마지막으로 소중하게 간직해온 시간의 고향마저 잃어버린 것이죠. 그래서 저는 이분들을 '시간의 실향민'이라고 부를 수 있다고 생각해요.

차클   정체성을 잃어버린 기분이겠군요?

전   내가 내 삶을 어떻게 생각하는가. 이것이 정체성의 가장 중요한 포인트죠. 그게 갑작스럽게 사라진 거예요. 그러니 이분들이 분노하지 않을 수 있을까요. 억하심정이라는 말로도 표현될 수 있을 거라는 생각까지 들어요. 그렇기 때문에 제가 감히 인지부조화라는 개념도 대입해보고, 시간의 고향이라는 개념도 계속 대입해보는 거예요.

차클   그분들을 이해해보려는 시도를 계속해야 한다는 말씀이시죠?

전   그분들의 목소리에 귀 기울여야 한다는 말은 그분들의 구호가 아닌 그분들의 아픔을 이해해야 한다는 얘기입니다. 그분들이 겪는 현실적인 고통, 사회적인 냉대 또는 소외, 그리고 시간의 실향민이 된 현실을 말이죠. 그런 차원에서 맞불집회와 촛불집회의 대립을 세대 갈등으로 보는 건 문제가 있지 않느냐는 의견에는 저도 적극적으로 동감합니다.

차클   그럼 세대 갈등의 측면은 전혀 없는 것인가요?

전   아까 말씀드렸지만, 세대라고 하면 사람들은 주로 부모와 자식 간의 다툼을 떠올려요. 그렇게 세대 구분을 하게 되면 사람들은 갈등이라는 게 일정 수준에서 절제되어야 한다고 생각하게 돼요. 그래서 혹시 촛불집회와 맞불집회도 그런 식의 세대 갈등으로 이끌어가려는 세력이 있는 것은 아닌가 라는 생각을 하게 되죠. 그렇게 함으로써 촛불과 맞불이 맞붙은 진짜 이유들, 민주냐 반민주냐, 법치냐 반법치냐 하는 문제를 흐리게 되는 것이죠. 그래서 저는 누군가 세대 갈등의 프레임을 특정한 사회의 문제의 원인을 제대로 보지 못하도록 하려고 꺼내든 카드가 아닐까 하고 생각합니다.

차클 무엇을 보지 못하게 한다는 것이고, 그렇게 보지 못하게 해서 얻는 이득이 무엇인가요?

전 모든 사람들이 다 동의해서 세대 갈등 프레임을 만들려고 한 것은 아닐 겁니다. 저는 두 가지 세력 또는 지역이나 영역에서 세대 갈등 프레임을 만들었다고 봅니다. 일단 미디어죠. 미디어의 입장에서는 그런 프레임들이 필요해요. 자기들이 하는 이야기를 쉽게 이해시킬 수 있으니까요. 세대 프레임엔 그런 강점이 있거든요. 또 다른 하나는 정치 세력이죠. 정치 세력들이 이러한 세대 게임 또는 세대 갈등의 프레임을 통해서 무얼 도모하는지 우리가 주의해서 살펴봐야 한다고 생각해요.

차클 대체 무엇을 노린다는 것인가요?

전 쉽게 말해, 정치 세력이 지지자 세대를 두고 벌이는 게임이라고 할 수 있어요. 지지자 세대를 모으기 위한 게임이죠. 크게 두 가지로 구분할 수 있어요. 고령자 친화적인 세대 게임과 청년 친화적인 세대 게임이죠. 제가 볼 때 한국의 보수와 진보는 이 두 종류의 세대 게임을 나름의 방식으로 각각 벌이고 있는 것 같아요. 결국 특정 연령층이나 세대들이 갖게 되는 분노와 정치적인 에너지를 끌어들여서 자신의 지지자층을 만드는 것이죠.

차클 정작 지지자층은 싸울 필요가 없는데 정치 세력이 그들을 싸우게 만들고 있다는 말씀이신가요?

전 바로 그래서 청년들에게 분노하라고 부추기는 것에 대해서 제가 문제를 제기하는 것입니다. 그 말은 곧, 청년들이 분노하지 않아서 이 모양이 꼴이 되었다고 말하는 것과 다르지 않아요. 또 다른 한편에서 보면 세대 갈등을 조장하는 측면이 있어요. 청년세대에게 분노하라고 얘기를 하는 것은 반대편에 있는 누군가에게 그 분노가 향할 수 있기 때문이죠. 그 대상은 기성세대 아니면 노년세대겠죠. 결국 청년들에게 분노하라고 이야기하는 건 세대 갈등을 조장하는 거라고 생각합니다.

차클 세대라는 게 정말 복잡하고 어려운 문제였네요.

전 그래서 항상 조심해야 한다고 생각해요. 왜냐하면 세대라는 게 워낙 매력적인 개념이라서 사람들이 자꾸 거기서 정체성을 찾으려고 해요. 정작 문제의 원인은 다른 곳에 있을 수 있는데, 세대 갈등에 집중하게 되면 문제를 해결할 길이 애초에 봉쇄될 수 있다는 거죠. 세대 게임을 조장하는 사람들이 너무 능수능란해지고 성실하게 일하다 보면 정말 우리는 아무것도 아닌 일로 싸워야 할지도 몰라요. 그러면 안 되겠죠. 그렇기 때문에 우리는 청년 또는 노년으로 특정 연령층이나 세대, 시간의 실향민들을 동원해서 자신들의 정치적 목적을 위해 지지자를 늘리려는 세대 게임 플레이어를 조심해야 하는 거예요.

차클 그럼 선생님께서 시간의 실향민이라고 지칭한 분들에게 그 고향을 다시 돌려주는 게 맞을까요?

전 굉장히 어려운 문제 같아요. 어르신들이 생각하는 시간의 고향은 다 거짓말이라고 얘길해도 그분들은 마찬가지로 시간의 고향을 잃게 될 거예요. 고통은 여전히 남는 거죠. 그러면 우리는 그분들의 고통도 해결하지 못하고 위안처마저 빼앗아버린 게 됩니다. 결국 시간의 고향이라는 것이 굉장히 영양가도 없고 별것 아닌 걸로 보일 수 있지만 정치적으로 악용될 수도 있다는 것을 생각해야 합니다.

현재 우리의
진짜 위기는 무엇인가

저도 저출산 고령화가 시급한 문제라는 걸 부정하는 건 아니에요. 하지만 사람들이 패닉 상태에 빠져서 공포와 불안에 사로잡히면 그 상황들을 객관적으로 따져볼 수 있는 기회 자체가 사라지겠죠. 그래서 저는 이 문제가 어쩔 수 없는 일종의 숙명이라고 생각을 하게 돼요.

전	앞서 시간의 고향을 이야기하면서 사람들이 과거를 추억하고 과거의 향수에 젖어서 공감하는 게 많다고 이야기를 했었죠. 이번에는 마케팅적인 관점에서 살펴보도록 하겠습니다. 특정한 세대를 공략해서 사람들에게 잘 팔리게 만드는 상업 마케팅, 좀 더 정확하게 말하면 세대 마케팅이라는 측면에서 광고를 빼놓을 수 없죠. 결국 상업적 마케팅은 소비자의 욕구나 욕망을 건드리는 것이에요. 사고 싶은 욕구를 만드는 것이라고 할 수 있어요. 그런 의미에서 보면 특정 세대를 구분하고 그들의 추억과 공감을 불러일으키는 게 나쁘지 않냐고 말할 수도 있죠.
차클	추억을 지나치게 상업적으로 이용하고 있다고 보시는 건가요? 일종의 추억 팔이 같은 것으로요? 취향의 문제니까 취향은 존중받아야 하고 무해하다고도 할 수 있지 않나요?

전	물론 무조건 나쁘다고 볼 수는 없죠. 오히려 윈-윈이라고 볼 수 있어요. 상품을 파는 사람, 상품을 쓰는 사람이 서로 나름대로의 목적을 달성했기 때문에 사회 갈등이라고 보기에는 무리가 있죠. 그럼 정부 정책을 둘러싼 세대 간의 다툼, 극적으로 표현해서 세대 간의 전쟁에 대해선 어떻게 생각하시나요?
차클	세대 차이까지는 알겠는데, 세대 전쟁이라는 용어는 굉장히 낯설어요.
전	저를 포함해서 저널리스트들도 마찬가지로 사회적 현상을 바라보는 역할이 두 가지 정도 있는 것 같아요. 첫 번째 역할은 방화범 혹은 방화자로서의 역할입니다. 즉 불을 지르는 역할이죠. 또 하나는 소방관으로서의 역할입니다. 즉 불을 끄는 역할이에요. 방화자는 사회의 특정 현상이 정말 큰 문제를 일으키고 있다는 식으로 소개를 하면서 사람들의 관심을 불러모읍니다. 이를테면 세대 대립이 아니라 세대 전쟁이란 말을 써서 문제를 극단화시키는 것입니다.
차클	선생님 입장에서는 세대 갈등을 넘어서 세대 전쟁이라는 용어까지 나오는 세태가 과장됐고, 일부 사람들에 의해서 조장되고 있다는 말씀이신가요?
전	네, 그렇습니다. 저 또한 사회적인 현상에 대해서 이야기하면서 일반적으로는 방화자 역할을 하지만 적어도 세대 문제와 관련돼서는 소방관의 역할을 해야 한다고 생각해요. 세대 전쟁을 아주 간략하게 요약하면 정부 재원을 둘러싸고 세대 간에 다투는 것이라 할 수 있어요. 한마디로 양로원을 세울 것이냐, 유치원을 세울 것이냐의 문제인 셈이죠. 이렇게 표현하니 쉽게 와 닿죠?
차클	사회에서 어떤 세대를 더 중요하게 생각하는지가 중요하다는 것이죠?
전	맞습니다. 국가 재원을 끌어다 쓸 때 한쪽에서 너무 많이 끌어 쓰면 다

른 한쪽에서는 피해를 입겠죠. 이게 세대 전쟁의 기본적인 구조입니다.

차클 　세대 전쟁이란 말 속 세대는 어떻게 구분이 되나요?

전 　세 종류의 세대가 있다고 봐요. 정부 정책과 관련된 세대는 철저하게 연령, 즉 나이에 따라서 구분이 된다는 점이 중요합니다. 첫 번째, 보육세대입니다. 보육을 받아야 하는 아이나 청소년들을 뜻하는 것인데 경우에 따라서는 15세 또는 20세까지를 보육세대라고 말해요. 두 번째는 생산세대입니다. 즉 생산 가능한 연령에 속하는 세대로, 20세부터 은퇴하기 전인 60세 또는 65세까지를 의미해요. 세 번째는 부양세대입니다. 은퇴 후에 부양을 받아야만 하는 세대죠.

차클 　요즘 사회적으로 보면 생산세대와 부양세대의 대립이 가장 큰 이슈인 것 같아요.

전 　그렇죠. 생산과 부양이죠. 생산은 또한 보육과 한편이 될 가능성이 있어요. 부모와 자식이라고 하는 개념이 포함되어 있으니까요. 그래서 한편에는 부양세대, 즉 연령이 많은 노년층이 있고, 다른 한편에는 젊은이들이 있는 거죠. 저는 여기서 늙은이와 젊은이라고 표현을 하겠습니다. 저는 세대 전쟁론에 반대하는 것을 넘어서 비판을 하는 입장이에요. 그래서 세대 전쟁의 메시지를 이야기할 때 어르신들에게 비하적인 의미를 일부러 강하게 줍니다. 왜냐하면 세대 전쟁을 조장하는 이들이 "생산세대의 주적은 부양세대다."라는 식으로 말들을 하고 있기 때문이죠.

차클 　그런데 예전에도 기로(棄老) 풍습이 있었잖아요. 세대 전쟁이 그런 풍습과 비슷하다고 볼 수 있을까요?

전 　흥미로운 사실은 거의 모든 문명권 나라마다 유사한 괴담 또는 도시 전설이 있어요. 예를 들어 남태평양에 있는 섬나라에서는 매년 하루

차이나는
클라스

를 잡아서 어르신들을 코코넛 나무에 올라가 있도록 한답니다. 그러고
는 청년들이 밑에서 나무를 흔들어서 떨어지지 않고 버티는 분들에게
1년 동안 더 살 수 있는 자격을 준다는 거예요. 자기 스스로를 책임질
수 없으면 계속 우리와 함께 살 수 없다는 것입니다.

차클　최근에도 부양세대를 버리는 일들이 많은가요?

전　1991년도에 미국에서 82세 치매 노인을 집에서 500킬로미터 떨어
진 곳에 버린 일이 이슈가 된 적이 있어요. 옛날 일이라고 치부해버릴
수 없는 거죠.

차클　사회적으로 부양세대를 책임지는 제도들이 많아지지 않았나요?

전　과거와 현재의 노인 부양 시스템은 많이 달라졌어요. 과거에는 본인들
스스로 또는 가족이 책임져야 된다는 점이 강조되었다면, 오늘날에는
사회의 공동책임이라는 식으로 바뀌었다는 게 가장 중요한 변화라고
생각합니다. 서구에서는 청년과 노년을 바라보는 사회적인 관점 또는
이미지도 변했다고 말할 수 있어요. 대표적인 표현이 바로 화려한 노
년과 비참한 청년이에요. 화려한 노년이라는 표현은 1980년대 후반
부터 성공적 노화라는 말로 등장을 했습니다. 책으로도 출간되어서 전
세계적으로 굉장히 히트를 쳤죠. 화려한 노년의 핵심은 과거에 노인들
이 갖던, 주로 수동적이고 체념한 채 죽음을 기다리고 병들고 약한 이
미지에서 벗어나 좀 더 적극적이고 진취적이고 능동적으로, 그래서 결
국 성공하는 쪽으로 달라졌다는 겁니다. 노인들에 대한 이미지가 조금
밝아졌죠.

차클　그럼 비참한 청년들이란 무슨 의미인가요?

전　비참한 청년은 '즉시 전력감'이 되지 못한 청년이라는 개념이에요. 일
반적인 조직에 대입해서 살펴보죠. 요즘 대졸 청년들의 취업 문제가

최고의 화두죠. 즉시 전력감이라는 말은 바로 투입이 되어도 일을 할 수 있는 사람을 의미해요. 기업들은 바로 들어오자마자 일할 수 있는 인력을 원하겠죠. 그런데 대졸 청년들을 데려오면 비용을 또 들여서 온더잡트레이닝(OJT) 같은 과정을 거쳐 길러내야 되잖아요. 그걸 기업들이 못 하겠다는 거예요.

차클   그럼 청년들더러 어떻게 경력을 쌓으란 얘기인가요?

전   그래서 취업시장에 부익부 빈익빈이 나타나는 겁니다. 능력 있는 소수자들이 좋은 자리를 계속 따먹고 다니는 거예요. 세대 전쟁론이라는 말을 처음 들어봤다고 했는데 실제론 이런 식으로 일어나고 있다고 볼 수 있죠.

차클   세대 전쟁의 근본적인 원인 중 하나가 경제라면 우리나라가 서구권보다 훨씬 심각하지 않나요? 왜냐면 독일의 경우에는 대부분의 학생들이 대학을 가지 않고 16~17세부터 일을 시작해요. 우리나라의 경우, 남자들이 대부분 군대를 갔다 온 다음에 대학을 졸업하고 취직하면 거의 10년을 보내는 셈이죠. 또 유럽 각국은 생산직의 정년이 어느 정도 보장되어 있는데 우리나라는 50대 중반 정도 되면 돈을 벌 수 있는 기회가 줄어들어요. 길어야 30세에서 55세까지 25년 동안 번 돈으로 아이들을 길러야 하고 남은 인생 30년을 버텨야 하는 구조로 볼 때 유럽보다 훨씬 문제가 심각할 수도 있겠네요.

전   그렇습니다. 그래서 세대 전쟁론이 한국에서 굉장히 매력적으로 들릴 수 있을 거라고 생각해요. 그런데 여기에서 중요한 두 가지 개념을 설명 드려야 할 것 같아요. 저출산 고령화라는 개념입니다. 젊은이와 아이들은 줄어들고 노인들은 많아진다는 것이죠. 우리 사회가 저출산 고령화 사회가 된다고 하면 세대 전쟁론이 더욱더 시급한 문제라고 인식을 할 수 있겠죠.

차클   점점 결혼의 시기가 늦어지고 기대수명은 늘어나는 것에 대해서 뉴스
          에서 자주 다루는 것 같아요. 다른 강연에서도 우리나라의 인구 분포
          그래프를 살펴보면서 저출산 고령화 문제를 해결하지 않으면 미래가
          없다는 말을 했었어요. 선생님도 동의하시나요?

전   그분들은 방화자 입장에서 말씀하신 거 같아요. 저는 소방관의 입장에
          서 말씀을 드리려고 해요. 물론 저도 저출산 고령화가 시급한 문제라
          는 걸 부정하는 건 아니에요. 하지만 사람들이 패닉 상태에 빠져서 공
          포와 불안에 사로잡히면 그 상황들을 객관적으로 따져볼 수 있는 기회
          자체가 사라지겠죠. 그래서 저는 이 문제가 어쩔 수 없는 일종의 숙명
          이라고 생각을 하게 돼요.

차클   선생님이 생각하시는 저출산 고령화의 해결책은 무엇인가요?

전   결국 저출산 문제의 핵심은 노동력이 줄어든다는 거잖아요. 요즘 어
          르신들은 과거보다 훨씬 건강 면에서 좋아지고 있는 추세예요. 노동
          시장에 오래 머물러 있을 수 있겠죠. 물론 성과의 문제가 있을 수는 있
          어요. 하지만 과학기술의 발달로 노동방식을 점점 단순하게 만들 수
          있다는 걸 상정해야죠. 어르신들을 노동시장에 오랫동안 묶어둠으로
          써 문제가 해결될 거라는 식의 단편적인 접근은 유치한 발상입니다.
          또 다른 하나는 여성 인력의 적극적인 활용이에요. 그들이 더욱더 적
          극적으로 사회 참여를 할 수 있도록 만들어주면 노동력 부족으로 인해
          서 생기는 문제들을 해결할 수 있는 단초가 생기게 되죠. 저출산 고령
          화라는 처참한 시나리오 앞에서 지금의 방식으로만 문제를 풀려고 한
          다면 저출산 고령화는 해결되기가 쉽지 않을 겁니다. 출산력을 높이는
          것밖엔 방법이 없으니까요.

차클	국민의 한 사람이긴 하지만, 제가 자식을 낳을지 말지에 대해서 국가가 간섭하는 건 불쾌하게 느껴집니다.
전	대한민국 출산지도라는 게 등장해 문제가 됐었죠. 어떤 지역의 가임기 여성들이 출산을 하지 않아서 인구가 줄면 그 지역 여성을 문책하기라도 할 건가요? 그런 식의 접근으로는 근본적인 해결을 할 수 없어요.
차클	출산을 하지 않으려는 이유를 먼저 파악하고 개선을 시켜줘야 아이를 낳을 수 있다고 여길 텐데, 저출산의 근본 원인은 해결하지도 않고 아이를 낳으라고 하는 건 말이 안 된다고 생각해요.
전	그렇죠. 책임은 개인에게 묻고 나라를 위해서 뭔가를 하라는 요구만 있는 것이죠.
차클	반대로 과거에는 인구증가율이 너무 높으니 정관수술을 하면 분양 혜택을 준다는 식으로 억제정책을 펴기도 했어요. 많이 낳으라고 했다가 또 많이 낳으면 안 된다고 했다가 다시 또 낳으라고 하는 것도 문제예

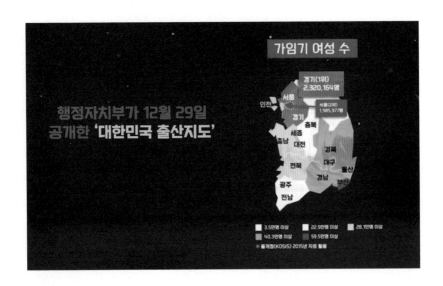

차이나는
클라스

요. 개인의 삶과 선택을 국가가 좌우하려는 의도 때문에 매우 불쾌한 느낌을 받게 돼요.

전 　한국은 개인보다 공동체나 국가와 사회가 훨씬 더 우선시되는 것 같아요. 우리도 국민이니까 국가경쟁력을 걱정하는 건 당연하죠. 그것을 부정할 사람은 없을 거예요. 그러한 정책적 마인드로 출산율을 높이자고 주장하는 건 알겠는데 개개인들의 행복이나 판단을 떠나서 국가가 직접적으로 개인의 자궁, 즉 몸에 대해서 개입할 수 있다는 발상이 한국에서는 굉장히 보편화되어 있는 것 같아요. 한편 세대 전쟁론은 세대 음모론의 성격을 띠고 있어요. 저출산 고령화로 인해 국가 재정이 힘들어진 걸 세대 전쟁의 배경이자 동기라고 몰아붙이고 있는 것이죠.

세대 전쟁의 책임은
누구에게 있는가

나보다 더 나이 많은 사람 앞에서 나는 마치 청년처럼 보이지만 나보다 나이 어린 사람의 앞에 서면 나는 기성세대가 될 수 있는 것이죠. 결국 상대성 그리고 개인의 특성을 무시한 채 기성세대라는 말이 세대 전쟁론과 세대에 대한 일반적인 이야기를 할 때 너무 많이 쓰이고 있어요.

전   앞서 서구에서 등장한 화려한 노년과 비참한 청년이라는 이미지를 살펴봤어요. 그런데 우리나라는 어떨까요. 한국 어르신들의 현실적인 상황을 좀 살펴볼 필요가 있을 것 같아요. 일단 OECD 주요 국가 중 노인 빈곤율과 자살률을 살펴보면 대한민국이 1위죠. 굉장히 나쁜 상황에 있어요.

차클   지난 대선을 보면서 노인들을 위한 선거가 아니었다고 느꼈어요. 노인 복지에 관한 공약들을 별로 찾아볼 수 없었거든요.

전   서구의 세대 전쟁론을 정의할 때 자주 등장하는 정치적 담론이 바로 노인의 지배입니다. 노인이 지배를 해야 본인들에게 유리한 방향으로 국정을 이끌어갈 수 있겠죠. 그런데 노인의 지배라고 할 때 두 가지 방식이 있어요. 노인에 의한 지배와 노인을 위한 지배입니다. 두 가지를

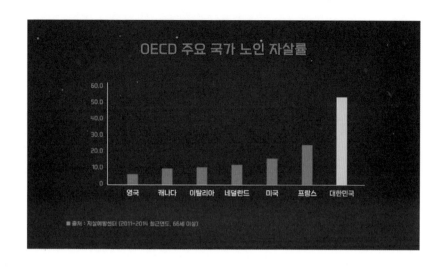

구분해야 할 필요가 있어요. 노인을 위한 지배에 대해서는 어떻게 생각하시나요?

차클 노인을 위한 지배가 실질적으로 이뤄지지 않고 있다고 생각해요. 선거를 통해서 노인들의 표를 많이 받은 사람들의 정책을 보아도 그들을 위한 복지에 신경을 썼는지 의문이거든요. 노인을 위한 지배라고 한다면 적어도 노인들의 삶에 신경을 써야 한다고 봅니다.

전 한국의 세대 전쟁은 서구의 세대 전쟁과는 조금 달라요. 서구에선 화려한 노년과 비참한 청년이라고 하지만, 우리의 현실은 비참한 청년과 비참한 노인이라고 할까요. 그렇게 규정해버리면 싸움이 일어나질 않겠죠. 그렇기 때문에 한국에서 세대 전쟁을 이야기할 때는 조금 변형을 시켜요. 노인의 자리에 기성세대라는 새로운 개념을 넣는 것이죠. 기성세대라고 하면 폭이 좀 넓어져요. 노인들은 60대 이상, 70대 이상처럼 규정할 수 있을 텐데, 기성세대는 전체를 아우르는 폭넓은 개념이라고 할까요?

차클   그럼 청년세대와 기성세대가 무엇을 놓고 싸운다는 말인가요?

전   두 세대가 충돌하는 주요 분쟁 포인트는 부동산, 일자리, 국민연금. 이 렇게 세 가지로 보고 있습니다.

차클   맞아요. 국민연금을 초기에 가입한 사람들은 적게 내고 많이 받는데 나중에 가입한 사람들은 자기가 낸 것보다 못 받게 될 확률이 높다는 말을 많이 들었어요.

전   그게 바로 세대 전쟁론의 논리예요. 굉장히 음모론적으로 각색한 거 죠. 많은 분들이 연금은 노인들에게만 좋은 게 아니냐고 말씀을 하세 요. 제가 보기엔 그렇지 않습니다. 그리스를 비롯한 남부 유럽 같은 경 우에는 어르신들이 연금을 많이 받아요. 그래서 노인들이 국가 재정을 깎아먹고 있다고 말들을 하죠. 그런데 실제로 보면 연금을 받은 어르 신들이 본인들을 위해서만 쓰는 게 아니라 취업을 못한 자식들에게 용 돈을 주거나 아니면 아예 집에 데려와서 계속 같이 산다는 거예요. 연 금에도 위에서 밑으로 흘러내리는 낙수효과가 있다고 볼 수 있죠. 또 하나 맞벌이 부부가 늘어난 사회에서 부모님이 아이를 대신 봐주시려 면 본인 나름대로 생활의 여유가 있어야 가능하거든요.

차클   연금을 통해서 노인들에게 국가가 일정 능력을 부여한다고 보시는 건 가요?

전   부모님의 상황이 여의치 않으면 우리 주머니에서 돈이 나가야 하잖아 요. 연금이란 국가를 경유해서 노인에게 돈이 들어가는 시스템이라고 생각할 수 있어요. 직접 드리느냐, 국가를 거쳐서 드리느냐의 차이죠. 어르신들에게 연금이 간다고 해서 그 연금을 본인들만 위해서 쓰시지 는 않을 거란 거죠.

차클	일자리 문제에 대해서는 어떻게 생각하시나요?
전	임금피크제라고 들어보셨을 거예요. 말 그대로 정년 때까지 일자리를 보장하다가 임금 피크에 도달하기 전에 임금을 줄여서 아낀 만큼의 돈으로 청년들에게 새로운 일자리를 주기 위해 만든 제도입니다. 이른바 세대 간의 상생, 기성세대와 새롭게 일을 하려고 하는 청년들 간의 이해관계를 절충해보자는 취지였죠.
차클	하지만 청년들을 위한 일자리를 만든다거나 청년들의 연봉을 높이는 데 쓰도록 하는 강제 요건은 없지 않나요? 말로만 그렇지 실제로는 시니어들의 임금을 깎아서 전반적으로 임금을 하향화시키는 핑계로 작용할 수 있잖아요.
전	맞는 말입니다. 임금피크제를 한다고 해놓고 더 이상 새로운 일자리를 만들지 않는 것이죠.
차클	결과적으로 제3자, 즉 기업과 같은 고용주가 그 이득을 취하면서 피해는 기성세대와 청년들이 모두 보고 있는 상황인 거잖아요.
전	결국 세대 간의 긴장과 갈등 또는 세대 전쟁을 도구로 사용해서 일자리를 만들지 않고 임금 비용을 보전하려는 목적이 있다고 생각합니다. 2015년에 박근혜 전 대통령이 발표한 담화문을 보면 그런 목적이 여실히 드러나고 있어요. 정규직을 가진 기성세대를 기득권자로 여기는 표현이 너무 많이 나와요. 그러면서 은근슬쩍 대기업은 일자리를 많이 만들고 싶은데 정규직과 노동조합, 그리고 거기에 포함된 기성세대들이 그것을 막고 있다는 식으로 말을 하죠. 바로 한국형 세대 전쟁의 핵심적인 모습을 잘 보여주는 대목이죠.
차클	실제로 전쟁과 같은 대립구도가 없음에도 누군가가 분쟁을 만들어내고 있다는 것인가요?

전	결국 세대 전쟁론은 진짜 전쟁이 있다기보다 어떤 목적을 위해서 전쟁을 부추기는 수단으로 사용되고 있다고 볼 수 있죠.
차클	부동산을 둘러싼 세대 문제는 어떤가요? 흔히 세대 갈등을 이야기할 때 부동산값을 운운해요. 집값이 계속해서 오르던 시대에 집을 보유한 세대도 지금 돈이 없다고 하는데 그럼 그 돈은 누가 가져갔습니까?
전	저도 그게 궁금합니다. 한 가지 단서는 있는 거 같아요. 아주 극단적인 예일 수도 있지만 검사장을 하다가 변호사로 전업한 모씨가 오피스텔을 100채 정도 갖고 있다는 뉴스를 본 적이 있을 겁니다. 한국에서는 부동산 계급이라는 말이 있을 정도로 소수의 사람들이 부동산을 과보유하고 있죠. 그것은 분명한 사실입니다.
차클	청년 세대는 연봉을 저축해서 집을 사는 게 불가능에 가깝다는 뉴스를 흔하게 접해요. 그래서 세대 전쟁이라는 논리에 현혹되는 부분이 있는 것 아닌가요?
전	굉장히 혹할 수 있는 논리죠.
차클	저는 이 문제는 세대 갈등이 아니라 빈부격차라고 생각해요. 프레임을 잘못 씌운 것이죠. 기성세대라고 모두 다 집을 갖고 있는 것도 아니고, 모두 다 부자도 아닌데 마치 기성세대는 집도 있고 돈도 있는 것처럼 세대 갈등을 부추겨서 서로 전쟁을 하게끔 만든 것이 잘못의 시작이라고 생각해요. 기성세대라고 하면 비판할 대상이 눈에 보이고 구체화되기 때문이라는 생각도 들고요.
전	눈에 보이는 주적이 생기면 그 사람에게 내가 느끼는 고통의 원인들을 따져보고 싶어지는 것이 당연하겠죠. 그런데 그게 모두 기성세대의 책임은 아니잖아요. 여러분도 그렇게 생각하시죠?
차클	그럼 기성세대가 무엇인지 정확히 정의를 내릴 수 있나요?

대한민국 2017 연령별 인구 분포

10대 미만 8.8%   10대 10.4%   20대 13.1%   30대 14.5%
40대 16.9%   50대 16.3%   60대 10.6%   70대 이상 9.4%

(2017년 4월 기준 전체 인구 5172만 2903명)

전   한국의 기성세대가 누구인지 한번 살펴볼까요? 2017년 연령대별 인구
     분포를 한번 살펴보죠. 어디부터 어디까지가 기성세대인 것 같으세요?

차클   60대부터 기성세대라고 할 수 있지 않을까요? 40대나 50대까지는
     대화가 통하는 데 비해 60대부터는 대화가 안 통하는 걸 보면 연령대
     로 나눌 수도 있고, 또 사고방식이 기준인 것 같기도 해요. 자신이 속
     한 곳의 룰을 결정하기 시작할 때부터 기성세대가 된다고도 생각해요.
     예를 들어 직장에서 누군가를 평가하는 위치에 오른다거나 그런 권한
     을 갖게 되는 순간 말이죠.

전   기성세대에 대해서도 명백한 정의가 없다는 걸 눈여겨봐야 합니다. 지
     금 여러분이 말씀하신 것들을 통해서도 잘 밝혀졌어요. 개인에 따라서
     달라질 수 있고 상대적이에요. 나보다 더 나이 많은 사람 앞에서 나는
     마치 청년처럼 보이지만 나보다 나이 어린 사람의 앞에 서면 나는 기
     성세대가 될 수 있는 것이죠. 결국 상대성 그리고 개인의 특성을 무시
     한 채 기성세대라는 말이 세대 전쟁론과 세대에 대한 일반적인 이야기
     를 할 때 너무 많이 쓰이고 있어요. 만약 정말로 세대 전쟁이 일어났다

면 문제를 해결하기 위해서는 원인을 밝혀야 되잖아요. 그럼 기성세대가 문제의 책임이니 기성세대에 대해서 뭔가를 해야 하는데, 지금 우리가 말한 것처럼 기성세대란 개념 자체가 너무 모호하다는 겁니다.

차클 그래도 기성세대가 기득권을 갖고 있는 건 맞지 않나요?

전 또 하나 중요한 게 있어요. 기성세대를 공격하는 이유가 무엇인가요? 그들이 기득권을 가지고 있기 때문이라는 것 아닙니까. 그런데 50대를 기성세대라고 가정해보죠. 그럼 전체 인구의 16퍼센트예요. 몇백만 명 되는 것이죠. 기득권이라는 것이 그렇게 아무나 다 가질 수 있는 것은 아니잖아요. 언제부터 한국이 기득권의 민주주의를 실천한 나라가 되었나요? 이처럼 기득권층이라는 것과 세대라는 것은 어긋나는 부분들이 많아요. 구분 자체가 모호한 데다가 이렇게 어긋나는 부분이 있는데도 불구하고 세대 전쟁을 이야기하면서 기성세대를 공격하는 것은 불합리하다고 봅니다.

차클 도대체 지금의 세대 갈등은 누구 때문인가요?

전 저도 나이로 보나 사회적 역할로 보나 기성세대의 한 사람입니다. 하지만 전혀 부끄럽게 생각하지 않아요. 다만 기성세대의 한 사람으로서 지금껏 세상을 이렇게 끌고 올 수밖에 없었다는 부분에 대해 도의적 책임을 느껴요. 하지만 인과적 책임을 느껴야 하는 사람들은 따로 있어요. 예를 들어 2008년 9월에 글로벌 금융위기가 있었잖아요. 전 세계적으로 큰 파문을 일으켰었죠. 생각해보면 위기를 만든 핵심적인 원인 제공자들은 여전히 잘 살고 있죠. 결국 권력을 가진 사람들이 책임을 지지 않아서 서민들에게 책임이 돌아가고 있어요. 일종의 낙수효과로서 위에서 밑으로 떨어지고 있는 것이죠. 그러지 않아도 책임질 일이 많은 사람들 또는 서민들만 더 힘들어지는 것이죠. 세대 전쟁론과 연결 지어서 생각하다 보면 책임질 주체를 제대로 보지 못하도록 본질을 흐리게 됩니다.

차클 기득권을 가진 사람들이 자기에게 화살이 날아오는 것을 피하기 위해 힘없는 사람들을 방패로 삼았다는 것인가요?

전 저는 대량 학살 무기라는 표현을 세대 전쟁론에 대입해서 '대량 주의 분산 무기'라고 표현하고 싶어요. 사람들의 주의를 사방으로 분산시켜버리는 것이죠. 세대 전쟁이 일어났는데, 그건 모두 기성세대의 문제라는 식으로요. 우리들의 삶이 안정적이지 않으면 조그만 자극에도 공포와 불안을 느끼게 되어 있어요. 그때 발화점이 되는 무언가가 있다면 실제적인 위협보다 우리가 느끼는 위협은 훨씬 더 커져요. 그러면 불이 어디에서 시작되었는지 확인하는 것도 힘들뿐더러 지금 당장 달려가서 소화기로 끌 수 있다는 것도 모른 채 허둥지둥할 뿐이죠. 우리가 우리의 편견이나 선입견을 걷어내고 우리가 문제라고 생각하는 바가 무엇인지 제대로 보려는 시도가 필요한 시점입니다. 지금 힘들고 부담스럽지만 현재를 좀 더 냉철하게 봐야 한다는 말로 강의를 마치려고 합니다.

어떻게 범죄를 예방할 것인가

박미랑

부드러운 미소 뒤에 숨겨진 날카로운 카리스마.
국내 최초로 데이트 폭력에 대해 범죄학 논문을 발표했고,
현재 한남대학교 경찰학과 교수로 재직 중이다.
우리가 몰랐던 범죄의 민낯을 낱낱이 밝히는 범죄학의 스페셜리스트.

범죄학이란 무엇인가

우리가 주목해야 하는 것은 범죄가 발생하면 사람들은 "저 사람은 왜 범죄를 저질 렀을까?" 부터 묻는다는 점이에요. 하지만 우리가 그보다 먼저 물어야 할 것은 "이 것은 왜 범죄인가? 왜 저것은 범죄가 아닌가?" 입니다.

차클	범죄학이 정확히 무엇을 다루는 학문인가요?
박	쉽게 말하면 사회 속의 범죄 현상을 다루는 학문이지요. 범죄라는 단 어 때문에 무섭다는 인식이 커서 범죄학이란 학문이 대중화되기 어려 웠던 것 같아요. 그런데 범죄학이 무엇인지를 제대로 이야기하기 위해 서는 범죄가 무엇인지에 대한 고민부터 시작해봐야 한다고 생각해요. 여러분이 생각하는 범죄는 무엇인가요?
차클	남에게 피해를 주는 행동이나, 규정 또는 법으로 정해놓은 행위를 벗 어나는 것을 범죄라고 하지 않을까요?
박	그렇죠. 법에 따라서 어느 사회에서는 특정 행위가 범죄가 되기도 하 고, 어느 사회에서는 범죄가 되지 않기도 하죠. 이렇게 범죄가 무엇일 지에 대한 질문을 던질 때 가장 쉽게 튀어 나오는 답이 "법을 어기는

거요"예요. 그런데 과연 법이 먼저 생겼을까요? 아니면 범죄 행위가 먼저 생겼을까요? 이 질문에 대한 답을 찾고 다음으로 도대체 법은 누가 만들었는지 대해서도 생각해봐야 합니다.

차클　법은 약한 사람들을 위해 존재하는 것 아닌가요?

박　법이 약한 사람들을 위해 존재하고, 또 작용한다면 너무나 이상적이죠. 그러나 현실 속의 법을 바라보면 그렇지 않은 경우가 많아요. 비판적 시각을 갖고 있는 학자들은 법은 가진 자, 힘있는 사람들을 위해서 봉사하는 하나의 수단이라고 얘기하기도 합니다.

그런데 우리가 주목해야 하는 것은 범죄가 발생하면 사람들은 "저 사람은 왜 범죄를 저질렀을까?"부터 묻는다는 점이에요. 하지만 우리가 그보다 먼저 물어야 할 것은 "이것은 왜 범죄인가? 왜 저것은 범죄가 아닌가?"입니다.

이 대목에서 다시 범죄학이 무엇인지 정의해보죠. 바로 이런 물음들처럼 사회 속에서 범죄가 규정되는 모습, 그 사회에서 범죄가 싹트는 현상, 그리고 그 피해자를 연구하는 학문이 범죄학입니다.

법의 형성과 집행은 보다 힘있는 집단의 이익을 위해 봉사하는 것이다.

- William Chambliss (범죄 사회학자 1971)

차이나는 클라스

차클	범죄의 정의와 함께 범죄를 예방하거나 감소시키기 위한 방안, 그리고 피해자를 보호하는 연구도 하신다고 생각하면 되나요?
박	네, 맞습니다.
차클	범죄학이라고 하면 막연하게 무섭고 험한 일이 아닌가 생각했는데, 따뜻한 측면도 있는 것 같아요.
박	감사합니다. 그런데 범죄학이 생각보다 거창하지 않아요. 우리가 일상 속에서 늘 접하는 대상입니다. 우선 범죄에 대한 오해, 더 나아가 무지에 대해 얘기하고 싶어요. 그러한 무지와 오해를 극복해야 범죄가 두렵지 않은 사회를 만들 수 있기 때문이지요. 먼저 우리가 정말 범죄를 제대로 알고 있는지 범죄 상식 테스트를 한번 해보도록 하겠습니다.
차클	'형사사건 합의금 액수는 가해자에게 감형 요인이 될 수 있다'는 항목이 가장 궁금해요. 합의금에 따라 감형이 된다는 게 사실인가요?
박	함께 알아보도록 하죠. 우선 형법에 따르면 범인의 연령, 지능과 환경, 피해자와의 관계, 범행의 동기, 수단과 결과 그리고 범행 후의 정황을 참작해 형량을 정해야 한다고 규정하고 있어요. 작량감경이라고 해서 참작할 만한 사유가 있을 때에는 판사가 재량으로 형을 줄여줄 수 있습니다. 그리고 이를 구체적인 상황으로 구분해서 가중 요인과 감경 요인을 정해놨어요. 감경 요인으로 작용하는 것 중에 공탁 금액, 진지한 반성, 피해자와의 합의 노력과 같은 것들이 포함돼요. 그런데 합의 노력을 했는지 판사님이 어떻게 판단할 수 있겠어요. 진지한 반성을 하고 있는지 어떻게 판단할 거냐는 말이죠.
차클	그러게요. 합의 노력이나 반성은 평가하기 어렵지 않나요?
박	그렇죠. 평가하기도 어렵지만 또 판사마다 보는 관점이 다르니 평가 결과가 사람마다 달라질 수 있다는 문제가 있지요.

영화에서처럼 법정에서 깊은 참회의 눈물을 흘리는 모습도 진지한 반성을 판단하는 하나의 지표가 될 수 있겠죠. 그런데 가해자는 반성을 했다고 하는데 피해자 상태는 전혀 회복되지 못했다면 어떨까요? 실질적인 반성을 객관적으로 평가하려면 피해를 회복시키기 위해서 얼마나 노력을 했는지, 특히 돈을 얼마를 줬는지를 참작한다는 겁니다. 그래서 형사사건 합의금 액수가 감형 요인이 될 수 있다고 보기도 합니다. 돈이 없으면 합의를 하기도 어렵고, 감형 받는 조건이 적어지는 상황이니 참 씁쓸한 현실인 거죠.

차클   판사님에게 진심 어린 편지를 쓰는 게 과연 진지한 반성 여부를 판단하는 데 도움이 될까요?

박   진심 어린 편지는 판사님들이 진짜 늘 받으세요. 당사자의 구구절절한 반성문과 지인들의 탄원서, 그리고 반대로 처벌을 강화해달라는 진정서 등은 항상 쏟아집니다. 하지만 그런 것들을 객관적으로 판단하고 실질적인 선고에 반영하는 것은 매우 어렵죠.

차클 　교수님, 테스트 항목을 보면 CCTV가 있는 곳에서 범죄를 안 저지르는
게 아니라고 했잖아요. 그럼 CCTV에 찍혀도 범죄를 저지른다는 말인
가요?

박 　조금만 생각해보면 알 수 있어요. CCTV가 있는 곳에서 범죄를 안 저
질렀다면 우리가 뉴스를 통해 범죄자의 모습이 찍힌 CCTV 영상을 볼
수 없었겠죠?

차클 　그럼 CCTV가 범죄를 방지하는 효과도 없는 건가요?

박 　아예 없다고 이야기는 할 수 없지요. 범죄자 100명 중에 1명이라도
CCTV를 고려했다고 하면 제 말은 거짓말이 되어버리겠죠. 제가 말하
고 싶은 것은 큰 그림입니다. 범죄를 하는 사람과 하지 않는 사람의 가
장 큰 차이점은 '잡힐 것 같다'와 '잡히지 않을 것 같다'라는 마음의 차
이예요. 범죄자들은 CCTV가 있다 하더라도 '나는 잡히지 않을 거야'
라고 생각하기 때문에 범죄를 계속 저지르는 거죠.

차클 　도대체 어떻게 그런 생각을 할 수 있는 거죠?

박 　계속 범죄를 저질렀는데, 그동안 계속 안 잡혀왔던 거죠. 그러면 왜 우
리는 CCTV를 보면서 자꾸 범죄 예방 효과가 있다고 생각하게 될까
요? CCTV가 도입되고 설치된 배경을 살펴보면 그 이유를 알 수 있어
요. 상당히 이른 시기에 CCTV를 거리에 설치한 영국의 경우 CCTV는
국가 주도하에 설치되었어요. 그리고 CCTV를 설치하면서 '범죄 예방'
측면의 장점을 주로 홍보했죠. 그러니 사람들은 큰 거부감을 갖지 않
았던 거고요.

차클 　CCTV를 도입하고서 어떤 일이 벌어졌나요?

박 　영국의 한 지역에 CCTV를 설치하고 실험을 해봤어요. 그랬더니 3개월

에서 6개월이 지나니까 정말 범죄 발생 건수가 줄어들었죠. 그런데 범죄자가 줄어든 것은 아니었어요. 다른 곳으로 이동한 것일 뿐이었죠. 범죄자들이 일시적으로 다른 곳으로 갔지만 CCTV가 별것 아니라는 것을 깨닫자 2년 뒤에 해당 지역의 범죄 건수가 다시 원상 복귀되어 버렸습니다. 범죄가 줄어든 것이 아니라 그저 풍선 효과일 뿐이었어요.

차클 그래도 CCTV 덕분에 잘못을 저지른 범죄자들을 쉽게 찾아내는 효과를 기대할 수 있지 않나요?

박 네, 범죄자를 찾아낼 수는 있죠. 하지만 이미 발생한 범죄를 해결하는 것도 중요하지만 사실 발생하지 않도록 예방을 하는 것이 더 중요합니다. 게다가 범죄 예방에 CCTV가 만능 해결책이 될 수도 없습니다. 경찰 수를 늘려도 범죄가 감소하지 않는다는 것도 비슷한 맥락입니다. 경찰의 수를 정말 획기적으로 늘려서 '시민:경찰'의 비율을 1:1로 만들어 전담 마크할 수 있다면 상황이 달라지겠죠. 그러나 현실적으로 불가능하죠. 경찰이 느는 것 이상으로 경찰이 지역사회에서 어떠한 활동을 하는지도 중요해요.

차클 그럼 범죄가 발생했을 때 CCTV나 경찰 수 탓으로만 돌릴 수도 없겠네요?

박 경찰이 범죄를 해결할 수 있다고 생각하는 것부터가 또 다른 편견이에요. 이미 발생한 범죄를 어떻게 해결하는가에 초점을 맞추기보다 어떻게 범죄가 발생하지 않는 사회를 만들까에 대한 고민을 해보는 것이 본질적으로 더욱 안전한 사회를 만드는 데 도움이 될 것 같아요.

범죄에 대한 또 다른 오해를 설명해볼까요? 우리는 뉴스를 통해서 범죄를 접할 때 주로 치밀한 계획을 세운 범죄들을 접한단 말이죠. 그래서 보통 살인 범죄는 용의주도한 계획 후에 저지른다고 생각하게 되죠. 물론 그런 범죄들도 분명히 있습니다. 그런데 대부분의 범죄는, 100건 중 90건 정도는 우발적으로 이루어져요. 말다툼이 있었거나 그런 상황에서 주변에 있던 도구들을 사용해서 상대방을 공격하게 되는 경우가 상당히 많아요.

차클　실제로 우발적 범죄가 그렇게 많은가요?

박　집에 범죄의 도구로 사용될 수 있는 게 어떤 것들이 있는지부터 한번 살펴볼게요. 골프채나 야구방망이, 부엌칼들이 집 안에서 잘 보이는 곳에 있는 경우가 많잖아요. 평상시엔 상관없지만 사람이 격해진 상황에서는 그런 것들이 흥분 유발 도구가 됩니다. 정말로 의도해서 그런 도구들로 때리는 게 아니라 의도하지 않았어도 그게 눈에 띄었기 때문에 때릴 수도 있는 거죠. 살인 범죄 역시 살인 도구를 치밀하게 준비해 간 범죄도 있지만 결과적으로 다툼이 살인으로 이어진 경우도 꽤 많아요. 누군가 흥분했을 때 주변에 무기가 될 수 있는 것을 치우는 일들만으로도 범죄를 어느 정도 예방할 수 있어요. 우리가 생각하는 것처럼 계획된 범죄만 벌어지는 것이 아니니까요.

차클　흔히 사람들은 범죄형 얼굴이라고 표현을 하는데요. 실제로 범죄형 얼굴이 존재하는 건가요. 아니면 터무니없는 소리인가요?

박　사람들이 그런 질문을 하는 것 자체가 범죄형 얼굴이 있을 거라고 전제하고 있는 거겠죠. 범죄학에도 범죄자가 타고난다거나 범죄자의 얼굴을 특정할 수 있다고 증명을 시도했던 실증주의적 사례가 있었어요. 실제로 이탈리아의 체사레 롬브로소라는 의사가 골상학이라는 학문을 기초로 박물관에서 기증받은 사람들의 골상과 두개골을 연구한 뒤 교도소에 가서 범죄자들의 외형적 특징들을 관찰했어요. 그리고 얼굴의 표정과 체격적인 면들을 가지고서 범죄자를 구분할 수 있다고 발표를 합니다.

차클   얼굴만 보고 범죄자를 판단하는 게 가능하다는 말인가요?

박   꼭 그렇다고 할 순 없어요. 롬브로소의 발표를 살펴보면, 아래턱이 발
        달하고 코가 크고 이마뼈가 돌출되고 귀가 큰 것이 범죄자의 특징이라
        고 했어요. 이처럼 증거에 기반해 범죄자의 외형적 특징을 보여준 것
        은 범죄학 분야에서 좋은 시도라고 할 수도 있겠죠. 하지만 과연 과학
        적인 연구 방법을 썼는지가 문제입니다.

        롬브로소는 당시 교도소에 수감된 사람들을 보고 범죄자의 외형적 특
        징을 규정했습니다. 그런데 같은 시대에 교도소 밖에서 지내는 사람들
        의 얼굴과 비교를 하지 않았어요. 또 수감자들이 범죄를 저지를 당시
        의 얼굴을 파악하지도 못했습니다. 롬브로소가 관찰한 사람들은 교도
        소에서 10년 내지 20년을 지내고 있던 터라 열악한 교도소 생활 탓에
        외모가 많이 달라졌을 수도 있어요. 얼굴에 살이 많이 빠졌을 수도 있
        고, 근육이 미약해질 수도 있고요. 그런 점들을 고려하지 않은 채 단정
        적으로 범죄자들의 얼굴은 이러저러하다고 주장한 것이죠.

차클   그랬겠네요. 또 다른 문제점은 없었나요?

차이나는
        클라스

박	롬브로소는 북부 이탈리아 출신의 의사였어요. 그런데 그가 묘사한 사람들은 대부분 남부 사람들의 얼굴들이었던 거예요. 당시 남부 이탈리아는 경제적 형편이 상대적으로 어려웠어요. 그래서 남부 쪽 사람들이 범죄도 많이 저지르고 교도소에도 많이 갔었던 것이죠. 결국 롬브로소는 남부의 하류층 사람들의 모습을 범죄자의 외형적 특징이라고 주장한 셈입니다.
차클	우생학적 접근 같기도 한데, 당시 이런 비판을 받진 않았나요?
박	이 같은 연구가 발표되고 나서 사람들이 많은 비판을 하기는 했어요. 하지만 우생학이나 골상학에 동의하는 학자들이 추가적인 연구를 계속 진행했고 이후 생물학적 범죄학 연구 분야가 많은 발전을 했습니다. 여전히 이 분야 연구 결과는 발표될 때마다 많은 논란을 낳지만 그러면서 학문이 발전하는 거 아니겠어요?
차클	최근에 라스베이거스에서 총기 사건이 발생했는데, 그 범죄자의 아버지가 굉장히 유명한 은행 강도였다는 기사를 본 적이 있습니다. 이처럼 범죄를 저지르는 유전자가 따로 있다는 식의 연구는 없었나요?

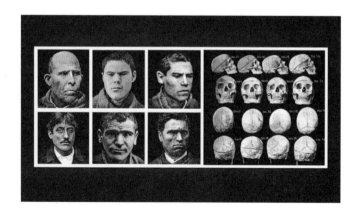

해당 사건에서 범인의 아버지가 범죄자였다는 게 범행에 영향을 주었다면 그게 생물학적 유전자에 의한 것인지, 또는 가정과 사회적 학습에 의한 것인지는 살펴봐야 하겠죠.

범죄를 저지르는 유전자에 대한 궁금증은 과거부터 계속 있었어요. 관련 연구를 하나 소개할게요. 미국의 사회학자 리처드 덕데일이 교도소를 방문해서 범죄자들을 조사했습니다. 그런데 거기서 동일한 라스트 네임(한국의 성에 해당)이 많다는 것을 발견하게 돼요. 이를 이상하게 여긴 덕데일은 거기서 연구의 아이디어를 얻어 범죄자들의 가계도를 추적했습니다. 그랬더니 동일한 성을 가진 이들의 가계도가 애더 주크(가명)라는 한 여자로 수렴됐다고 해요.

모두 한집안 사람들이었다고요?

네. 당시에 애더 주크는 악명 높은 범죄자였어요. 리처드 덕데일은 범죄자의 이름을 실명으로 발표하지는 않았고, 가명으로 애더 주크의 가계도를 그려 발표를 했어요. 무려 709명의 자손 중에서 69퍼센트가 범죄자였던 거예요. 이 연구 결과를 토대로 덕데일은 범죄는 유전되는 것이라고 발표를 합니다. 그리고 범죄자가 태어나지 못하게 불임을 시켜야 한다는 식으로 과격한 주장도 하죠.

그런데 결과적으로 덕데일의 논리도 정확하지 않다는 공격을 많이 받게 됩니다. 애더 주크라는 사람의 가족들이 범죄자가 되는 것은 사실 유전 때문이 아니라 어머니의 부재로 인한 열악한 가정환경과 교육 환경, 그리고 취약한 사회적 위치 때문이라는 반대 의견이 등장했거든요. 만약 유전이 진짜 요인이라는 것을 증명하고 싶다면 교육이나 사회적 관계를 배제하고 유전자 요인만으로 분석을 했어야 합니다.

범죄자들이 사이코패스였다거나 소시오패스였다는 이야기를 많이 하

애더 주크의 가계도

애더 주크

걸인
280명

절도범
60명

살인범
7명

잡범
140명

69% 범죄자

리처드 덕데일(사회학자, 1874년 연구)

는데, 실제로 연관성이 있나요? 정신질환과 범죄는 밀접한 관계가 있
나요?

박   여기서 두 가지 문제를 짚고 가야 할 것 같아요.

첫째, 정신질환자가 범죄현상적 관점에서 위험한가에 대한 겁니다. 우
리는 얼마 전 강남역 화장실 사건을 경험하면서 정신질환자에 대한 공
포심이 한층 더 높아졌어요. 경찰청에서 2005년부터 2016년까지 조
사한 자료에 의하면 총 범죄 건수 중에서 정신질환자에 의한 범죄는
0.4퍼센트라고 합니다. 사이코패스이면서 범죄를 저지르지 않는 사람
도 많고요. 수치만 보아도 99퍼센트의 이상의 범죄가 정신질환과 상
관없는 자들에 의한 범죄임을 확인할 수 있죠.

둘째, 그러한 진단이 과연 누구에게 도움이 되는지에 대한 겁니다. "얘
가 왜 범죄를 저질렀지? 사이코패스라서 저질렀어!"라고 이야기하는
것은 마치 "얘가 왜 공부를 못하지? 멍청해서 못해!"라고 이야기하는
것과 다를 바가 없습니다. 결국 범죄의 원인을 제대로 짚어내지 못하는
것이고 나쁜 애라서 범죄를 저질렀다는 동어반복에 그친다는 것이죠.

범죄를 왜 저질렀는가에 대한 질문을 통해 누군가를 비난하는 데 머무를 것이 아니라 재발을 방지하고 안전망을 만들어야 하는데 말이죠.

차클 그렇다면 선천적인 범죄 요인이 있다는 말은 100퍼센트 거짓말이라는 말씀이신가요?

박 100퍼센트 관련이 없다고 확언할 순 없어요. 다만 설사 유전되는 무엇인가가 있다고 해도 가정 내에서의 경험, 사회적 경험으로 인해서 바뀔 수 있다는 것이죠.

과거 생물학적 범죄학은 연구방법의 타당성 문제도 있었지만 윤리적인 측면에서 사람들이 의도적으로 외면하려 했던 경향도 없지 않아 있었죠. 그러나 요즘엔 사회-생물학적 범죄학이라고 해서 사회적 영향력과 생물학적 영향력을 함께 살펴보기도 합니다.

차클 그럼 범죄의 근원은 유전보다는 사회적인 요인 때문이라고 봐야 한다는 말씀이신가요?

박 네, 앞서 이야기했던 범죄의 정의부터 다시 생각해본다면 사회 속에서 범죄가 정의되고 사회 속에서 범죄자가 만들어지기 때문에, 사회적인 요인을 잘 살펴야 합니다. 사회학습이론을 한번 살펴볼게요. 사회학습이론에서는 왜 범죄를 저질렀는가 하는 직접적인 질문에 대한 답변보다는 범죄자로 들어서는 길목에 대한 얘기를 많이 합니다. 주변을 보면 유독 법을 잘 지키는 사람들이 있고, 반대로 위법에 대한 개념이 별로 없는 사람들이 있기도 할 거예요. '그런 상황이면 그런 행동을 해도 돼!' '그 정도는 할 수도 있지!'라고 생각하는 순간, 범죄가 시작된다고 얘기하거든요. 예를 들면 '바쁘면 교통신호를 무시할 수도 있지'라고 생각하는 사람들은 살면서 신호를 위반하는 확률이 높지만 '어떠한 상황에서도 교통신호는 지켜야 해'라는 사고방식을 가진 사람은 교통신호 위반 확률이 매우 낮죠. 같은 맥락이에요.

그런데 이러한 개념에 영향을 주는 게 친구이고, 부모인 거예요. 사람들은 친밀한 집단 간의 상호작용을 통해서 범죄를 학습합니다. 범죄를 학습한다고 하면 사람들은 범죄의 수법을 학습하는 것으로 생각하는데, 그 수법을 학습하는 것이 아니라 범죄에 대한 정의를 학습하는 겁니다. '그럴 땐 해도 된다'와 '절대로 하면 안 돼'의 갈림길에서 전자를 선택하는 걸 배우는 순간, 범죄자가 될 가능성이 커진다는 거예요. 그래서 어떤 집단과 친밀하게 지내고 있는지가 정말 중요하죠. 유전과 같은 생물학적 요인 말고 사회적인 요인을 살펴봐야 한다는 범죄학 관점의 대표적인 사례입니다.

누가 범죄를 방조하고 있는가

과거 몇 년 전만 해도 가정 폭력을 보고 신고하는 사람들이 별로 없었어요. 지금도 우리가 모르는 범죄를 신고할 수는 없잖아요. 아무도 범죄라고 인식을 하지 않는데 경찰에 신고를 해서 뭐라고 하겠어요.

박   그럼 조금 더 구체적인 범죄 얘기로 넘어가볼게요. "모든 폭력의 시작은 ○○ 폭력이다." 여러분은 ○○ 안에 어떤 말을 넣어야 한다고 생각하세요?

차클   가정 폭력, 아동 폭력, 언어 폭력이 떠오르네요.

박   네, 맞습니다. 전 모든 폭력이 가정에서 시작된다고 생각해요. 요즘 우리나라에서도 가정 내에서 발생하는 폭력에 대한 경각심이 높아졌어요. 아동 폭력도 그렇고, 배우자 간의 폭력도 마찬가지죠.

차클   아이들이 어릴 때부터 아빠가 엄마를 폭행(혹은 반대로 엄마가 아빠를 폭행)하는 걸 보면서 자라면 그런 일들이 별것 아닌 일처럼 생각하게 될 것 같아요.

박   그렇습니다. 그래서 가정 내에서 발생하는 폭력을 세심하게 살펴봐야 해요. 여기서 폭력은 직접적인 폭력과 간접적인 폭력을 모두 포함합니다. 아이들이 부모에게 직접적으로 맞는 것도 매우 위험하지만 간접적으로 목격하는 것도 정말 심각하거든요. 부모 간의 폭력을 지속적으로 목격하는 것도 위험하고, 형제 간 폭력을 방임하는 것도 위험해요. 가정 내에서 형제들이 싸울 때 흔히 어른들이 "싸우면서 크는 거야."라면서 내버려두곤 하죠. 나이가 들면 싸우지 않을 거라고 생각하고 말아요. 그런데 그 모든 과정은 사실 우리로 하여금 폭력에 무뎌지게 하는 것이기 때문에 조심스러운 눈으로 바라봐야 합니다.

차클 어릴수록 가정 내 폭력이 개인의 삶에 많은 영향을 미칠 수 있겠네요?

박 네. 자아통제이론을 한번 살펴보죠. 자아통제이론은 어렸을 때 낮게 형성된 자아통제력이 훗날 성장해서 부정적인 사회적 환경과 결합했을 때 범죄자가 될 가능성을 높인다고 보고 있어요. 쉽게 말하면 자아통제력이 낮은 사람들이 범죄자가 될 가능성이 높다는 건데요. 그렇다면 어떤 사람들이 자아통제력이 낮은지 살펴봐야겠죠. 부모나 보호자의 훈육에 의해서 자아통제력이 형성이 되는데 이 자아통제력은 만 10세까지 형성된 이후 크게 변화하지 않아요. 아이가 어렸을 때 가정에서 경험한 것이 중요한 이유이죠. 훈육의 중요성을 보여주는 대목이기도 하고요.

차클 그렇다면 아이를 10세 전까지 강하게 통제하면 되나요?

박 통제의 강도가 중요한 게 아닙니다. 아이가 잘한 것은 잘했다고, 잘못한 것은 잘못한 것이라고 알려주는 적절한 훈육이 매우 중요하죠.

차클 그럼 흉악범들은 어릴 때 가정에서 폭력을 자주 경험했거나 부모의 방임으로 인해 자아통제력을 형성하지 못했을 경우가 많다는 건가요?

박 모든 강력 범죄자들을 다 살펴보지 않는 한 100퍼센트라고 말할 수 없지만 저는 꽤 많을 것이라고 예상합니다. 그래서 강력 범죄가 발생했을 때, 범죄학자들은 범죄자의 사이코패스 여부보다 성장해온 가정환경을 먼저 궁금해하지요. 우리가 알고 있는 유영철과 같은 흉악 범죄자들의 사건만 해도 그래요. 매우 잔혹한 사건이라 범죄자에 대한 비난을 할 수밖에 없지만, 그 사람의 가정사를 살펴보면 상당히 안타까운 측면이 있습니다. 아버지는 알코올 중독 증세가 심했고, 굉장히 폭력적이었어요. 또 여섯 살에서 여덟 살 사이에는 계모 밑에서 폭력을 견뎌야 했어요. 여덟 살의 유영철이 그 가정에서 견디면서 형성하거나 학습한 게 무엇이었을지 생각해보는 것도 중요합니다. 그래야 예방할 수 있으니까요.

차클 이런 범죄자들에게 피해를 입은 피해자들을 생각하면 그들을 우리가 마냥 온정적으로 다룰 수는 없겠죠. 하지만 그들이 왜 그렇게 행동했는지에 대해서 이해해보는 게 또 다른 범죄를 예방할 수 있다면 의미가 있는 거겠죠?

박 그렇죠. 수원지법에서 재판을 받았던 사건들 중에서 강력사건 범죄자들을 대상으로 어떠한 가정환경에서 자랐는지를 조사해봤어요. 그랬더니 67퍼센트에 해당하는 사람들이 어릴 적에 부모의 이혼을 경험하고, 부모로부터 직접적인 신체나 언어 폭력을 겪었고, 방임 상태에서 성장했다고 해요. 그만큼 가정 내 경험이 중요하다는 것을 알 수 있죠. 우리가 남의 집에서 벌어진 가정 폭력에 대해 조금만 생각을 바꾸고 관심을 가진다면 우리 사회는 더 안전해질 수 있지 않을까, 제2, 제3의 유영철, 신창원이 나타나지 않도록 예방할 수 있지 않을까라는 고민을 함께해야 하는 것이죠.

차클 가정에서 일어나는 폭력을 막을 방법은 없나요?

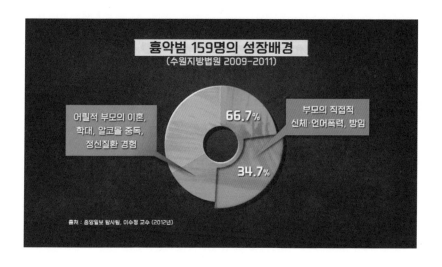

흉악범 159명의 성장배경
(수원지방법원 2009-2011)

어릴적 부모의 이혼, 학대, 알코올 중독, 정신질환 경험

66.7%

부모의 직접적 신체·언어폭력, 방임

34.7%

출처 : 중앙일보 탐사팀, 이수정 교수 (2012년)

박   과거 몇 년 전만 해도 가정 폭력을 보고 신고하는 사람들이 별로 없었어요. 경찰에 신고를 해도 '끼어들기 싫은 남의 가정사' '부부 싸움은 칼로 물 베기'라고 생각을 했단 말이죠.

차클   가정 폭력과 관련한 법이 생긴 지도 이제 겨우 20년밖에 안됐다고 알고 있습니다.

박   네, 우리나라에서 가정폭력방지법이 제정된 것이 1997년이고, 도입해서 시행되기 시작한 것은 1998년 7월 1일부터입니다. 지금은 가정폭력방지 및 피해자 보호 등에 관한 법률(가정폭력방지법)과 가정폭력범죄의 처벌등에 관한 특례법(가정폭력처벌법)이 시행되고 있어요.

차클   그럼 그전까지는 가정 폭력이 있어도 묵살되거나 신고되지 않거나 했던 것이군요?

박   그렇죠. 대부분 신고가 되지 않았죠. 왜냐하면 지금도 우리가 모르는 범죄를 신고할 수는 없잖아요.

차클	아, 그렇겠네요.
박	아무도 범죄라고 인식을 하지 않는데 경찰에 신고를 해서 뭐라고 하겠어요. 또 신고를 한다고 해도 처벌할 수 있는 근거법이 없기에 경찰이 실질적인 도움을 줄 수 없고요. 이처럼 법이 없으면 경찰마다 판단이 다를 뿐더러, 설사 특정 경찰이 폭력으로 인정해준다고 하더라도 처벌할 수 있는 근거법이 없으니 난감한 상황이 되는 거죠.
차클	그럼 20년이 지난 지금은 가정 폭력에 대한 인식이 달라졌을까요?
박	달라진 부분도 일부 있지만 달라지지 않은 부분도 있는 것 같아요. 법은 바뀌었어도 모두의 인식이 같은 방향으로 바뀐 것 같지는 않아요. 그리고 우리가 살펴봐야 할 것이 또 있어요. 가정 폭력을 대하는 법이 바뀌고 처벌할 수 있는 법이 생겼다지만 과연 가해자가 제대로 처벌받는가 하는 점입니다. 최근 벌어진 실제 사건을 살펴볼게요. 오랫동안 가정 폭력을 가해온 남편을 아내가 죽인 사건입니다. 남편은 결혼 생활 동안 계속 아내를 구타했는데, 사건이 발생한 당일에도 스물여섯, 스물여덟 살 된 두 딸 앞에서 남편이 식사 중에 아내를 성추행했다고 해요.
차클	딸들이 20대가 될 때까지 결혼 생활 내내 폭력을 행사해왔다고요?
박	네, 계속 남편에게 폭행을 당해왔어요. 심지어 아내는 장애도 가지고 있었어요. 결국 그날 아내는 참다못해 남편을 죽여야겠다고 생각을 하게 된 거죠. 힘도 없고 장애도 있으니 약을 타서 먹이는 방법을 택했고, 이후에 아령으로 남편을 내리쳤어요.
차클	이 정도면 정상 참작 같은 것이 되지 않나요?
박	법원은 아내의 손을 들어주지 않았습니다. 그 이유는 판결문에 적힌 내용들을 살펴보면 알 수 있는데요. 법원이 이 사건과 관련해서 어떻게 판결문을 남겼는지 한번 보시죠.

이혼을 하거나 수사기관에 신고하는 등 가정 폭력을 해결하기 위한 조치를 전혀 취하지 않았고, 자신을 보호하기 위한 방위 행위의 한도를 넘어선 것으로서 그 주장을 받아들일 수 없다.

차클	30년간 폭행을 당해온 여성에 대한 공감은 전혀 찾아볼 수가 없는 판결 아닌가요? 부부 간의 폭행 사건에서 정당방위가 인정되지 않는 경우가 많나요?
박	정당방위가 인정되지 않는 건 가정 폭력 피해자가 참다못해 가해자가 되는 모든 사건에서 마찬가지예요. 우리나라의 경우 가정폭력의 희생자였음에도 불구하고 (20년, 30년을 맞고 살아왔다 하더라도) 그 가정폭력 피해자가 살인의 가해자가 되었을 경우 정당방위를 인정한 사건은 한 건도 없어요. 위 사건의 판결문만 봐도 폭행을 당해온 피해자에 대한 공감이 전혀 없지요. 오히려 왜 신고하지 않았느냐고, 이혼하지 않았느냐고 비난하고 있잖아요.
차클	그런데 누가 봐도 이런 판결은 문제 아닌가요. 정말 단 한 건도 정당방

위로 인정된 적이 없단 말인가요?

박   네. 그러나 다행스러운 것은 모두 이런 판결을 받은 건 아니라는 거예요. 굳이 정당방위라는 단어를 쓰지는 않지만 판사의 배려가 묻어나오는 판결도 있거든요. 그러한 사건에 대해서 조금 보여 드릴게요. 이 사건도 가정 폭력 피해자였던 아내가 남편을 살해한 사건이에요. 아내가 어렸을 때 가정에서 반대가 심했던 결혼을 한 거죠. 그래서 오랫동안 폭력을 당하고도 누구에게도 상담을 하지 못하고 있었어요. 경제적으로 무능력한 남편으로 인해 아내는 가정을 위해 경제활동도 담당해왔죠. 그런데 사건 당일에 남편과 싸우고 칼로 위협하는 일이 발생했어요. 그날은 그 남편을 죽이지 않으면 자신과 아이들이 죽을 수도 있겠다는 생각이 들었고 결국 살인을 저지른 거죠. 그런데 이 아내는 징역 3년에 집행유예 5년을 선고받았어요. 살인 범죄에서 집행유예가 선고되는 건 매우 이례적인 사건이거든요. 그 판결문을 한번 보시죠.

남편은 가정을 돌보지 아니한 채 대마를 흡입하고 아내와 아이들에게 심한 폭력을 행사, 자녀들에게도 해를 입힐 수도 있겠다는 생각에 보호하려는 우발적인 충동에서 비롯된 것으로 상당한 정도 참작할 여지가 있다.

박   판결문 전체를 보면 여자가 희생하면서 살아왔던 것, 아이들을 잘 키우려고 했던 것, 그리고 반성을 하고 있다는 것, 어린 나이에 결혼해서 아무 데도 도움을 청하지 못했다는 등의 많은 요인들을 참작하고 있거든요.
그런데 이것도 조금 씁쓸한 것은 아내가 가부장적 사회 구조와 어긋나지 않는 여성의 역할을 충실히 해왔다는 내용이 고려된 부분이죠. 만

약 아이도 없고, 희생하지 않은 여성이었으면 이러한 판결을 받았을지 의구심도 듭니다. 사실 이것은 폭력의 희생자인 것을 참작한 것이 아니라 희생하고 살아온 여성의 삶을 참작해준 것이라고 볼 수 있어요.

차클   두 사건을 살펴보면 판사의 재량권에 따라 판결에 너무 크게 차이가 나는 것 같아요. 시스템적으로 문제가 있는 건 아닌가요?

박   이러한 판결의 차이가 어디에서 오는지를 설명하는 범죄학적 이론이 있어요. 이른바 '초점적 관심이론'이라고 해요. 판사가 어디에 관심을 두고 있느냐에 따라서 판결이 달라진다는 것이죠. 판사가 초점을 가해자의 엄벌에 맞출 수도 있고, 피해자의 회복에 맞출 수도 있겠죠. 또 다른 판사는 지역사회가 어떻게 받아들일 것인지에 대해서 신경을 쓸 수도 있어요. 그러니까 판사의 개인적인 경험, 그리고 관심사에 따라서 재판 결과가 달라질 수 있다는 말입니다. 그래서 우리 사회와 판사들이 어떤 가치관을 갖고 있는지, 우리 법원의 관점이 기울어져 있는 것은 아닌지 잘 살펴봐야 해요.

차클   법원이 피해자를 더 많이 고려하는 판결을 해야 하는 것 아닐까요?

박	사실 피해자를 고려한다는 게 말은 쉬운데 시스템상으로 쉬운 건 아니에요. 현재 우리는 국가가 범죄자를 대신 처벌하는 형사 사법 시스템 위에서 살고 있는 거잖아요. 이러한 상황에선 피해자는 배제되고 가해자의 행위와 가해자에 대한 심판이 주가 되곤 해요.

그래서 사건이 발생했을 때 사람들도 가해자에 대한 적절한 처벌 방법과 처벌 수준에 대해서만 이야기하죠. 하지만 우리는 피해자를 고려하는 재판에 관심을 가져야 합니다. 가해자의 어떤 잘못들을 어떻게 처벌해야 한다는 문제만큼이나 피해자가 안전하게 회복하는 것도 중요하니까요.

1997년 미국 뉴저지에서 나온 가정 폭력 관련 판결문을 보면 현재 우리 법원의 판결이 얼마나 피해자의 입장을 고려하지 않고 있는지를 재발견할 수 있어요. 가틀랜드 사건이라고 부르는 판례인데요. 그 판결문에서는 여성에게 도망쳤어야 했다고 비난하지 않아요. 이 판결은 가정 폭력의 피해자에게 후퇴를 요구할 수 없고, 그녀는 후퇴할 수도 없을 만큼 끝까지 갔다고 말합니다. "만약 그녀에게 돈도 없고, 교통수단도 없고, 그녀의 아이들은 격노한 남편의 보살핌 아래 남게 된다면 그녀는 어디로 갈 수 있을까?"라는 문장을 남겼습니다. 우리나라의 판결들은 여성에게 계속 도망치라고, 왜 이혼하지 않느냐고 비난했어요. 하지만 가틀랜드의 판결문 내용처럼, 만약 그녀에게 돈도 없고 교통수단도 없고 그녀의 아이들은 격노한 남편의 보살핌 아래 남게 된다면 그녀는 어디로 갈 수 있을까요.

차클	맞아요. 사람들은 왜 도망을 가지 않느냐, 왜 그렇게 맞으면서 같이 사느냐고 쉽게 말하지만 당사자에게는 정말 힘든 선택인 것 같아요. 아이가 없으면 헤어질 수도 있고, 도망갈 수도 있겠죠. 그런데 아이와 함

만약 그녀에게 돈도 없고, 교통수단도 없고
그녀의 아이들은 격노한 남편의 보살핌 아래
남게 된다면 그녀는 어디로 갈 수 있을까?

- 1997년 NJ Gartland 사건

께 도망갈 수 없는 상황이라면 폭력적인 아빠에게 자식을 두고 떠날 수 있는 엄마들이 많지 않거든요.

박 가정 폭력 사건을 제3자의 입장에서 보면서 처벌을 해야 한다고 당연히 생각해요. 하지만 정작 피해자와 가족들은 처벌이 답이 아니라고 말을 해요. 많은 연구에서도 나타나지만 피해자가 진정으로 원하는 것은 폭력의 종식이에요. 어떻게든 폭력이 끝났으면 좋겠고 우리 가족이 잘 살았으면 좋겠다는 것이 우선인 거죠. 그러면 해결책은 당연히 가정 폭력의 속성을 이해하고 피해자를 회복시키는 것이 되어야 합니다. 그리고 피해자를 회복시키기 전에 일단 즉각적으로는 피해자의 안전이 가장 선행되어야 하고요.

차클 피해자가 안전을 확보할 수 있는 방안이 있나요?

박 가정 폭력에 대해 좀 더 먼저 고민해온 다른 나라의 경우에는 실질적인 가이드라인을 제시하고 있어요. 예를 들어 가해자를 집에서 내보낸다거나 피해자에게 안전한 피신처가 없을 경우에는 일반 쉼터가 아닌 법원 청사에라도 보호시설을 마련해주기도 해요. 가끔 우리나라에서도 쉼터에 찾아가서 가정 폭력 가해자가 난동을 부리거나 더 큰 사건을 일으키기도 하는데, 출입 통제가 확실한 법원 청사에 보호소를 만들 경우에는 피해자가 훨씬 안전하게 지낼 수 있겠지요.

또한 심한 가정 폭력 사건일 경우 많은 사건이 가사 사건(이혼과 양육권 문제)과 민사소송을 함께 진행하는 경우가 많은데, 형사-가사-민사 사건을 모두 다른 법원에서 각기 다른 판사가 재판하는 것이 아니라 한 명의 판사가 통합적으로 처리하는 통합 법원 제도도 피해자의 안전과 회복에 큰 도움이 되는 좋은 예 같아요.

차클 사회에서 범죄 사건이 발생했을 때 가해자의 처벌만 이야기하거나, 피해자를 비난하는 경향에서 벗어나 피해자에 대해 공감하고 피해자의 회복에 대한 관심을 쏟는 것이 필요하다는 생각이 드네요.

차이나는
클라스

데이트 폭력이란 무엇인가

뉴스에서 다루는 데이트 폭력과 이별 범죄를 보고 그 정도로 피해를 입어야만 법적 구제를 받을 수 있고, 그 정도 피해를 입어야 겨우 남들에게 도움을 요청할 수 있다고 인식되는 것 같아서 안타까워요. 왜냐하면 제가 데이트 폭력을 이야기할 때 궁극적으로 하고 싶었던 이야기는, 작은 폭력에 민감해져야만 더 큰 폭력을 막을 수 있다는 것이었거든요.

차클　　가정 폭력의 가해자들은 결혼을 하고 나서 바뀌는 건가요, 아니면 원래부터 그런 사람이었던 건가요?

박　　좋은 질문이에요. 미국에서도 가정 폭력을 심각하게 다루고 해결하려고 했는데 실질적으로 많은 효과를 보지 못했어요. 그래서 왜 이렇게 해결이 되지 않는지 고민을 하다가 학자들이 관심을 갖게 된 것이 바로 데이트 폭력입니다. 데이트를 시작할 때부터 문제라는 쪽으로 옮겨가게 된 것이죠. 그러나 우리나라에서는 이 개념이 좀 늦게 소개가 되었죠. 범죄학적 관점으로의 접근은 더욱 늦었고요. 제가 유학하며 박사 논문을 쓸 때 논문 주제로 데이트 폭력을 다룬다고 하면, 당시 한국의 현직 경찰들마저도 저보고 "없는 범죄를 만들어서 공부한다."고 했을 정도예요.

차클	데이트 폭력에 관심을 갖게 되신 게 언제인가요?
박	데이트가 일상의 화두였던 20대에 관심을 갖기 시작했고, 본격적으로 논문을 쓰기 시작했던 것은 2007년이니까, 10년 전 일이네요. 현직 경찰이 그렇게 반응을 했다는 것은 다시 말하면 2007년까지도 데이트 폭력의 피해를 입은 사람들이 경찰의 도움을 하나도 받지 못했다는 것을 의미하기도 하죠.
차클	어떤 것이 데이트 폭력이고, 다른 폭력과는 어떻게 구분이 되는지 알려주세요.
박	데이트 폭력을 측정해볼 수 있는 체크리스트를 준비했어요. 여러분도 한번 체크해보면 좋겠네요.
차클	이 리스트에서 몇 개 정도 해당되면 데이트 폭력이라고 할 수 있나요?
박	하나라도 있으면 해당되지요. 몇 개가 중요한 게 아니라 얼마나 많이 자주 이런 행위를 당했는지가 더 중요하죠.
차클	그러고 보니 이 중에서 몇 개는 연인 사이에서 쉽게 넘어가는 문제인 것 같아요.

차이나는
클라스

지난 1년 동안 나의 연인이 나에게 한 행동은?

☐ 스마트폰이나 이메일, 개인 블로그를 자주 점검한다
☐ 빈번하게 전화나 문자가 오고, 받을 때까지 계속 전화를 한다
☐ 나에게 화가 나서 큰소리를 지르거나 심한 욕설을 한다
☐ 나를 다치게 할 수 있는 물건을 의도적으로 던졌다
☐ 나의 팔을 비틀거나 머리카락을 잡아 당겼다
☐ 나에게 성적인 욕설과 거북한 음담패설을 한다

박   그렇죠. 이런 행동을 상대방이 했을 때 이의를 제기하면 '네가 잘못했으니까 그렇잖아.' '네가 날 속상하게 했으니까 이렇잖아.'라고 하는 사람들이 있어요. 쉽게 예를 들어볼게요. 수십 번 전화를 했는데 전화를 받지 않은 것을 이유로 폭력을 가하는 데이트 상대가 있다고 가정합시다. 왜 그렇게 전화를 많이 했고, 왜 때리냐고 물으면, "네가 안 받았고, 난 그래서 열받았고, 결국 네가 열받게 해서 그런 거다."라고 답하죠. 여기에는 상대방의 행동에 대한 비난과 본인의 행동에 대한 정당화만 있어요. 자기는 잘못이 없는 거라고 보는 건데요. 피해자가 계속 이러한 상황에 노출이 되면, 상대방이 잘못한 모든 행동도 다 내 탓이라고 생각하는 경우가 생겨요. 둘 다 폭력에 둔감해지는 거죠.

차클   연인 사이에서 서로 어디에서 지금 누구랑 무엇을 하는지 궁금하기도 하잖아요. 그런 것을 부드럽게 물어볼 수도 있는 것 아닌가요?

박   수시로 확인을 하는 경우가 있잖아요. 그리고 연락을 받지 않으면 계속 전화를 하는 경우도 있고요. 열 통, 스무 통 연달아서 연락을 하는 경우가 있죠. 또 누구랑 있는지 영상통화로 확인해달라는 경우도 있어

요. 이런 것들은 사랑이 아니라 집착인 거죠. 그런 행위는 자기 기분만 생각하는 것일 뿐, 정말 상대방을 걱정해서 하는 행동은 아니거든요.

차클 연인 사이에서는 조금 심한 욕설이나 행위를 하고, 조금 심한 스킨십을 해도 서로 허용되는 경우가 있잖아요.

박 일단 조금 심한 욕설이나 그런 행위가 괜찮다고 생각하는 것 자체가 전 조금 위험하다고 보고요. 큰 문제는 두 사람끼리는 상관없었을지 몰라도 두 사람의 관계가 끝나고 다른 사람을 대할 때에도 그런 것을 당연하게 생각하는 겁니다.

최근 화제가 됐던 데이트 폭력 사건 얘길 해보죠. 얼마 전에 신당동에서 술에 취한 남자가 화가 나서 여자친구를 때리는 사건이 있었어요. 지나가던 행인들이 남자의 행동을 말렸지만, 남자는 멈추지 않습니다. 그러더니 지인의 1.5톤 트럭을 몰고 가서 여자와 행인을 위협했었죠.

차클 그 사건의 가해자는 살인미수 아닌가요? 지금 어떻게 됐어요?

박 어떤 죄명을 적용했는지는 사실 재판이 끝나봐야 알 수 있어요. 그런데 이런 사건들을 뉴스에서 접하고 사람들이 데이트 폭력의 위험성을 알게 되는 점은 매우 다행이라는 생각이 들어요. 하지만 반대로 이 정도 수준의 폭력을 당해야만 데이트 폭력이라고 생각하게 될까 봐 걱정이 돼요. 사실 욕설을 하고 상대방의 자존감을 무너뜨리는 것도 상당한 폭력이거든요. 하지만 뉴스에서 다루는 극단적인 데이트 폭력과 이별 범죄를 보고 그 정도로 피해를 입어야만 법적 구제를 받을 수 있고, 그 정도 피해를 입어야 겨우 남들에게 도움을 요청할 수 있다고 인식되는 건 안타까워요. 왜냐하면 제가 데이트 폭력을 이야기할 때 궁극적으로 하고 싶었던 이야기는, 작은 폭력에 예민해져야만 더 큰 폭력을 막을 수 있다는 것이었거든요. 그런데 주변을 보면 데이트 폭력에 대한 인식은 올라가고 있지만, 작은 데이트 폭력에는 관심도 없고, 본인들은 가해도 하지 않고 피해를 당하고 있지 않다고 생각하는 것 같아요.

차클   작은 폭력들은 어떻게 해결을 해야 하는지 모르겠어요.

박   그렇죠. 이제 일단 무엇이, 어떠한 구체적인 행위가 데이트 폭력인지 아는 게 중요해요. 두 사람 사이의 행위가 폭력이라는 것을 알아야 하고, 두 사람이 폭력성을 인지한다면 그것을 바꾸기 위해서 교육이나 상담을 받아볼 수가 있겠죠.

차클   경찰에 신고를 해도 되나요?

박   변화 없이 폭력이 지속된다면 관계의 단절과 경찰의 도움도 필요하겠죠. 그런데 이럴 경우 경찰의 반응도 중요해요. 하나의 에피소드를 소개할게요. 제가 미국에서 공부하던 때에 경험했던 일인데요. 당시 남자친구와 길거리에서 조금 언쟁을 했었어요. 길거리에서 연인들끼리 싸울 수 있잖아요. 제가 화가 나서 돌아서서 갔고, 남자친구는 저를 따라오면서 가지 말라고 붙잡기를 반복했죠. 그런데 실랑이를 반복하다가 뒤를 보니 경찰차가 따라오고 있는 거예요. 설마 우리를 따라오는 건 아니라고 생각했는데, 정말 두 대의 경찰차가 저희 앞을 가로막았어요. 그러고는 각 경찰차에서 내린 경찰 두 명이 저희를 각각 다른 곳으로 데리고 가서 조용히 물었어요. 저를 데려간 경찰은 저에게 "쟤가 너를 때렸어, 안 때렸어?"라고 물었어요. 그래서 저는 "안 때렸다. 그냥 말싸움했다."라고 했더니 경찰이 "그럼 알았다. 한국에서 온 지 얼마나 되었느냐. 미국에선 이러면 안 된다."고 말해줬어요. 그리고 남자친구한테는 "너 저 여자애 따라가지 마라. 저 여자는 우리가 안전하게 뒤에서 따라갈 거니까 너는 네 갈 길을 가라."고 했다고 해요.

차클	그건 중요한 것 같아요. 서로에게 들리지 않게 상황을 물어보는 것 말이죠.
박	그것도 중요한 포인트지만, 저는 그때 당시 경찰이 했던 말 중에 "미국에서 이러면 안 된다. 신고가 들어왔다."라는 게 인상적이었어요. 누군가가 신고를 했다는 그 말이오. 길거리엔 아무도 없었는데, 누군가가 어디서 봤든 저희의 모습을 보고 위험하다고 생각해서 신고를 한 거잖아요.
차클	그 경찰의 대처도 굉장히 세련된 것 같아요. 가정 폭력 문제에서도 마찬가지일 것 같아요. 남편이 보는 앞에서 맞았는지 안 맞았는지 물어보는 것만큼 황당한 일이 없죠. 시민들도 그냥 연인들의 사랑싸움이라고 생각하지 않고 신고하는 자세가 범죄를 예방하는 데 굉장히 큰 힘이 되는 것 같아요. 만약 데이트 폭력이나 가정 폭력의 가해자들에게 벌을 엄하게 주면 예방 차원에서 도움이 될까요?
박	범죄를 좀 더 엄하게 처벌하자는 엄벌주의를 이야기하는 것 같은데요. 최근에 가정 폭력뿐만 아니라 좀 더 다양한 범죄 사건에 대해 그런 엄벌주의적 의견들이 많이 표출되고 있는 것 같아요. 그런 차원에서 형량을 높여야 된다는 이야기가 많고요. 강력 범죄가 발생하면 처벌 수준에 대한 논란이 종종 일어나기도 하죠.
	그러나 엄벌이 갖는 효과에 대해 굳이 말씀을 드린다면 엄벌만으로는 범죄 감소 효과도 없고 예방도 되지 않는다는 것을 다시 한 번 강조해야 할 것 같아요. 가정 폭력도 마찬가지입니다. 물론 여론의 감정이나 피해자의 억울함 등도 고려해야 하지만, 피해자의 억울함이 반드시 누군가를 엄하게 처벌해야만 해소되는지도 냉정히 살펴봐야 하고요.
	우리가 궁극적으로 바라는 것은 범죄자들이 다시는 그런 행동을 안 하

게 만드는 것이죠. 그리고 무엇보다 우리 사회가 안전해지는 걸 바라는 거잖아요. 마음속에서는 안전해지는 걸 바라는 동시에 범죄자가 처벌을 많이 받았으면 좋겠다는 감정이 함께 존재하고 있는 것 같아요. 그런데 다시는 그런 행동을 안 하게 하려면 원인을 교정해야겠죠. 한번 곰곰이 생각해보세요. 우리가 범죄를 안 저지르고 있는 이유가 단순히 처벌이 무서워서인지를요. 처벌만으로 폭력을 예방하거나 감소시킬 수는 없어요.

나는 범죄로부터 안전한가

1000명이 범죄를 저질렀을 때 신고를 하지 않아서 집계되지 않는 사람들도 있겠죠. 신고를 했지만 다양한 절차를 통해서 법망을 다시 빠져나간 사람들도 있고요. 최종적으로 교도소에 가는 사람들은 10퍼센트도 안 돼요. 여러분들은 90퍼센트가 넘는 범죄자들을 일상생활에서 만날 수 있는 거예요. 그런데 우리 모두가 범죄는 나와 상관없는 일로 치부하고 살고 있다는 거죠.

차클   범죄를 저지른 사람에게 형을 내리는 것이 피해자들에 대한 감정적인 보상이라는 측면도 있고, 형벌을 통해서 격리를 하는 측면도 있잖아요. 그러면 범죄자를 사회와 조금 더 오래 격리시켰을 때 사회가 전체적으로 안전해질 수도 있다는 지적에 대해서는 어떻게 생각하세요?

박   그런 시각은 굉장히 단편적인 거예요. 누군가를 저 멀리 섬으로 보내서 평생 격리시킨다면 격리를 통해서 안전을 확보할 수 있겠지요. 하지만 사실상 영구적인 격리가 불가능하기에 그가 다시 사회로 돌아오는 것을 가정하여 함께 살아가는 것을 고민할 수밖에 없어요.

또, 재판이라는 것이 늘 결과적으로 정의로울 수는 없어요. 내가 그 재판의 대상이 된다고 생각해보세요. 영구적 격리를 받아들일 수 있을까요? 타인만 범죄자가 될 거란 생각은 스스로를 위험하게 할 수 있어요.

**차이나는
클라스**

차클	그럼 처벌은 어떤 기준을 따라야 할까요?
박	사회에서 범죄에 대한 처벌이 처벌로서 제 기능을 발휘하기 위해서는 기본적으로 세 가지 요건이 필요합니다. 엄격성, 처벌은 엄격해야 해요. 다음으로 확신성, 범죄자는 반드시 잡혀야 합니다. 그리고 마지막으로 신속성, 처벌 과정이 빠르게 진행돼야 해요. 그중에서 우리는 확신성에 대해 주목을 해야 합니다. 제가 교도소에서 면담을 진행할 때 범죄자들에게 질문을 했어요. "당신이 100번의 범죄를 저질렀다면 몇 번 체포될 것 같냐." 또는 "100명의 범죄자가 있다면 몇 명이 붙잡힐 것 같냐."라고요. 확신성에 대한 범죄자의 주관적 생각을 묻는 거죠. 그런데 이미 붙잡혀서 교도소에 수감 중인 사람들한테 교도소에서 면접을 하고 있는 상황임에도 불구하고 거의 대부분의 범죄자들은 다음에 "범죄를 저지르면 안 잡힐 겁니다." "안 잡힐 자신 있어요."라고 말해요.
차클	그럼 범죄자들은 주로 운이 없어서 잡혔다고 생각하는 건가요?
박	그렇죠. 그것을 역으로 생각하면 확신성이 정말 많이 보강되어야 한다는 것을 의미하죠.
차클	아예 무기징역을 선고하는 건 어떨까요?
박	실질적으로 엄벌주의를 선택한 나라나 미국의 주들이 있어요. 대표적인 엄벌주의 제도의 예로서 미국 캘리포니아 주에서는 처벌에 있어서 삼진아웃제도(Three strike out law)를 실시했습니다. 꼭 같은 범죄가 아니어도 세 번째로 붙잡히게 되면 무기징역을 선고하는 거죠. 확실히 엄격하죠. 그런데 그 결과가 어땠을까요?
차클	어차피 세 번 걸릴 거면 마지막에 크게 한 건 하겠다는 마음을 먹을 수 있을 것 같아요.

박 네, 맞아요. 이왕 무기징역 받을 텐데 크게 한 건 하겠다는 생각도 들수 있겠죠.

그런데 피해자가 입을 피해를 한번 생각해봅시다. 범죄를 두 번 저지르고 세 번째 범죄를 또 저질렀어요. 그렇게 강한 범죄가 아니어도 세번째 잡히면 무기징역이잖아요. 그럼 절대 안 잡히고 싶겠죠. 안 잡히려면 신고가 되지 않아야 하고, 신고를 못하게 하려면 피해자가 나를모르도록 해야겠죠. 그럼 사건은 더 커지는 것이죠. 그러니까 범죄를억제하기 위해서 엄격하게 처벌을 하자고 했지만, 예상과 달리 그 결과는 흉흉한 범죄들을 많이 낳게 된 겁니다.

차클 교도소에도 사람들이 엄청나게 늘었겠어요.

박 그렇죠. 교도소는 범죄자로 가득 찼습니다. 교도소가 과밀화되면 또지어야겠죠? 공짜로 짓나요? 세금이 들어가겠죠? 그래서 범죄자 한명의 수용자가 발생할 경우 소요되는 비용은 미국 기준으로 물가가 낮은 곳에서는 4만 5000달러, 캘리포니아에서는 7만 달러 정도 들어간다고 해요. 그러니까 한 명의 범죄자가 교도소에 갈 때마다 우리나라돈으로 환산하면 5000만 원에서 거의 8000만 원의 비용이 들어가는거죠. 그런데 사람들은 범죄자를 가둬달라고만 할 뿐 그 비용을 어떻게 충당하고 어떻게 쓰는지에 대해서는 관심이 없어요.

차클 그렇다면 엄벌주의는 별로 효과가 없다는 것인가요?

박 네, 범죄 예방 효과성 측면에서도, 경제성 측면에서도 효과는 별로입니다. 돈은 많이 들지만 범죄를 예방하거나 감소시키는 데에는 큰 효과를 달성하지 못하죠.

차클 그럼 범죄자를 어떻게 다루어야 하나요?

박 범죄에 비례한 처벌은 당연히 필요해요. 하지만 범죄자를 2~3년 더

차이나는
클라스

징역을 살게 해서 볼 수 있는 혜택보다 같은 돈으로 예방이나 다른 교육 프로그램을 통해서 범죄의 원인을 원천 봉쇄하는 것이 더 효과적이라고 봅니다. 그러기 위해서는 더욱더 범죄와 범죄자, 피해자 연구가 필요하겠죠.

차클   그럼 우리는 어떤 일을 해야 하나요?

박   처벌의 측면에서 말씀드린다면 무엇보다 처벌의 확신성을 높여야 해요. 엄벌을 하려면 일단 붙잡혀야 하니까요. 아무리 처벌이 엄격하다 하더라도 안 잡히면 처벌받을 일이 없잖아요. 하지만 경찰은 신이 아니잖아요. 경찰이 모든 범죄를 지켜보고 있다가 알아서 출동해주는 게 아니란 말이에요. 그렇다면 결국 확신성을 높이는 시작은 우리가 신고하는 것에서 시작돼요. 신고를 잘해야 합니다.

차클   맞아요, 범죄자는 '설마 나를 신고하겠어?'라고 생각하고, 피해자는 '이런 것도 신고할 수 있을까?'라는 생각을 하는 것 같아요.

박   네, 작은 폭력이라도 신고를 할 수 있다는 것을 서로가 알고 있어야 합니다. 다시 말하지만 엄한 처벌로는 범죄를 완벽하게 해결할 수 없어요. 그럼 범죄가 발생하는 상황의 3가지 요소를 한번 알아보죠. 우리는 범죄를 생각하면 가해자와 피해자만 생각하는데 한 가지 요인이 더 있어야 범죄가 발생해요. 먼저 동기 부여된 범죄자가 있고, 취약한 피해자가 있고, 보호자가 부재한 상황, 이 3가지가 딱 맞아떨어졌을 때 범죄가 발생해요.

차클   범죄 발생의 3요소에서 범죄를 예방하기 위해 제일 중요시해야 하는 건 뭔가요?

박   우리가 범죄 의도를 갖고 있는 범죄자를 먼저 알아보고 세상에서 몰아낼 순 없겠죠. 또 취약한 피해자에게 스스로 강해지라고 말하는 것

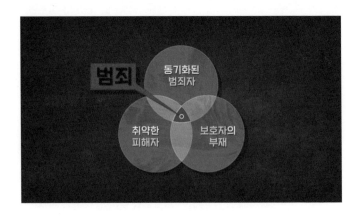

도 방법이 아닐 거예요. 그렇다면 가장 쉬운 방법은 보호자, 사회적 보호자를 늘려주는 것일 겁니다. 이때 보호자는 부모님처럼 바로 옆에서 생활하면서 밀착하며 지켜주는 보호자를 의미하기도 하지만, 남의 일에도 관심을 갖고 지켜봐주는 타인에 대한 사회적 보호자 역할을 강조하는 거예요.

차클   아주 좋은 예가 있어요. 얼마 전 인터넷에서 중고 거래를 하는 사람들이 거래를 하면서 경험했던 안 좋은 사례들을 공유하기 시작했어요. 즉, 나는 피해자가 됐어도 다른 피해자가 나오지 않기를 바라는 마음이겠죠.

박   매우 정확한 예네요. 그런 경험들의 공유나 사기 범죄자의 아이디 공유는 나의 경험이 타인에게 실질적인 도움을 주는 거잖아요. 범죄 예방에 있어서 나의 작은 경험이 남에게도 중요하다는 생각은 매우 중요해요. 사실 전 이게 범죄 예방 정책의 핵심이라고 봐요.

물론 개인의 이러한 노력으로 모든 범죄 문제가 해결되는 것은 아니죠. 이렇게 개인의 경험을 공유하거나 신고가 접수되었을 때 신고를

차이나는
클라스

받은 경찰도 지금보다 훨씬 더 체계적으로 문제를 해결해주는 모습을 보여야 하고요. 그 속에서 우리의 역할이 분명히 있다는 것을 강조하고 싶어요. 이것을 범죄학 용어로는 집합효율성이라고 이야기를 해요. 집합효율성이란 실질적으로 우리에게 문제가 발생했을 때 해결하고자 하는 의지를 의미해요. 한마디로 사회에서 나의 역할 찾기를 해야 한다는 말입니다.

차클 사회적 보호자로서의 역할을 어떻게 찾을 수 있을까요?

박 이제는 상식이 되어버린 이론을 하나 이야기해볼게요. 바로 깨진 유리창 이론이에요. 범죄가 많은 뉴욕의 한 동네에 자동차를 한 대 방치해둡니다. 그 방치된 자동차가 24시간도 안 돼서 털리는 것을 보고 사람들은 원래 범죄가 많은 곳이니까 그렇다고 생각을 했어요. 그런데 똑같은 상황을 매우 안전하고 부자들이 사는 동네에서 재현해보았습니다. 아무 일도 발생하지 않았죠. 그런데 유리창을 하나 딱 깨놓고 다시 관찰했습니다. 그동안 범죄도 없었고 안전한 동네에 놓여진 그 자동차도 똑같이 모두 털렸습니다. 24시간도 안 되어서 말이죠. 안전한 동네에서도 순식간에 범죄가 발생함을 보여준 이 깨진 유리창 실험은 범죄가 특정 동네만의 문제가 아닐 수 있음을, 특정 범죄자만의 문제가 아니라는 것을 보여주는 실험이지요. 주변 환경 정화의 중요성을 보여주고 있어요. 주변을 깨끗하게 하는 것도, 디자인을 바꾸는 것도 범죄를 예방하는 것은 물론, 동네의 더 많은 문제를 해결할 수 있다는 걸 알려줍니다.

차클 실제로 범죄 예방을 위해 활용되고 있는 장치들이 있나요?

박 1960년대 미국에서 시작된 환경 설계를 통한 범죄 예방, 이른바 셉테드(CPTED)라는 것이 있어요. 우선 자연 감시를 할 수 있게 만들자. 그

리고 출입 통제를 하자. 마지막으로 땅의 역할을 구획 짓자. 이렇게 3가지 원칙을 정한 것이에요. 의도하지 않아도 사람들을 자연스럽게 감시할 수 있는 디자인을 택하고, 허용되는 사람만 들어오도록 건물 디자인을 바꾸는 것, 그리고 영역의 특성을 구분함으로써 허락되지 않은 행동, 남의 공간에 침입하는 걸 파악할 수 있게 하자는 거죠. 마치 바닥 패턴을 바꾸는 것만으로도 인도와 차도를 구분할 수 있는 것처럼요.

차클 초등학교 근처에 가로등이 켜진 것처럼 노란색 삼각형과 동그라미를 만들어놓은 것을 본 적이 있어요. 주변에서 정말 잘 보이게 해놓았더라고요.

박 네, 그런 것들이 자연 감시도 늘리고 영역성을 확보하기 위한 장치들이죠. 아이들이 있는 곳이니 주의 깊게 봐달라는 메시지를 전하고 있는 거예요. 사람들이 굳이 의도적으로 관찰하지 않아도 한 번 더 보게 되고, 주의를 환기시킬 수 있어요.

이렇게 의도하지 않아도 보게 되는 자연 감시는 낮뿐 아니라 밤에도 가능해야 하죠. 건물 디자인도 중요하고, 가로수·조명·CCTV 위치 등

차이나는 클라스

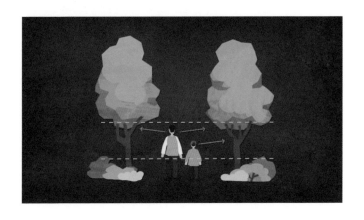

모든 것이 통합적으로 디자인돼야 합니다. 도심에서 보면 숲이 울창하게 조성된 공원을 쉽게 볼 수 있잖아요. 그런데 안전의 관점에서는 이런 공원은 조금 우려스러워요. 울창하기는 하되 낮은 나무는 낮게, 높은 나무는 높게, 그리고 걸어가는 사람들이 시야를 확보할 수 있도록 가지치기도 일정 높이까지 해줘야 하죠.

차클 마트 주차장이나 아파트 주차장에서 많은 사건들이 일어나는데요. 그런 것들도 조금 더 개선을 할 수 있을까요?

박 아파트나 마트도 마찬가지예요. 아파트의 경우에는 출입 통제 정책을 잘 시행해야 하고, 주차장은 낮과 밤 상관없이 조도를 밝게 유지할 필요가 있죠. 또 아이들은 늘 취약하거든요. 예전에 지은 아파트들을 보면 놀이터나 노인정이 아파트의 구석에 위치하고 있어요. 그런데 요즘에는 아파트의 한가운데에 배치를 하고 있죠. 그러면 가족들이 베란다나 창문에서 내려다볼 수 있겠죠.

차클 이제 아파트를 볼 때 디자인만 볼 게 아니라 셉테드가 잘 반영된 아파트인지를 봐야겠네요.

박   네. 처음에는 셉테드를 도입하면서 건축 구조나 디자인만 바꾸면 되는 줄 알았어요. 그런데 감시를 위해 통유리를 설치해놓아도 너 나 할 것 없이 커튼을 달기 시작했죠. 감시 기능을 할 수 있도록 디자인을 해도 사용하는 사람이 그 기능을 활용하지 않으면 소용이 없어요. 사용자들도 안전을 위해 불편함을 감수할 마음가짐이 있어야 하고 그 기능을 잘 알고 있어야겠죠.

그런데 사실 무엇보다 가장 큰 문제는 사람들이 남한테 관심 없다는 거예요. 그러니 자연스러운 목격이 신고로 이어지거나 이후의 적극적인 행동으로 이어지지 않는 거예요. 그래서 어떻게 하면 사람들의 목격이 적극적인 행동으로 이어질 수 있을지를 고민해야 해요.

동네에 범죄가 발생했을 때 금세 해결되는 동네가 있고, 그 문제가 계속 방치되거나 오히려 사람들이 떠나가는 동네들이 있어요. 이러한 두 마을의 가장 큰 차이점은 집합효율성 차이 때문이에요. 집합효율성은 '여기가 내 동네야'라는 애착에서 시작되는 겁니다. 이건 내 집이고, 내 거고, 우리 동네야 하는 생각을 높여줄 때 가장 효과가 커요. 그래서 건물이나 도시 디자인에도 단순히 물리적인 디자인 요소만을 강조하는 것이 아니라 사람들이 공간에 대한 애착을 갖도록 유도하는 디자인과 제도가 중요해요.

차클   그동안 범죄를 이야기할 때마다 경찰의 탓으로, 처벌의 탓으로 돌렸던 우리가 범죄에 대해 무지했던 것 같아요. 범죄를 예방하기 위해서는 개인과 사회의 노력이 모두 필요하다는 거군요?

박   범죄가 발생했을 때 경찰이 모든 것을 해줄 수는 없습니다. 분명 경찰에게도 한계가 있어요. 앞서 계속 짚었지만, 법이 없으면 경찰은 도와줄 수 없고, 신고가 없으면 경찰은 인지하기 어렵죠. 그리고 근본적으

차이나는 클라스

로 내가 안전하기 위해서는 나 자신도 노력을 해야 합니다.

제가 범죄를 연구하기 위해 범죄자들과 면담을 한다고 하면 사람들은 저에게 무섭지 않냐고 물어봐요. 그러면 저는 일상생활에서 당신들이 어쩌면 더 많은 범죄자들을 상대하고 있을지 모른다고 대답합니다. 미국에서 실제 발생하는 범죄 1000건 중 몇 명이 교도소에 가는지를 조사한 결과가 있어요. 그런데 1000명이 범죄를 저질렀을 때 신고를 하지 않아서 집계되지 않는 사람들도 있겠죠. 그리고 신고를 했지만 다양한 절차를 통해서 다시 빠져나간 사람들도 있고요. 최종적으로 교도소에 가는 사람들은 10퍼센트도 안 돼요. 미국에서 실시한 결과로는 2.3퍼센트밖에 나오지 않았어요. 그러니까 저는 2.3퍼센트의 범죄자를 만났지만 우리 모두는 90퍼센트가 넘는 범죄자들을 일상생활에서 만날 수 있는 거예요. 그런데 우리 모두 범죄는 나와는 상관없는 일로 치부하고 살고 있다는 거죠. 사실 범죄자들이 무서운 게 아니라 내 무지가 무서운 것이라고 말씀드리고 싶어요. 해결의 열쇠는 우리 개개인에게 있어요. 그리고 나아가 우리 공동체가 해결할 수 있어요. 저는 범죄자를 두려워하는 사회가 아니라 똘똘 뭉쳐서 범죄자들이 우리를 두려워하는 사회로 만들어갔으면 하는 바람이 있습니다.

페미니즘이
바꾼 세상

이나영

이 시대의 올바른 페미니즘이란 무엇인지에 대해 늘 고민하는 한 인간이자,
대한민국을 바꿀 수 있는 페미니즘 연구와 실행에 앞장서온 여성학자.
현재 중앙대학교 사회학과 교수로 재직 중이다.

왜 여성들은
권리를 가질 수 없었는가

사람들은 생물학적 차이에 강력한 의미를 부여하려고 합니다. 성격과 행동을 규정짓고, 또는 어떤 식으로 키워야 한다는 가이드라인을 세워요. 각자가 가지고 있는 여러 차이들을 무시하고 특정한 차이를 크게 부각시켜서 중요한 것으로 인식시키고 그 차이를 기준으로 하나의 집단을 만드는 것이죠. 페미니즘은 바로 이러한 것들에 대한 질문에서 시작해요.

차클	교수님은 어떤 계기로 여성학을 공부하게 되셨나요?
이	학부 때 영어영문학을 전공한 평범한 학생이었어요. 특이하다면 조금 일찍 결혼을 했다는 것인데요. 스물세 살에 결혼을 했어요. 그런데 결혼을 하고 나니 아무도 제 이름을 불러주지 않는 거예요. 누구의 엄마, 누구의 아내, 누구 집안의 며느리, 심지어 501호 아줌마라는 식으로 불렸었죠. 내가 어떤 사람의 부속물로만 존재한다는 사실에 충격을 받았어요. 그런데 왜 누구도 그런 문제를 제기하지 않는지, 왜 아무도 결혼 후에 이런 일이 발생한다고 알려주지 않은 것인지에 대해서 억울하기도 하고 분하기도 했어요. 이런 억울함에 대해 답해주는 학문은 없는지를 찾다가 여성학이라는 학문을 접하게 된 것이죠.
차클	공감이 가네요. 오늘 강연에서는 어떤 이야기를 들려주실 예정인가요?

이	여성 인권의 역사와 이론에 대해서 주로 이야기하려고 합니다. 본격적인 강의에 들어가기에 앞서서 여러분 안에 있는 편견부터 짚어봐야 할 것 같아요. 여성성 하면 떠오르는 단어와 남성성 하면 떠오르는 단어들을 써보세요.
차클	여성은 예쁘다, 원피스, 이런 단어들이 떠올라요. 수동적이고, 의존적이라는 이미지도 있고요. 그리고 여성에게 조신하기를 강요하는 문화가 있는 것 같아요. 아이를 돌보는 노동이 여성들의 몫이라는 편견도 있고요. 힘이 세고, 누군가의 위에서 군림하고 지배하는 것은 남성성의 이미지로 떠올라요. 일반적으로 남자들은 논리적으로 생각하고 말하려 하고 대담한 행동을 하는 편인 것 같아요. 반면 여성들은 일반적으로 감성적이고 섬세한 면이 있는 듯하고요.
이	제가 가르치는 학생들도 비슷한 이야기를 해요. 특히 여성들에 대해서는 '의존적이다' '종속적이다' '눈물이 많다' '섬세하다' '디테일에 강하다' 등의 이야기를 합니다. 제가 지금 대학에서 11년째 가르치고 있는데 대체로 비슷한 반응을 접해왔어요. 그런데 작년부터 조금씩 바뀌기 시작한 것을 느낄 수 있었어요. 특히 남자들에 대해서 '멍청이들이다' '아무 생각이 없다' '무모하다' 등의 이야기가 나오기도 해요. 최근에 이런 변화가 이루어지고 있는데도 불구하고 변하지 않는 것들이 있죠. 각각 '합리적' '이성적' '주체적' '능동적' '독립적' '힘이 세다'고 여겨지는 사람들과 '수동적' '의존적' '외모만 치장하고' '화장만 하고' '짧은 치마 입고' '앞치마나 고르고' '분홍색 옷을 입는다'고 여겨지는 사람들 사이에 실제로는 어떤 차이가 있는지 생각해볼 필요가 있어요.
차클	남성과 여성들에 대한 고정관념을 깨뜨려야 한다는 말씀이신가요?
이	보편적 인간상이라고 하면 사실 남성성과 굉장히 유사해요. 그래서 남

성과 여성의 관계는 그냥 단순히 다른 게 아니라 위계적으로 차별화된 것이라고 해석할 수 있어요. 그리고 많은 여성들이 이런 이야기를 아주 오래전부터 해왔습니다.

차클   지금 하시는 말씀은 요즘 이슈가 되고 있는 페미니즘의 연장선이라고 보면 되나요?

이   맞습니다. 그럼 무엇이 페미니즘인지, 누가 왜 페미니즘을 얘기하기 시작했는지 알아볼까요? 여러분은 페미니즘이 뭐라고 생각하세요?

차클   성의 불평등을 해소하려는 움직임이나 운동이 아닐까요?

이   남녀 사이에 존재하는 위계적 권력관계를 해소하고, 여성도 남성과 동등한 존재로 인정받기 위해 사회구조를 바꾸는 운동이나 지향이라고 말할 수 있어요. 그럼 우리 개개인에 대해서 한번 생각해보죠. 우리는 각자 모두 굉장히 다른 특징들을 가지고 있어요. 여러분들은 눈 크기도 다르고, 코 크기도 다르고, 키도 다르고 다 다르잖아요. 그러면 우리는 왜 사람들을 남성과 여성이라는 두 집단으로 나누고 이들 간의 차이를 크게 강조했을까요? 무엇을 기준으로 이렇게 다양한 사람들을 두 집단으로 나눴을까요?

차클   병원에서 초음파 검사를 할 때 의사 선생님이 "블루네요."라고 말씀하시곤 해요. 어떤 성별이 되는 순간, 그 존재와는 상관없이 전형적인 수식어들이 붙어 가는 것 같아요.

이   그렇죠. 색깔에는 원래 성별이 없잖아요. 그런데 사람들은 생물학적 차이에 어떤 의미를 부여하려고 합니다. 성격과 행동을 규정짓고, 또는 어떤 식으로 키워야 한다는 가이드라인을 세워요. 각자가 가지고 있는 여러 차이들을 무시하고 특정한 차이를 굉장히 크게 부각시켜서 중요한 것으로 인식시키고 그 차이를 기준으로 하나의 집단을 만드는 것이죠. 페미니즘은 바로 이러한 것들에 대한 질문에서 시작해요. 거꾸로 생각해볼 수도 있어요. 남자들의 사상은 하나냐? 그것도 아니죠. 굉장히 다양해요. 남자도 하나의 집단이 아니잖아요. 마찬가지로 여성도 하나의 집단이 아니죠.

차클   페미니즘의 역사는 얼마나 되었나요?

이   서구에서는 250년 정도 됐고, 다양한 형태로 존재하고 확장되고 있어요. 그 시작에 '퍼스트 웨이브'라는 움직임이 있었어요. 첫 번째 물결이라는 의미에서 물결이라는 단어가 굉장히 중요합니다. 바다에서 수영할 때 갑자기 바다가 잔잔해지는 것을 경험한 적이 있을 겁니다. 그때는 반드시 육지로 나와야 해요. 큰 파도가 밀어닥치기 전에 일시적으로 잔잔해지는 순간이기 때문이죠. 우리 사회의 운동에도 비슷한 모습들이 있어요. 어떤 운동이든 본격적인 운동이 시작되기 전에 그 운동의 의미를 사람들이 이해할 수 있게 도와주는 사상가들이 존재해요.

차클   페미니즘 운동에선 초기 사상가들이 주로 어떤 얘기를 했나요?

이   시대를 앞서 나간 선구자들이 남긴 가장 큰 질문은 "남자와 여자는 다른가?" "여자는 남자보다 정말 열등한가?"였습니다. 그런데 18세기에는 계몽주의 사상, 19세기에는 자유주의 사상이 굉장히 유행을 하죠. 문제는 그런 사상들이 "모든 사람들은 다 동등하다."고 주장을 했다는 점이에요. 그런 주장을 하는 사람들에게 페미니즘의 선구자들은 이렇게 질문을 했어요. "진짜 모든 사람들은 동등한 것인가?" "인간이 모두 인권을 가진 존재라고 말할 때 그 인간은 여자인가, 여자도 포함되어 있는가?"라고요.

차클   역사 속에서 여성들이 남성들처럼 대접을 받지 못한 것은 부인할 수 없는 사실 아닌가요?

차이나는 클라스

이	그렇죠. 여성들이 우리 사회에서 인간으로 대접을 받지 못한 시대가 있었죠. 그런데 프랑스 혁명기에 여성들이 존재하지 않았을까요? 혁명운동을 한 사람들 중에 여성이 없었을까요? 아니에요. 굉장히 많았습니다. 혁명의 과정에서 주체적으로 참여하고 시위를 조직하고 글도 썼죠. 실제로 수많은 여성들이 참여했어요.
차클	프랑스 혁명을 떠올리면 마리 앙투아네트 왕비가 민중에 대해 헛소리를 했다는 식의 묘사만 기억나요. 혁명에 참여한 여성의 역할이나 활동은 역사학자들이 일부러 기록을 하지 않은 건가요?
이	프랑스 혁명의 역사에서 마리 앙투아네트는 악녀로 그려졌고 결국 단두대의 이슬로 사라졌죠. 그런데 최근 들어 여성사 연구자들이 기존의 역사서들이 여성들을 어떻게 왜곡시켜 기록해왔는지 찾아내 바로잡으려는 노력을 많이 하고 있어요. 마리 앙투아네트도 프랑스 혁명을 남성 중심의 역사로 기록하기 위해 만든 대표적 희생양이었다고 보는 학자들도 있어요. 당대의 대표적인 여성을 악마화하고 처형함으로써 남성들의 시민권만을 위한 프랑스 혁명 사상을 합리화하는 것이죠. 앙투

아네트와 같은 여성은 저항하는 여성들의 입막음을 위한 일종의 도구가 되었던 것이죠.

차클 　다른 사례들도 있나요?

이 　재미있기도 하고 슬프기도 한 사례가 있어요. 19세기에 앙리에트 카요라는 사람이 자신과 남편에 대해서 좋지 않은 내용의 기사를 실은 신문사의 편집장을 총으로 쏴 죽인 사건이 발생했어요. 그런데 당시에 그분은 무죄판결을 받았습니다.

차클 　살인을 저지르고도 무죄판결을 받은 이유는 뭔가요?

이 　여성에게는 이성적 판단 능력이 존재하지 않는다는 생각이 지배적이었기 때문이죠. 집에서 키우는 애완견이 사람을 다치게 했다고 해서 애완견을 그 자리에서 총살하거나 재판에 올리지는 않잖아요. 그것과 마찬가지예요. 여성은 남성과 동등한 인간이 아니기 때문에 이성적 능력이 없다고 여긴 것이죠. 그러니까 여자는 남편 또는 남편이 죽었다면 아들에게 속한 존재일 뿐 독립적인 인격체로 대접받지 못했어요.

차클 　충격적이네요. 여성들이 동등한 인간으로 대접받기 위해 저항하는 움직임도 일었을 것 같아요.

이 　맞아요. 그래서 프랑스의 시민운동가였던 올랭프 드 구즈가 〈여성과 시민의 권리 선언〉을 썼어요. 그 핵심 내용은 바로 여성도 남성과 동등하다는 것이었죠. 올랭프는 여성이 단두대에 오른다면 기타 공적인 장소에서도 연단에 오를 권리가 있어야 된다고 말했어요. 법의 적용 대상이 되어야 한다면 법을 만들고 집행할 권리도 있어야 한다는 말이지요. 그는 당시 프랑스 혁명가들, 그중에서도 남성 혁명가들에게 저항하는 여성이었어요. 하지만 남성 중심의 혁명 속에서 결국 단두대의 이슬로 사라지고 맙니다.

"여성이 단두대에 올라야 한다면
연단에 오를 권리도 있어야한다"

- 올랭프 드 구즈, 〈여성과 시민의 권리 선언〉, 1791

차클 여성이 남성과 동등하다는 말을 했다는 것만으로 처형했다니 너무한 것 아닌가요?

이 단지 그런 말을 했기 때문이라기보다는 올랭프의 말과 연결된 행동들 탓이었을 거예요. 여성에게도 시민으로서 평등하고 자유로울 권리가 있고 이를 보증하는 시민권을 부여받아야 한다는 믿음 때문에 여러 가지 저항 활동을 했거든요. 프랑스 혁명을 통해 인간이 평등하다는 것을 알림으로써 남성들에게는 동등한 권리가 주어졌지만, 여성에겐 그런 권리가 주어지지 않았단 말이에요. 여성들이 그런 불합리한 것을 지적하며 자신들에게는 왜 권리를 주지 않느냐고 말하면, 남성들은 '여자의 미덕은 남자에게 복종하고 순종하는 것이며, 아이를 잘 키우는 것'이라고 답했다고 해요.

차클 지금 시점에서 보면 어처구니없는 일이네요.

이 자신들의 주장을 정당화하기 위해 처형을 단행한 것이죠. 올랭프는 체포되고 나서 변호사 선임 권한도 갖지 못했어요. 별수 없이 스스로 자기를 변호합니다. 그런데 알고 보니 그것도 계획된 것이었어요. 이 여자가 얼마나 불온하고 위험한 사상을 갖고 있는지를 제 입으로 입증하게 하려던 계략이었던 것이죠. 그 결과 올랭프 드 구즈는 1793년에 단두대에 올라 세상을 떠납니다. 이쯤에서 제가 하나 물어보죠. 그렇다면 과연 프랑스 여성들은 언제 참정권을 획득했을까요?

차클　불과 150년 안팎의 일이라고 배운 것 같아요.

이　　1944년에야 비로소 여성 참정권을 인정하는 법안이 통과되었어요. 참고로 우리나라에서는 1948년에 제헌 헌법에 의해서 여성들이 투표권을 부여받았죠. 그런데 프랑스의 여성들이 투표권을 갖게 된 과정에서 굉장히 재밌는 일화가 있어요. 당시 보수 정권이었던 드골 정권이 여성에게 참정권을 부여했거든요. 여성들은 배우지도 못했고, 비합리적이고 비이성적이기 때문에 보수적으로 투표를 할 것이라고 판단했었다고 해요. 그런 숨은 이야기가 있습니다.

차클　그렇군요. 참정권은 남성과 동등한 대우를 받기 위해 여성들이 요구한 대표적 권리 아닌가요?

이　　맞아요. 참정권이란, 시민으로서의 권리 또는 인증 같은 것이지요. 그밖에 교육받을 권리, 즉 동등한 교육권도 필요합니다. 그런데 더 중요한 게 있어요. 참정권과 교육권만 있다고 해서 여성이 독립적으로 살아갈 수는 없겠죠. 바로 경제권이 있어야 합니다. 그러니까 여성에게 노동할 권리가 있어야 하고 본인 명의의 재산을 만들고 지키고 상속할 권리가 있어야 하지요. 부당한 배우자에게 이혼을 요구할 권리, 아이를 낳으면 독립적으로 양육할 수 있는 권리. 이런 것들을 계속해서 주장해나갔습니다.

차클　여성들의 요구 사항들은 순순히 받아들여졌나요?

이　　그것이 바로 퍼스트 웨이브가 거둔 성과입니다. 법과 제도가 없으면 만들고, 불합리한 제도는 고쳐서 여성들이 사회·정치·경제적으로 남성과 동등한 위치에 놓일 수 있도록 했어요. 끊임없이 목소리를 높이고 어렵게 싸워 세상의 변화를 견인한 것이 바로 퍼스트 웨이브예요.

차클 　프랑스 외에 다른 나라들은 어떤 과정을 거쳤나요?

이 　영국도 시민혁명을 통해서 소위 민주주의 사회의 발판을 마련했죠. 그럼에도 불구하고 영국도 여성에 대해서는 굉장히 보수적이었어요. 올랭프 드 구즈의 〈여성과 시민의 권리 선언〉보다 1년 늦은 1792년에 자유주의 사상가 메리 울스턴크래프트가 《여권의 옹호》를 썼어요.

차클 　울스턴크래프트의 선언문을 보면 논쟁의 대상이 될 만한 내용은 없는 것 같은데요. 그런데도 조용히 묻혀버리고 말았나요?

이 　자유주의 철학자로서 메리 울스턴크래프트는 당시 남성 이론가들과 교류를 활발히 했기 때문에 논쟁의 대상이 됐어요. 루소 같은 사람들이 〈여성교육론〉에서 "여성은 단순히 남성의 좋은 배필로만 존재하고

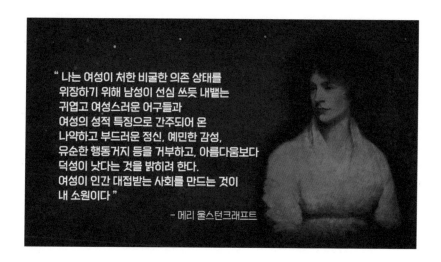

"나는 여성이 처한 비굴한 의존 상태를 위장하기 위해 남성이 선심 쓰듯 내뱉는 귀엽고 여성스러운 어구들과 여성의 성적 특징으로 간주되어 온 나약하고 부드러운 정신, 예민한 감성, 유순한 행동거지 등을 거부하고, 아름다움보다 덕성이 낫다는 것을 밝히려 한다. 여성이 인간 대접받는 사회를 만드는 것이 내 소원이다"

– 메리 울스턴크래프트

교육을 받아야 한다."고 주장하자, 그에 반박하는 글을 썼었거든요. 그래서 당대 남성들의 비난을 받고 제대로 된 평가를 받지 못한 게 사실이죠.

차클   누군가를 지명해서 비판을 했다면 엄청난 고초를 겪었을 것 같아요.

이   《여권의 옹호》를 쓰고 나서 울스턴크래프트의 삶은 오랫동안 다양한 방식으로 각색이 됐고, 그로 인해서 낙인이 찍힙니다. 울스턴크래프트는 무정부주의자였던 골드윈이라는 사람과 결혼을 했어요. 두 사람은 기존의 결혼 제도를 지향하는 사람들이 아니어서 굉장히 동등한 부부 관계를 유지했다고 해요. 그런데 울스턴크래프트가 딸을 낳고서 며칠 만에 죽어버렸어요. 골드윈은 아내의 죽음을 슬퍼하면서 아내에 대한 이야기를 썼는데 본의는 아니었겠지만, 아내의 학문적 업적보다는 남성 관계에 대한 묘사가 많았습니다. 당시 남성 중심적이고 보수적이었던 사회에서는 엄청난 스캔들로 알려지게 됐어요. 사람들은 이 여성이 얼마나 대단한 사상가인지, 작가인지는 관심이 없고 그저 사생활에만 관심을 가졌던 것이죠.

차클   잘못된 낙인이나 왜곡에 대해서 반박하는 사람들은 없었나요?

이   당시에는 그걸 반박할 수 있는 사람이 굉장히 드물었겠죠. 여기에서 우리가 주목해야 하는 것은 페미니즘의 역사는 곧 분노의 역사라는 점입니다. 편견에 기초한 왜곡된 이야기들을 마치 정설인 양 써내고 그걸 읽는 사람들은 다시 하나의 진리로 받아들여 여성에 대한 편견을 재생산하는 과정들을 보면서 누구나 분노할 수밖에 없어요. 하지만 당시에는 많은 여성들이 교육을 받지 못했기 때문에 글을 쓸 수 없었어요. 말은 할 수 있어도 후대에 남길 수가 없었던 거죠. 글을 써야만 기록으로 남길 수 있었을 텐데 말이죠.

차클	그럼 영국 여성들은 언제부터 참정권을 인정받기 시작했나요?
이	울스턴크래프트가 죽고 나서 19세기 중반부터 여성의 권리 운동 또는 참정권 운동이 꽃을 피웠습니다. '참정권 운동을 하는 여자들'이라는 뜻의 '서프러제트(suffragette)'라는 여성 운동가들이 있었어요. 몇 년 전에 동명의 영화로도 만들어졌었죠. 그들은 자신들의 이야기를 들어주지 않는 사회를 바꾸기 위해 자살 테러라는 방법을 선택했어요. 자기 몸을 던져서 죽음을 통해 자신들이 무엇을 원하는지 알린 것이죠. 또 귀족이 사는 집이나 우체통에 폭탄을 투척하거나, 돌멩이를 던져 유리창을 깨는 식의 행동들도 서슴지 않았어요. 그래서 '한 손에는 돌멩이를, 한 손에는 화약' 같은 구호도 나온 것이고요.
차클	목숨을 바치는 것처럼 과격한 방법밖에 없었을까요?
이	'여성에게 투표권을 허하라'라는 내용의 선언문이 유명해요. 왜 여성들이 그렇게 격렬하게 운동을 하는지에 대해서 자세히 다루고 있어요. 그 내용을 보면 어떤 사람들이 과격한 운동을 하는 데에는 그만큼 그들을 억압하는 권력층의 강력한 힘이 존재한다는 것을 역설적으로 알 수 있죠. 따라서 아무도 소수자나 약자의 이야기를 들어주지 않을 때에는 결국 과격한 방법을 택할 수밖에 없어요. 결국 영국은 1918년에 30세 이상의 여성에게 투표권을 부여합니다. 단, 재산이 있는 여자 또는 재산이 있는 남자와 결혼한 여자라는 조건이 있었죠. 이에 분노한 여성들이 다시 운동을 가열차게 진행해 마침내, 10년 뒤인 1928년 남성들과 동등한 투표권을 획득하게 됩니다.
차클	그럼 미국의 경우는 어떠했나요?
이	미국에는 노예제도가 있었죠. 그래서 여성운동과 함께 인종차별 철폐 운동이 함께 진행돼요. 그중에서도 우리가 주목해야 할 사람은 소저너

트루스라는 흑인 여성이에요. 페미니즘 역사 속에서 굉장히 중요한 역할을 한 사람입니다. 이 사람의 본명은 이사벨라 바움프리였어요. 그런데 스스로 '진리를 전하고 다니는 사람'이라는 뜻인 '소저너 트루스(Sojourner Truth)'로 개명을 한 것이에요.

차클 어떤 일을 하신 분인가요?

이 1851년에 소저너 트루스는 여성 권리 집회에서 아주 유명한 선언을 했어요. 지금도 그렇지만 당시 서양 남자들에게는 자신들을 젠틀맨이라고 부르고 부르주아 백인 여성들을 레이디로 칭하며 매우 친절하게 대하는 문화가 있었죠. 여성들이 마차에 내릴 때 천을 깔아준다거나 손을 잡아주는 식의 예의를 갖추는 문화를 알고 있을 겁니다. 그런데 흑인 여성이었던 소저너 트루스는 그들이 자신에게는 그런 행동을 하지 않는 것을 보고 '여성성'의 고정 관념 자체에 문제 제기를 합니다. 노예 생활을 한 탓에 키도 크고 근육도 발달해 남자들보다 힘도 더 센데, 그렇다면 자신은 여자가 아니냐고 반문을 했어요. 그리고 당신들의 머릿속에서 여자라는 것은 결국 굉장히 나약하고 순종적인 여성만을 이야기하는 것이 아니냐고 외쳤어요. 똑같은 말을 남성뿐만 아니라 여성들에게도 했습니다. 당시 미국 사회를 상상할 때 흑인 여성으로서 겪는 고통은 더 심했을 거 아니에요?

차클 인종차별과 성차별을 함께 겪을 수밖에 없는 위치였군요?

이 그렇죠. 19세기 후반에서 20세기 초반으로 넘어오면서 미국에서도 격렬한 참정권 투쟁이 벌어졌고, 독자적 운동 조직체가 등장합니다. 국가별 여성 참정권 인정 시기를 살펴볼까요? 서구에서는 가장 먼저 인정을 받은 나라가 뉴질랜드예요. 뉴질랜드에서도 여성운동이 굉장히 격렬하게 일어났습니다. 그리고 서유럽 국가들에서는 대체로 1, 2

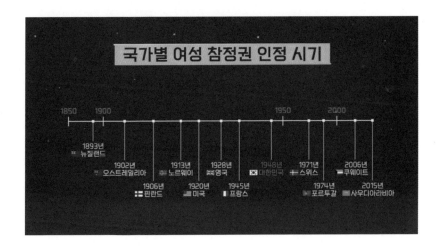

국가별 여성 참정권 인정 시기

1850   1900   1950   2000

1893년
뉴질랜드
      1902년
      오스트레일리아
            1906년
            핀란드
                  1913년
                  노르웨이
                        1920년
                        미국
                              1928년
                              영국
                                    1945년
                                    프랑스
                                          1948년
                                          대한민국
                                                1971년
                                                스위스
                                                      1974년
                                                      포르투갈
                                                            2006년
                                                            쿠웨이트
                                                                  2015년
                                                                  사우디아라비아

차 세계대전 사이에 참정권이 부여돼요. 반면 식민지 국가들은 2차 세계대전 이후 해방이 되고 서구의 헌법 체계를 수용하면서 자동적으로 여성의 참정권이 부여되는 경우가 많았어요. 식민지 국가에게는 독립이 최우선이었기에 참정권 투쟁의 역사가 별로 없죠. 그런가 하면 최근까지도 참정권이 인정되지 않았던 나라들도 있어요. 사우디아라비아 같은 경우에는 2015년이 되어서야 인정되었어요. 이렇게 보면 여성 참정권 운동이라는 것이 아주 옛날의 일이 아니라 여전히 어떤 지역이나 문화에서는 굉장히 중요한 투쟁의 의미를 지니고 있다고 할 수 있죠.

여성의 역할은 과연 무엇인가

자신은 교육도 받았고, 겉으로는 중산층 가정에서 아이도 키우면서 큰 어려움 없이 잘 살고 있다고 생각했는데, 사실은 너무 힘이 들었던 것이죠. 대학에서 배운 교육과 가정에서 요구되는 여성의 역할이 충돌하는 것을 실제로 느끼게 된 겁니다. 그런데 힘들다는 것조차 말할 수 없는 현실에 엄청난 갈등을 느끼게 된 것이죠.

이 이제 두 번째 물결로 넘어가보도록 하겠습니다. '세컨드 웨이브' 운동인데요. 미국에서는 이를 '여성 해방 운동(Women's Liberation Move-ment)', 즉 억압적 구조로부터 여성을 해방시키는 운동이라고 불렀어요.

차클 권리 대신 해방이라는 말을 쓴 이유는 무엇인가요?

이 물론 권리 운동도 여전히 진행되고 있었어요. 다만 다른 차원의 운동이 격렬하게 등장한 거예요. 동등한 참여를 보증하는 법과 제도가 있어도 여성들은 여전히 일상에서 억압을 받고 있고, 아직도 무엇인가가 부족하다는 이야기가 나오고 있었기 때문이죠. 그런 계기가 된 사건 중 하나가 바로 1960년에 FDA 승인을 받아서 등장한 경구용 피임약입니다. 이때부터 여성들이 약국에서 피임약을 살 수 있게 되었어요.

피임약이 개발된 것은 1929년이지만, 승인이 된 것이 1960년이라고
해요.

차클   왜 개발을 해놓고 승인을 해주지 않은 것인가요?

이   여성 스스로 자기 몸에 대한 통제권을 가지길 원하지 않는 사람들이
있었기 때문이죠. 그런데 경구용 피임약의 등장으로 여성들은 이제 임
신의 걱정에서 벗어나서 주체적으로 성적인 쾌락을 즐길 수 있게 되었
다고 생각한 거예요. 즉 재생산의 의무와 성적 쾌락이 분리되었던 것
이지요. 그럼에도 여전히 남성 중심 사회에서 살고 있는 사람들은 여
성이 스스로 자기 몸에 대한 결정권을 가진다는 것이 굉장히 어려운
일이라는 것을 깨닫게 됩니다. 피임약의 개발로 여성 해방보다는 남성
의 성적 실천이 더 확장되는 결과를 보게 된 셈이란 거죠.

차클   자기 몸에 대한 결정권이 있다는 게 왜 문제가 되나요?

이   일단 "누구와 관계를 할 것인가." "성관계를 할 때 '노'라고 할 권리가
있는가."에 대한 문제가 개인 간의 관계 속에서 제기되는 것이 아니라
사회 구조적으로 결정되는 문제라는 것을 인식하게 돼요. 그래서 경구
용 피임약이 여성에게도 성적 자기결정권을 확장시켰지만, 사실상 백
인 중산층 남성들 특히 돈 많은 남자들이 여성에게 접근할 권리를 더
확대시켰다고 생각하게 된 겁니다.

차클   여성에게 책임을 전가할 수 있게 되었다는 얘기인가요?

이   그렇죠. 만약 원치 않는 임신을 했을 경우에 여성이 스스로를 책임질
수 있는데 왜 피임하지 않았냐고 오히려 비난받을 수 있게 된 것이죠.
심지어 성적 행위 뒤에 따르는 낙인은 여전히 여성의 몫이었지요.

차클   이론적으로 반박한 사상가들이 있나요?

이   이론적 토대를 제공한 대표적 사상가로 프랑스의 시몬 드 보부아르가

있어요. 보부아르는 지금 우리가 생각하는 성별, 즉 '젠더는 타고난 것이 아니고 사회문화적으로 구성된 것'이라는 명제를 《제2의 성》에서 주장했다고 많은 학자들이 해석하고 있습니다. 무엇보다 여자는 태어나는 것이 아니라 만들어지는 것이라고 이야기를 했어요. 남자에게 여자는 섹스의 대상일 뿐이며, 자궁이나 모성으로서만 존재한다고 봤습니다. 흥미로운 것은 보부아르의 책이 프랑스에서도 금서가 되었다는 점입니다. 성적 묘사 때문에 일단 가톨릭 교회에서 금서로 지정을 하고 남성 지성계에서는 미친 여자 취급을 했어요.

차클   그럼 어떻게 보부아르가 세상에 알려지게 되었나요?

이   이 책이 영어로 번역되어 미국에 출간되고 엄청난 찬사를 받으면서 굉장히 많이 팔렸어요. 미국의 많은 사람들이 저자를 실제로 만나고 싶어 해서 보부아르를 미국으로 초대하게 됩니다. 미국에서 인기가 있다는 건 전 세계적으로 인기를 갖게 되는 것이나 마찬가지죠. 그러자 프랑스에서도 보부아르를 재평가하게 됩니다.

차클   보부아르는 철학자 사르트르와의 계약 결혼으로도 유명하잖아요. 그

여성성은 여성들의 본질이 아니다
남성을 주체로 하고
여성을 타자로 위치짓는 방식으로
사회적으로 만들어지고
심지어 강요되고 있다

- 시몬 드 보부아르 (Simone de Beauvoir)

것과도 연관이 있나요?

이　　재미있는 일화가 있어요. 프랑스 대학에는 졸업 시험이 있어요. 일종의 박사 자격시험이죠. 그 시험에서 사르트르가 1등, 보부아르가 2등을 했다고 기록되어 있어요. 그런데 실제로는 보부아르가 1등을 했다는 설이 있어요. 심사를 맡았던 남자 교수들이 프랑스 교육사에서 박사 자격시험 1등을 여자가 한 적이 없으니 순위를 뒤바꾸었다는 이야기가 전해지는 거죠.

차클　　지성인이라 불리는 학자들도 그렇게 폐쇄적인 사고에 매몰되어 있다는 건가요?

이　　학계 또한 남성들이 지배하고 있고 학문 자체가 남성 중심적이니 당연한 일이지요. 안타까운 것은 사르트르는 자신의 지적 업적으로 평가를 받는 반면, 보부아르는 많은 사람들이 별로 알지도 못할뿐더러 사르트르와의 관계 속에서만 이 사람을 보고 있다는 것이죠.

차클　　세컨드 웨이브에 속하는 또 다른 페미니즘 사상가도 소개해주세요.

이　　1970년대 미국에는 케이트 밀렛, 슐라미스 파이어스톤 등 많은 사상가들이 있었어요. 그런데 그전에 프랑스의 보부아르만큼 유명한 여자가 한 명 있었습니다. 바로 베티 프리단이에요. 한국에는 1989년에 《여성의 신비》라는 제목으로 번역 출간된 책을 쓰신 분인데요. 원제는 1963년에 출간된 《여성성의 신화(The Feminine Mystique)》입니다. 여성성에 대해 우리가 가지고 있는 고정 관념을 드러내는 제목이죠.

차클　　번역판의 제목을 너무 의도적으로 바꿔 단 것 아닌가요?

이　　1990년대만 해도 한국에서는 여성학이 여성을 현모양처로 교육시키는 학문이라고 생각하는 사람들이 많았어요. 실제로 당시에는 여자를 알기 위해서, 여자를 사귀는 방법을 알고 싶어 여성학 수업을 들으려는 남성들도 많았으니까요. 그러니 여성의 신비와 같은 말로 윤색을 해야 책이 팔렸을 겁니다.

차클 그럼 베티 프리단이 《여성성의 신화》를 쓴 취지는 무엇인가요?

이 내용은 기본적으로 간단해요. 자신은 교육도 받았고, 겉으로는 중산층 가정에서 아이도 키우면서 큰 어려움 없이 잘 살고 있다고 생각했는데, 사실은 너무 힘이 들었던 것이죠. 대학에서 배운 교육과 가정에서 요구되는 여성의 역할이 충돌하는 것을 실제로 느끼게 된 겁니다. 그런데 힘들다는 것조차 말할 수 없는 현실에서 엄청난 갈등을 느끼게 된 것이죠.

차클 아무리 좋은 대학을 나와도 애를 낳고 키우면서 경력 단절이 되는 요즘의 상황과 다를 바가 없는 것이겠죠?

이 굉장히 비슷하죠. 이것이 자신이 기대한 삶의 전부인지 회의가 들었을 겁니다. 그리고 죽을 때까지 이렇게 살아야 한다는 사실에 슬픔도 느꼈을 거예요. 자기가 없는 삶이니까.

차클 우리 어머니들도 그런 말씀을 자주 하시는 것 같아요. 텔레비전을 보시다가도 문득 '내 삶은 이게 전부인가?'라는 생각이 든다고 말씀하시기도 했어요. 남성들은 결혼을 하면 앞으로의 자기 커리어에 대해서 생각을 한다고 하잖아요. 그런데 여성들은 결혼을 하면 이제부터 자신의 위치가 달라질 것이고, 아이의 숫자에 따라서 자신의 인생이 앞으로 어떻게 달라질 것인지를 생각한다고 들었어요. 그 둘은 완전히 다른 문제인 것 같아요. 사회생활과 가정생활을 병행할 때 주부로서의 역할만 강요하면 당연히 반발심이 생길 수밖에 없겠죠. CF나 영화, 드라마에서도 직장을 포기하고 가정을 지키는 여자들의 모습을 미화하는 것 같기도 하고요.

이	미국도 그랬어요. 1950~1960년대의 광고나 TV 프로그램을 보면 가정 내에서 여성의 역할을 찬양하는 것들이 엄청나게 쏟아져 나왔어요.
차클	광고를 통해서 보면 그런 모습이 더 특별한 거부감 없이 받아들이게 될 것 같아요.
이	우리나라의 1980년대 광고도 대체로 비슷했지요. 그래서 아직도 극단적인 남성우월주의자들은 인터넷상에서 "Woman go to kitchen, make me a sandwich(여자여, 부엌으로 가서 나한테 샌드위치나 만들어 줘)."와 같은 말들을 하고 있어요.
차클	그렇다면 1960년대 이후 페미니즘 역사는 어떻게 진행되었나요?
이	페미니즘의 사조에도 여러 종류가 있고 다양한 분파들이 있지만, 1960년대 말 대표적인 운동 분파가 바로 급진 페미니즘(Radical Feminism)입니다. 출발은 우리나라로 치면 전국대학생연합회 내 여성조직 같은 것이었어요. 이들은 진보 대학생들 중 남성들이 여성들에게 가하는 성차별적 행위들에 대해서 문제 제기를 했어요. 대체로 운동권에 있는 남학생들이 앞에 나서서 중요한 일들을 하고, 여학생들에겐

뒤치다꺼리를 강요하는 조직 문화에 저항한 겁니다. 여성들은 사소한 것, 부차적인 것으로 보는 문화에 반기를 들고 성 평등한 조직을 만들자는 것이었는데요. 그 내용이 진보 운동권 안에서 굉장히 많이 보는 〈뉴레프트〉라는 잡지에 실렸죠. "우리는 지금 당장 우리의 권리를 원한다(WE WANT OUR RIGHTS & WE WANT THEM NOW)."라고요.

차클 그 결과 남성들도 여성들의 권리에 대해서 인식하기 시작했나요?

이 아니에요. 마치 오늘날의 된장녀 운운하는 것처럼 여자들을 조롱했습니다. 땡땡이 무늬의 파자마 같은 짧은 치마를 입은, 흡사 어린아이 같은 모습의 여자들이 자신들의 권리만 요구하는 것처럼 묘사를 한 것이죠. 이에 여자들이 굉장히 분노했겠지요. 그래서 여성들만의 조직을 만들게 돼요. 그리고 독자적 운동과 집회를 구상합니다. 미스 아메리카 반대 시위를 조직하고 이른바 '프리덤 트래시 캔(Freedom Trash Can)'을 만들어 여성의 자유를 억압하는 것들을 버리는 퍼포먼스를 하죠. 여성의 자유를 억압하는 대표적인 것들이 무엇이겠어요? 당시에는 코르셋 같은 속옷을 많이 입었거든요. 이외에 화장품, 하이힐 같은

	것들도 막 집어던졌죠.
차클	당시에 속옷을 불태우는 운동도 있었다고 들었는데, 사실인가요?
이	아니에요. 그런 것들이 바로 오래된 낙인들이에요. 과격한 여자들이 공공장소에서 자기 옷이나 속옷을 벗어서 불태웠다는 식으로 언론이 왜곡 보도하면 이를 받아들인 남성들이 사실로 퍼뜨리는 방식인 것이죠. 여성운동의 이미지를 부정적으로 만드는 과정에서 각색된 거예요. 오늘날의 가짜 뉴스 같은 것이죠. 아무튼 여성의 성을 억압하는 기제들에 저항하고 이로부터 여성을 해방시키고자 하는 다양한 운동들, 가령 성폭력, 음란물, 성매매, 낙태죄 등에 반대하는 운동들이 바로 지금 우리가 알고 있는 여성운동의 원형입니다. 그러한 원형을 세컨드 웨이브가 제공했다고 볼 수 있어요.

한국 페미니즘의
현주소는 어디인가

식민지를 경험하고 한국전쟁을 겪었으며, 곧바로 독재체제를 겪게 되면서 실질적인 진보적 여성운동이라는 게 싹트기 어려웠어요. 하지만 저는 한국 여성운동의 정신은 늘 살아 있었다고 생각해요. 의병활동, 독립운동으로 분출되거나 반군사독재 운동으로 이어지고, 다시 민주화 운동으로 연결되었던 것이죠. 그리고 하나의 집합적 행동과 조직으로 폭발적으로 등장하기 시작한 것이 민주화 과정 또는 그 이후라고 보고 있어요.

차클 우리나라 여성운동의 역사는 어떻게 흘러왔나요?

이 한국의 여성들도 가만히 침묵하고 있지만은 않았어요. 1898년에 등장한 '여권통문'이 대표적입니다. "여성도 인간이다. 평등한 교육 기회를 달라. 평등한 교육 기회를 주면 여자도 취업을 하고 직업을 가지게 되면 경제적으로 독립한다."는 내용만 보더라도 퍼스트 웨이브 당시의 영국 여성들과 비슷한 생각을 갖고 있다고 볼 수 있어요. 그런데 당시 고종 황제가 여성들의 요구에 적극 응하진 못했죠. 봉건적 사고 때문만 아니라 국운이 등불 앞에 있었으니, 시대적인 한계가 컸다고 봐요.

차클 미국에서 노예 해방 문제가 우선시됐던 것처럼 우리나라는 일제 치하로부터의 독립이 더 중요할 수밖에 없었다는 얘기인가요?

조선의 여성들

〈여권통문〉(1898년 9월 1일)
여성도 인간이다! 남녀평등
평등한 교육기회의 필요성, 직업의 중요성 강조
후원단체로 〈찬양회〉 조직: 성평등 의지 피력,
"신분차별을 타파하려는 여성들의 의지"

이   맞습니다. 우리는 국권을 잃어버리고 식민지 상태에 접어들었죠. 식민
지 국가의 백성으로 살면서 남녀평등 사상만 주장할 수는 없었을 거예
요. 탈식민과 독립이 굉장히 급박한 문제였죠. 물론 일제 식민지 치하
에서도 여성의 권리를 주장하는 부르주아 운동이 없었던 건 아니에요.

차클   우리나라의 여성운동이 다른 나라들보다 늦게 시작된 편인가요?

이   그렇다기보다 남성들 위주의 역사 속에서 여성의 존재가 제대로 기록
되거나 기억되지 못한 탓이라고 생각합니다. 또한 여성들 스스로가 기
록하지 못했기 때문이기도 합니다. 당시 여성들은 대부분 교육받지 못
했고 발언권도 주어지지 않았거든요. 일반 여성들에게는 배울 기회조
차 주어지지 않았으니 자기 삶을 기록할 수 없잖아요. 그러니까 민중
의 역사, 여성의 역사는 제대로 기록되지 않았던 것이죠. 최근 들어 페
미니즘 소설들이 인기를 끌고 있잖아요? 그중에서도 《세 여자》는 일
제 강점기를 중심으로 허정숙·주세죽·고명자의 삶을 그리고 있어요.
작가가 한 장의 사진을 보고 그들의 삶이 어땠을지 추적하면서 쓴 흥

미로운 책입니다.

차클   당시로서는 굉장히 파격적인 사진이 아니었을까요?

이   네. 이 사진의 배경이 청계천이에요. 청계천에 발을 담근 모습을 사람
      들 앞에 노출한 것입니다. 당시로서는 여성들이 단발을 하고 발을 벗
      었다는 것만으로도 굉장한 사건이었죠. 이 중 허정숙은 1920년대를
      대표하는 사회주의 여성운동가였어요. 중국으로 넘어가서 나중에 독
      립운동을 위해 군인을 키우는 일을 하기도 하고, 일본으로 유학을 갔
      다가 중국 상해와 러시아 등지로 옮겨 다니면서 독립운동을 했던 장군
      같은 사람이었죠. .

차클   세 분 모두 독립운동을 하셨나요?

이   개인적으로 기자 일 등 여러 일을 했지만 독립운동이 핵심이었지요.
      1927년엔 근우회라는 여성단체 조직에서 함께 활동해요. 근우회는
      당시의 부르주아 여성운동과 프롤레타리아 여성운동을 합쳐서 만든
      전국 단체였어요. 흔히 말하는 좌우 합작이었던 것이죠. 그런데 그들
      의 행동강령을 보면 매우 놀라운 내용을 발견할 수 있어요. 과연 이 강

차이나는
클라스

〈근우회(槿友會) 행동 강령〉

1. 여성에 대한 사회적 법률적인 일체의 차별을 철폐한다.
2. 일체의 봉건적인 인습과 미신을 타파한다.
3. 조혼을 폐지하고 결혼의 자유를 확립한다.
4. 인신매매 및 공창(公娼)을 폐지한다.
5. 농민 부인의 경제적 이익을 옹호한다.
6. 부인 노동의 임금 차별을 철폐하고 산전 및 산후 임금을 지불하도록 한다.
7. 부인 및 소년공(少年工)의 위험 노동 및 야근을 폐지한다.

〈동아일보〉, 1929년 7월 25일

령 중에서 우리가 오늘날 실현했다고 생각할 만한 건 무엇일까요?

차클   조혼 폐지 정도만 실현된 것 아닌가요?

이   그렇죠. 나머지는 아직도 오지 않은 미래인 셈이죠. 그야말로 대단한 사람들이었어요. 지금으로부터 90년 전에 이런 행동강령을 만들었다는 것만 봐도 그렇죠.

차클   이후 비슷한 생각을 가진 사람들이 더 등장하지는 않았나요?

이   안타깝게도 독립 이후 바로 한국전쟁을 겪고, 곧바로 독재체제를 겪게 되면서 실질적인 진보적 여성운동이라는 게 싹트기 어려웠어요. 그런 와중에도 한국의 여성운동은 죽지 않았어요. 1970년대 여성노동자 운동이 대표적이죠. 혹시 동일방직 사건이라고 들어보셨어요? 알몸 투쟁이나 인분 사건에 대해서 알고 계신가요? 둘 다 동일방직과 관련 있었던 사건들이에요.

차클   방직회사와 여성운동 사이에 어떤 연관이 있었던 건가요?

이   군사독재 체제에서 노동자의 조직화를 가만히 놔둘 리 없었죠. 그런데 방직공장이라 여성 노동자들이 압도적으로 많았던 동일방직에서 1970년대에 여성지부장을 선출하게 됩니다. 노동운동사에서 여성지부장이 탄생한 것이 그때가 첫 번째였다고 해요. 이 여성지부장이 민주적인 노조를 만들고 노동환경 개선을 위해 엄청나게 노력했다고 합니다. 덕분에 노동환경이 상당히 개선되었다고 해요.

차클 대표적으로 개선된 것들이 무엇인가요?

이 업무시간에 화장실을 못 가게 하고, 식사시간도 제대로 챙겨주지 않았던 것들을 개선했어요. 또 겨울에도 기숙사에는 찬물만 나왔었는데 이 역시 개선했다고 해요. 그러니까 다음에도 당연히 지부장으로 선출이 됐겠죠. 그런데 당시 정부와 긴밀한 관계에 있던 한국노총의 입장에서는 여자들이 너무 못마땅했었나 봐요. 결국 그들과도 투쟁을 벌이게 됩니다.

차클 투쟁의 결과는 어땠나요?

이 그 와중에 경찰이 투입되었어요. 그때 여성 노동자들 입장에서는 자신들이 옷을 벗으면 경찰들이 손을 대지 못할 거라고 생각한 거예요. 그래서 알몸 투쟁이 시작된 것입니다. 결과는 예상과 달랐어요. 수십 명이 잡혀가고 폭행을 당하는 등 굉장한 사건들이 벌어졌죠. 이후에는 집회하는 여성 노동자들에게 인분을 투척하기도 했어요. 실제로 입안에 넣기도 하고, 속옷 속에 넣기도 했다고 해요. 아주 유명한 사건이지요. 이 사건들은 이후 한국 노동운동사에 큰 영향을 미치게 됩니다.

차클 또 어떤 여성운동들이 있었나요?

이 우리나라 운동사뿐만 아니라 전 세계 운동사에 기록될 만한 운동들이 몇 가지 있어요. 그중 대표적인 것이 바로 호주제 폐지 운동이에요.

차클 호주라면 가족이 모두 아버지의 밑으로 등록되는 제도 말이죠?

이	네, 부계 혈통을 따라서 집안(家)의 주인이 결정되는 것이죠. 남성의 가부장적 권위를 확증하고 여성을 보조적 존재로 보는 걸 당연시하는 제도지요. 여성들은 1950년대부터 이를 폐지하기 위해 노력해왔지만 유림을 비롯한 남성들의 오랜 저항으로 결실을 맺지 못했어요. 그런데 노무현 정부 당시 강금실 전 법무부 장관과 지은희 전 여성가족부 장관이 협력을 하게 되고 대통령의 결단이 뒷받침되어 마침내 2005년 가족관계등록법으로 대체됩니다. 여성운동의 오랜 노력이 행정부 내 여성들의 파워와 연결되고 진보적인 대통령의 존재가 있었기에 가능한 일이었습니다. 시대적 여건이 맞아떨어진 덕분에 호주제가 폐지될 수 있었어요.
차클	호주제 폐지 반대 여론도 좀 수그러든 상태였던 건가요?
이	여전히 반대하는 사람들도 많았지요. 오래된 가족의 풍습, 심지어 전통적 미덕을 없앤다고 생각했던 것 같아요. 호주제가 폐지되면 사회적으로 엄청난 혼란이 오고, 심지어 나라가 망한다고 생각한 사람들도 있었죠.
차클	그럼에도 호주제로 인한 폐해가 너무 컸기 때문에 폐지를 추진했던 것이겠죠?
이	그렇죠. 가장 큰 문제는 집안의 주인인 남성이 결국 사회의 주인이자 나라의 대들보라는 남성 중심적 사상으로 재생산된다는 점이겠지요. 일상에서는 이혼이나 재혼 시에 문제가 많이 발생했어요. 여성은 이혼하면 친정아버지 밑으로 들어가거나 심지어 남동생 밑으로 들어가야 했습니다. 남성에게 의존적인 여성의 지위를 잘 보여주지요. 이혼한 여성의 양육권을 법적으로 보장받기도 어려웠고요. 실제로 아이를 키운다고 해도 법적으로 엄마와 아이는 아무런 관련이 없는 사람들이 됐

어요. 아이는 아버지 호적에 있으니까요. 일례로 전 남편과는 아무런 관련이 없이 살고 있는 상황에서 아이의 여권을 만든다고 가정해볼게요. 그럼 아버지로서 보증을 해줘야 할 사람이 필요합니다. 엄마는 아빠와 이혼을 해서 호적에서 빠진 상태이기 때문에 엄마가 증명을 해줄 수가 없는 거예요. 호적으로는 부모와 자식 간의 관계 자체를 법적으로 증명할 수가 없었던 것이죠.

차클 너무나 불편한 제도였군요?

이 엄마가 처음부터 아이를 완전히 혼자 키워도 자식으로 인정을 받을 수가 없었어요. 심지어 재혼을 해서 아이를 데리고 가도 아이는 재혼한 남편의 성을 따를 수가 없었고요. 이혼한 전 집안의 호적을 떼면 엄마의 이름에는 빨간 줄이 그어져 있었어요.

차클 앞서 얘기했던 동일방직 투쟁에서 여성 노동자들이 승리를 거두지는 못했지만, 그 영향력이 이후 여성운동에 영향을 미쳤다고 볼 수 있을까요?

이 저는 한국의 여성운동은 늘 살아 있었다고 생각해요. 이전부터 존재했던 여러 기운들과 선배들의 노력이 기반에 깔려 있었다고 봐요. 그것들이 의병활동으로, 독립운동으로 분출되거나 반군사독재 운동으로 이어지고, 다시 민주화 운동으로 연결되었던 것이죠. 그리하여 마침내 집합적 행동과 조직으로 폭발적으로 등장하기 시작한 것이 민주화 과정 또는 그 이후라고 보고 있어요.

차클 그런데도 여전히 한국의 여성 차별은 사라지지 않은 것 같아요.

이 매년 세계경제포럼에서는 성별 간 격차를 조사하는데요. 우리나라는 2017년 118위를 기록합니다. OECD 국가에서는 물론 전 세계에서 꼴찌 수준이지요. 조사 보고서를 보면 아이슬란드가 0.878로 1등을

성 격차 보고서

국가	성 평등 지수 순위	score
아이슬란드	1	0.878
노르웨이	2	0.830
핀란드	3	0.823
르완다	4	0.822
스웨덴	5	0.816
⋮	⋮	⋮
에티오피아	115	0.656
베냉	116	0.652
튀니지	117	0.651
대한민국	118	0.650
잠비아	119	0.649
아랍에미리트	120	0.649

■ 출처 : 2017 세계경제포럼

기록하고 있어요. 남자를 100퍼센트로 볼 때 여성이 87.8퍼센트의 권리를 갖고 있다는 뜻이에요. 즉, 어떤 사회든 남성 중심 사회에서 여자가 권리를 박탈당하고 있다는 것이죠. 그래서 1등을 한 나라라고 해서 유토피아라고 할 수 없고, 평등한 나라라고 할 수 없는 거예요. 1등인 국가도 여성이 남성과 비교할 때 완전히 평등하지는 않다는 것이죠.

차클   어떤 조사에선 한국이 상위에 오르기도 하는데 왜 그런 것인가요?

이   어떤 지표를 사용하느냐에 따라 달라져요. 성 격차 보고서도 기본적으로 남녀 간 차이를 정치·경제·건강·교육 등 크게 네 가지로 나눠서 평가해요. 그리고 각 분야별로 몇 가지 평가 지표들이 활용되지요. 가령 경제에서는 노동시장 참여율, 성별 임금격차 등이 중요한 평가 지표로 들어가 있어요. 우리나라는 다른 부분에 비해 상대적으로 건강이나 교육 관련 부분은 남녀 간 격차가 크지 않아요. 그렇지만 경제적 참여나 정치적 권한 분야에서는 순위가 한참 뒤처지죠.

차클	정치 참여 순위가 낮다는 것은 선출되는 공무원이 적다는 의미도 되나요?
이	그렇죠. 선출직뿐만 아니라 임명직도 포함돼요. 아프리카에 있는 나라들 중 우리보다 성 격차가 적은 나라도 꽤 많죠. 그 이유는 이들 국가에선 여성뿐 아니라 남성들의 사회적 지위도 낮기 때문이기도 하고요. 내전을 겪으면서 많은 남자들이 죽었기 때문에 여자들의 정치적 참여 기회가 그만큼 늘었다고 보기도 하죠.
차클	그렇다면 이런 자료를 토대로 1위를 하면 여성이 행복한 나라, 1위를 하지 못하면 행복하지 못한 나라라고 섣불리 판단해선 안 되겠네요?
이	맞습니다. 아무리 1위에 오른 나라라도 성별 격차가 존재하고 있어요. 남녀가 완벽히 동등한 나라는 아직까지 지구상에 없어요. 그래서 어떻게든 성별 격차를 줄이려고 노력을 하고 있어요. 성 평등은 사회 전반이 행복해지기 위한 조건이기 때문이지요. 최근에 이슈가 되고 있는 미투 운동도 마찬가지예요. 그동안 급진 페미니즘이 가장 활발하게 일어났던 미국에서조차 영화계뿐만 아니라 공적 영역에서도 여성들이 계속적으로 차별을 받고 성폭력 대상이 되었지만, 줄곧 침묵해왔어요. 많은 사람들이 인지하지 못했던 이유도 있고, 인지를 했더라도 보복이 두려워서 침묵할 수밖에 없었죠. 심지어 유명한 여배우들조차 감히 말할 수 없는 여건 속에서 살아왔던 겁니다.
차클	미투 운동 이후에 정말 많은 사람들이 자신의 피해 사실을 공개적으로 드러내기 시작한 것 같아요.
이	한국도 강남역 살인사건 이후에 많은 젊은 여성들이 성폭력 필리버스터와 같은 행동을 통해서 자신의 성폭력 경험을 이야기하고 있죠. 서지현 검사뿐 아니라 문단과 사진계, 영화예술계, 학계 전반에서도 성

차이나는
클라스

폭력 사건을 공개적으로 드러내기 시작했죠. 도촬 행위와 연결된 남성들의 음란물 문화를 고발하는 여성운동도 등장했습니다. 한편으로는 각종 성폭력 사건에서 여성들의 입을 막기 위해 회유하려는 과정이 있었다는 폭로도 이어지고 있어요. 심지어 피해 여성을 '꽃뱀'으로 만들어 비난하고 낙인 찍는가 하면 미투 운동을 조롱하는 반격의 움직임까지 아주 복합적으로 드러나고 있습니다. 안타깝지만 이것이 오늘날 대한민국의 현실입니다. 하지만 기억해야 할 것은 여성 문제뿐만 아니라 소수자의 문제가 역사적으로 볼 때, 설득으로 해결된 적이 없다는 점이에요. 앞으로도 사회적 약자들은 계속해서 자신의 경험을 말하고 저항하고 공감하는 사람들과 함께 연대해 정의롭지 못한 구조를 바꾸는 데 앞장서고, 마침내 세상을 바꿔나갈 겁니다. 지금까지처럼, 아주 끈질기게 세상을 변화시키기 위해 노력할 것이라 믿습니다.

<차이나는 클라스>를 만들어가는 사람들

제작

기획	신예리
책임 연출	송원섭
연출	이상현, 송광호, 김선희, 김태민, 조치호, 윤해양, 장주성
작가	서자영, 방소이, 민경은, 박혜성, 최호연, 김현주, 황효서, 임서윤, 이수아
조연출	한지혜, 엄지수, 차예슬, 김수경, 박지수

출연

연사
(~ 2019년 1월)
유시민, 김형철, 김종대, 장하성, 이국운, 박준영, 전상진, 김상근, 문정인, 정재승, 폴 김, 한명기, 황석영, 조영태, 고미숙, 이정모, 유홍준, 박미랑, 이진우, 이나영, 오찬호, 조한혜정, 이명현, 김병기, 조정구, 정재서, 김준혁, 신의철, 김호, 최열, 김덕수, 호사카 유지, 현기영, 김헌, 정석, 박윤덕, 박현모, 김승주, 이유미, 조영남, 기경량, 임용한, 김광현, 정병호, 이익주, 구수정, 김상배, 박환, 송인한, 조은아, 김원중, 김민형, 김호, 최인철, 강인욱, 최재붕, 정병모, 김웅, 신병주, 전호근, 이상희, 양정무, 주영하, 신동흔, 송기원

패널
홍진경, 오상진, 덕원, 지숙, 딘딘, 강지영, 이용주, 최서윤

불통不通의 시대, 교양을 넘어 생존을 위한 질문을 던져라

차이나는 클라스

고전·인류·사회 편

초판 1쇄 2019년 2월 20일
5쇄 2020년 11월 10일

지은이 JTBC 〈차이나는 클라스〉 제작팀

발행인 이상언
제작총괄 이정아
편집장 조한별

진행 김승규
디자인 [★]규
삽화 디자인 스튜디오마치

발행처 중앙일보플러스(주)
주소 (04513) 서울시 중구 서소문로 100(서소문동)
등록 2008년 1월 25일 제2014-000178호
판매 1588-0950
제작 (02)2031-1121
홈페이지 jbooks.joins.com
네이버 포스트 post.naver.com/joongangbooks
인스타그램 @j__books

ⓒ JTBC, 2018

ISBN 978-89-278-0999-9   03110